**리액트
인터뷰 가이드**
면접 준비부터 실무까지
한 번에 챙기는
리액트 개발자 핵심 노트

리액트 인터뷰 가이드

면접 준비부터 실무까지 한 번에 챙기는 리액트 개발자 핵심 노트

지은이 수디르 조나, 앤드류 바이스덴
옮긴이 김용찬, 강주희

펴낸이 박찬규 엮은이 이대엽 디자인 북누리 표지디자인 Arowa & Arowana

펴낸곳 위키북스 전화 031-955-3658, 3659 팩스 031-955-3660
주소 경기도 파주시 문발로 115, 311호 (파주출판도시, 세종출판벤처타운)

가격 28,000 페이지 380 책규격 175 x 235mm

초판 발행 2024년 08월 20일
ISBN 979-11-5839-537-7 (93000)

등록번호 제406-2006-000036호 등록일자 2006년 05월 19일
홈페이지 wikibook.co.kr 전자우편 wikibook@wikibook.co.kr

Copyright ©Packt Publishing 2023.
First published in the English language under the title
'React Interview Guide – (9781803241517)

리액트
인터뷰 가이드

수디르 조나, 앤드류 바이스덴 지음 / 김용찬, 강주희 옮김

면접 준비부터 실무까지 한 번에 챙기는 리액트 개발자 핵심 노트

위키북스

헌사

내 아내 푸지타와 아들 비랄에게 이 책을 바친다. 가족의 도움이 없었다면 이 책은 이렇게 빨리 완성되지 않았을 것이다.

— 수디르 조나

나에게 도움을 주고 동기부여를 해준 프로그래밍 기술 커뮤니티에 이 책을 바친다. 여러분들은 미래를 만드는 혁신가다. 이 책은 여러분들의 놀라운 헌신에 대한 헌사다. 다음 세대의 프로그래머들이 놀라운 여정에 참여할 수 있도록 이 책이 영감을 주기를 바란다.

— 앤드류 바이스덴

수디르 조내(Sudheer Jonna)는 자바스크립트와 자바 프로그래밍 언어의 선
두적인 소프트웨어 개발자이자 작가, 솔루션 아키텍트다. 수디르는 견고한 아키
텍처와 높은 성능을 우선시하는 다수의 대규모 애플리케이션을 개발하는 데 참
여했다. 싱글 페이지 애플리케이션(리액트/뷰/앵귤러), 백엔드 API 개발, SQL,
그리고 클라우드와 컨테이너화 기술에 대한 폭넓은 지식을 토대로 많은 개발자
가 경력을 발전시킬 수 있게 도움을 주었다. 또한 이 책 외에도 네 권의 책을 썼
으며, 블로거, 연사, 강사이기도 하다.

앤드류 바이스덴(Andrew Baisden)은 자바스크립트와 파이썬 프로그래밍 언
어를 사용하는 데 능숙한 소프트웨어 개발자이자 기술 작가다. 앤드류는 경력
을 이어가는 동안 다양한 업계의 여러 회사에서 근무했다. 기술 작가로서 갖추
고 있는 기술과 지식은 많은 개발자가 기술 분야에서 경력을 시작하고 기존 기
술을 발전시키는 데 도움을 주었다. 그는 3만 명 이상의 소셜 미디어 팔로워를
보유하고 있으며, 커뮤니티에 적극적으로 기여하고 있다.

앤서니 카리오키 왜구라(Anthony "Kharioki" Wagura)는 웹, 모바일, 블록체인 팀에서 수년간의 경험을 쌓은 소프트웨어 엔지니어다. 주로 초기 단계의 스타트업에서 근무하면서 자바스크립트, 리액트, 리액트 네이티브, 그래프QL, NodeJS, 타입스크립트에 대한 전문 지식을 바탕으로 다수의 웹 및 모바일 프로젝트에 참여했다. 대표적인 프로젝트로 티켓 관리 애플리케이션, 카풀 플랫폼, 전자상거래 솔루션, 피트니스 애플리케이션 등이 있다. 앤서니는 오픈소스 프로젝트에 적극적으로 기여하며, 리액트 네이티브를 사용한 모바일 애플리케이션 개발에 관해 강연한 바 있다. 최근에는 스타트업 분야로 눈을 돌려 여행 및 관광 산업에서 스타트업을 출범했다. 취미는 목공예와 수영이다.

엠마누엘 드메이(Emmanuel Demey)는 일상적으로 자바스크립트 생태계에서 일한다. 주변 사람들을 돕는 것을 일의 첫 번째 목표로 삼고, 모두에게 자신의 지식을 공유하는 데 시간을 보낸다. 그는 Devfest Nantes, Devfest Toulouse, Sunny Tech, Devoxx France 같은 프랑스 콘퍼런스에서 자바스크립트 프레임워크(앵귤러, 리액트, Vue.js), 접근성, Nest.js와 관련된 주제에 대해 발표했다. Worldline과 Zenika(프랑스 컨설팅 회사)에서 10년간 강사로 활동해왔다. 또한 Lille의 구글 개발자 그룹의 공동 리더이자 Devfest Lille 콘퍼런스의 공동 주최자이기도 하다.

벵캇 로힛 사리팔리(Venkat Rohith Saripalli)는 리액트, 리덕스, 리덕스 사가, 자바스크립트, CSS, Sass, styled-components, 반응형 디자인, 웹 컴포넌트 등 다양한 기술을 능숙하게 다룰 수 있는 경험 많은 프런트엔드 개발자다. 로힛은 제스트와 테스팅 라이브러리를 활용한 애플리케이션 테스팅에도 능숙하다. 또한 타입스크립트, 리덕스 툴킷, Node.js에 대한 탄탄한 지식을 바탕으로 개발 프로젝트를 수행해 왔다.

키릴 예제멘스키(Kirill Ezhemenskii)는 경험 많은 소프트웨어 엔지니어이자 프런트엔드 및 모바일 개발자, 솔루션 아키텍트, 헬스케어 회사의 CTO다. 함수형 프로그래밍을 선호하며, 리액트 스택, 그래프QL, 타입스크립트 분야의 전문가다. 또한 리액트 네이티브 멘토로도 활동하고 있다.

김용찬

동국대학교 무역학과와 한국과학기술원 기술경영전문대학원 석사과정을 졸업하고 삼성 SDS, 카카오, 트리플(현 인터파크)에서 각각 풀스택 및 프런트엔드 개발자로 근무했다. 현재는 경기도 성남시에 소재한 IT 회사에서 프런트엔드 개발자로 근무하고 있다. 그리고 프런트엔드 기술 블로그(https://yceffort.kr)도 함께 운영하고 있다.

강주희

김용찬과는 오랜 스승과 제자 사이로, 숙명여자대학교 미디어학부, IT공학을 전공하고 e커머스 플랫폼에서 개발자로 근무하고 있다.

《리액트 인터뷰 가이드》는 개발자가 리액트 면접을 준비하고 일자리를 얻는 데 도움을 주는 책이다. 이 책에서 리액트 면접에서 뛰어난 성과를 거두기 위한 다양한 전략과 팁을 찾을 수 있을 것이다.

첫 준비 단계에서 시작해 실제 프로젝트 구축에 이르기까지, 리액트 면접에 필요한 모든 단계를 다룰 예정이며, 이를 바탕으로 마지막 장에서는 프로그래밍 과제를 완료하는 데 도움이 될 유용한 통찰까지 얻을 수 있다.

리액트 생태계는 매우 광범위하므로 리액트와 관련해서 자주 회자되는 기능과 개념들을 폭넓게 이해할 수 있도록 다양한 주제에 대해 살펴볼 것이다. 이 책에서 다룰 주제로는 상태, 컴포넌트, 훅, 테스팅 등이 있다.

대상 독자

웹 개발자, 프로그래머, 리액트 개발자를 꿈꾸는 분이라면 이 책을 통해 리액트 면접에서 좋은 성과를 내는 방법에 대한 실용적인 지식을 얻을 수 있다. 이 책의 대상 독자는 다음과 같다.

- **웹 개발자를 꿈꾸는 분들**: 프로그래밍에 막 입문한 개발자로서 리액트를 처음부터 배우고 싶고 리액트 면접을 통과하고자 하는 분들
- **프로그래머**: 리액트를 배워서 자신의 지식과 기술을 확장하고, 면접을 잘 볼 수 있는 방법을 알고 싶은 모든 프로그래머
- **리액트 개발자**: 기존의 리액트 기술을 업그레이드하는 통찰력을 바탕으로 리액트 개발자로서의 커리어를 더욱 발전시키고자 하는 분들

이 책의 구성

1장 '면접 준비를 위한 마음가짐 다지기'에서는 리액트 면접을 최적으로 준비하는 방법을 소개한다. 1장에서는 이력서 준비뿐만 아니라 깃허브 프로필이나 웹사이트 만드는 팁도 다룬다. 또한 구직 사이트와 링크드인에서 일자리를 찾는 방법, 모임과 추천이 일자리를 찾는 데 어떻게 도움이 될 수 있는지에 대해서도 알아본다. 그리고 몇 가지 면접에 필요한 팁도 다룬다.

2장 '리액트의 기본 개념과 기능 이해'에서는 리액트의 핵심적인 사항들을 전반적으로 살펴보고, JSX, state와 props, 클래스 및 함수 컴포넌트와 같은 주요 주제를 다룬다. 또한 이벤트 처리, 가상 DOM, 데이터 흐름, 컨텍스트 API, 서버 사이드 렌더링 방법에 대해 설명한다.

3장 '훅: 함수 컴포넌트에 state와 다른 기능 추가하기'에서는 리액트에서 사용할 수 있는 다양한 훅과 사용 사례를 살펴본다. 3장의 마지막에서는 자신만의 커스텀 훅을 만드는 방법을 배운다.

4장 '라우팅과 국제화 다루기'에서는 라우팅과 국제화를 처리하는 방법을 다룬다. 주로 리액트 라우터 라이브러리와 리액트 애플리케이션 내에서 페이지 라우팅을 하는 방법을 알아보고, 라우트, 링크, 파라미터, 번역, 인수와 플레이스홀더를 전달하는 방법 등 다양한 주제를 다룬다.

5장 '리액트의 고급 개념'에서는 리액트의 고급 개념을 배운다. 에러 바운더리, 포털, 프로파일러 API를 이용한 디버깅, 엄격 모드, 동시성 렌더링 사용법을 자세히 설명한다. 또한 코드 분할과 모바일 애플리케이션 환경에서 리액트를 사용하는 방법에 대해서도 다룬다.

6장 '리덕스: 최고의 상태 관리 솔루션'에서는 리액트 애플리케이션에서 리덕스를 사용하는 방법을 다룬다. 플럭스 패턴과 리덕스를 소개하고, 각각의 핵심 원칙과 애플리케이션 내 상태를 관리하는 방법을 설명한다. 또한 리덕스 미들웨어, 사가, 썽크, 개발자 도구, 테스팅에 대해서도 학습한다.

7장 '리액트에서 CSS를 다루는 다양한 방법'에서는 리액트 애플리케이션에 CSS를 통합하는 방법을 다룬다. 프로세서 사용법, CSS 모듈, CSS-in-JS, styled-components 등 다양한 구현 방법을 살펴본다.

8장 '리액트 애플리케이션 테스팅과 디버깅'에서는 리액트 애플리케이션에서의 테스팅과 디버깅 개념을 알아본다. 리액트 테스트 헬퍼의 사용법과 설정과 해제 단계에 대해 자세히 다루고, 데이터 불러오기와 모킹, 이벤트와 타이머 생성 방법, 리액트 개발자 도구를 이용한 디버깅과 분석 방법에 대해서도 설명한다.

9장 'Next.js, 개츠비, 리믹스 프레임워크를 활용한 빠른 개발'에서는 리액트를 이용해 풀스택 애플리케이션을 구축하는 방법을 알아본다. 9장은 Next.js, 리믹스, 개츠비 같은 프레임워크를 이용해 리액트 애플리케이션을 개발하는 방법에 대한 통찰력을 제시하는 것을 목표로 한다.

10장 '실제 프로그래밍 과제 깨부수기'에서는 면접 과정에서 수행하는 과제나 코드 챌린지를 준비하는 방법을 알아본다. 개발 환경을 설정하는 방법과 프로젝트에 적합한 도구 및 템플릿에 대해 배운다. 또한 올바른 아키텍처를 선택할 때 생기는 이점을 비롯해 좋은 테스트 코드를 작성하는 이유, 프로젝트를 깃허브에 공유하는 방법을 배우는 것도 중요하며, 이러한 내용을 10장에서 배운다.

11장 '리액트, 리덕스, styled-components, 파이어베이스 백엔드 기반 애플리케이션 만들기'에서는 파이어베이스 데이터베이스에 리액트 애플리케이션을 연동해서 구축하는 방법을 다룬다. 11장에서는 애플리케이션의 아키텍처를 구축하는 최적의 방법, 비즈니스 로직 및 프레젠테이션 레이어를 생성하는 방법, 테스트 레이어를 설정하는 방법에 대해 자세히 다룬다. 모든 작업이 완료되면 애플리케이션을 깃허브에 배포해서 온라인에서 공개적으로 볼 수 있게 하는 방법을 설명한다.

12장 'Next.js 툴킷, 인증, SWR, 그래프QL, 배포를 기반으로 한 애플리케이션 만들기'에서는 인증 레이어가 있는 리액트 애플리케이션을 구축하는 방법을 설명한다. 12장에서는 애플리케이션의 아키텍처를 구축하는 최적의 방법, SWR과 그래프QL을 사용하는 방법, 비즈니스 로직 및 프레젠테이션 레이어의 생성, 테스팅 레이어 설정 방법을 자세히 다룬다. 모든 작업이 완료되면 애플리케이션을 깃허브에 배포해서 온라인에서 공개적으로 볼 수 있게 하는 방법을 설명한다.

이 책을 최대한 활용하는 방법

이 책의 독자는 자바스크립트 혹은 자바스크립트와 유사한 프로그래밍 언어, 프레임워크, 라이브러리에 대한 지식을 갖추고 있어야 한다. 리액트에 대한 사전지식이 있으면 좋지만 필수는 아니다. 기본적인 프로그래밍의 개념과 방법론을 이해하는 것을 권장한다.

이 책에서 다루는 소프트웨어 및 하드웨어	운영체제 요구사항
리액트 18	윈도우, macOS, 리눅스
타입스크립트 3.7	
ECMAScript 11	

이 책의 독자는 통합 개발 환경(IDE), 명령줄 인터페이스(CLI) 애플리케이션, NodeJS, npm, Next.js 같은 도구, 프레임워크, 라이브러리 뚜는 패키지를 설치한 프로그래밍 환경을 갖춰야 한다.

예제 코드

이 책의 예제 코드는 깃허브 저장소 https://github.com/wikibook/react-interview-guide에서 다운로드할 수 있다. 코드가 업데이트되면 업데이트된 내용이 깃허브 저장소에 반영될 것이다.

조판 규칙

이 책에서는 다음과 같은 규칙을 사용한다.

텍스트 내 코드: 텍스트 내의 코드 구문, 데이터베이스 테이블 이름, 폴더 이름, 파일 이름, 파일 확장자, 경로 이름, 더미 URL, 사용자 입력, 트위터 아이디를 나타낸다. 예: "자식 컴포넌트는 useContext 훅을 사용해 컨텍스트를 사용할 수 있다."

코드 블록은 다음과 같이 표시된다.

```
import { useContext } from 'react'
import { UserContext } from './context'
function MyChildComponent() {
  const currentUser = useContext(UserContext)
  return <span>{currentUser}</span>
}
```

명령줄 입력 또는 출력은 다음과 같다.

```
git status
git add .
git commit -m "vercel graphql endpoint for uri"
git push
```

볼드체: 새로운 용어나 중요한 단어, 모니터 화면에 보이는 단어를 나타낸다. 예를 들어, 메뉴나 대화 상자에 있는 단어는 **볼드체**로 표시된다. 예: "마찬가지로 서비스 장애로 인해 API에서 오류가 발생하면 해당 문제의 근본적인 원인을 **DebugValue** 레이블을 통해 추적할 수 있다."

📄 **참고**

이렇게 표시된다.

목·차

PART

03

**리액트 그 너머,
그리고 심화 주제**

01

면접 준비

1부에서는 리액트 면접을 준비하는 방법을 배운다. 여기서는 구직자가 이력서와 자기소개서를 어떻게 준비해야 하는지 알아보고, 깃허브 계정과 포트폴리오 웹사이트의 중요성을 다룬다. 그런 다음, 밋업과 추천에 관해서 알아보고 이것들이 구직에 어떻게 도움이 되는지 이야기한다. 마지막으로 몇 가지 추가 면접 팁을 배우며 마무리한다.

1부는 다음과 같은 장으로 구성돼 있다.

• 1장 '면접 준비를 위한 마음가짐 다지기'

01장

~~~

면접 준비를 위한
마음가짐 다지기

오늘날처럼 끊임없이 변화하는 고용 환경에서는 자신의 능력과 관심사, 목표에 딱 맞는 직업을 찾는 것이 어려울 수 있다. 다른 사람들보다 돋보이고 이상적인 직업을 얻으려면 면접 준비 기술을 완벽하게 익히는 데 시간과 에너지를 투자하는 것이 필수다. 1장은 면접 과정의 각 단계에 대한 유용한 지침과 핵심적인 통찰력을 제공함으로써 커리어로 향하는 길을 자신 있게 탐색할 수 있도록 도와주는 전체 로드맵 역할을 한다. 이후 장에서는 리액트 프레임워크 사용에 능숙한 자바스크립트 개발자로서 이 업계에서 일하기 위한 취업 준비를 하면서 리액트 개발자를 위한 일반적인 면접 질문을 살펴본다.

실제 구직 활동을 할 때는 링크드인(LinkedIn), 밋업, 추천 등 다양한 경로를 통해 취업 기회를 찾는다. 그 과정에서 다양한 기회를 찾고 지속적인 관계를 발전시키는 데 필요한 지식과 리소스를 확보할 수 있도록 전문가 네트워크를 활용하고, 인터넷 프로필을 개선하고, 아직 개척되지 않은 구직 시장에 접근하는 방법을 활용한다. 1장에서는 먼저 입사 지원의 기초가 되는 이력서와 자기소개서에 대해 이야기하는 것부터 시작하겠다. 이력서와 자기소개서는 장래의 고용주에게 지원자의 간략한 자격 요건과 직업적 태도를 살펴볼 수 있는 기회를 제공한다. 채용 담당자의 관심을 끌기 위해 매력적인 내용을 작성하고, 직무에 맞게 이력서와 자기소개서를 수정하며, 그러한 자료의 모양새를 개선하는 방법을 자세히 설명하겠다.

여러분은 리액트와 관련된 직무에 지원할 것이므로 이력서를 적절히 조정해서 채용 담당자의 눈에 가장 잘 띄게 만드는 것이 중요하다. 이를 위해 이력서에 리액트, 리덕스(Redux), Next.js 같은 리액트 생태계와 관련된 용어를 이력서에 포함한다. 채용 담당자가 지원 자격에서 가장 많이 나열하는 도구와 기술을 사용한다는 사실을 통해 채용을 검토할 만한 후보라는 점을 내세워 프로필을 더욱 돋보이게 할 수 있다.

다음으로 따라야 할 전략은 구직 활동을 개선하고 채용 가능성을 높일 수 있는 프로세스를 마련하는 것이다. 여기에는 다음과 같은 작업이 포함될 수 있다.

- 깃허브 프로필 준비
- 개인 웹사이트 포트폴리오 만들기

이는 특히 고용주가 지원자의 역량을 뒷받침할 구체적인 증거를 원하는 경우가 많은 크리에이티브 및 기술 부문에서 중요하다. 이 책에서는 다음 영역에 대한 조언을 제공한다.

- 프로젝트 선택하기
- 프로필 완성하기
- 흥미로운 포트폴리오 구축하기

이러한 정보는 기술적 전문성을 보여줄 수 있을 뿐만 아니라 각자의 개성을 드러낼 수 있으므로 지원자를 돋보이게 하는 최고의 작업물을 각인시키는 데 큰 도움이 된다.

마지막으로, 중요한 순간에 성공할 수 있도록 귀중한 면접 조언을 제공한다. 행동 질문[1] 및 기술적 질문에 대한 준비부터 의사소통과 협상의 기술을 익히는 것까지, 면접을 준비하는 데 필요한 모든 것을 빠짐없이 다룬다.

이 여정을 시작하는 것은 흥미진진하고 어려울 수 있지만 올바른 태도를 갖추고 1장에서 제시하는 조언을 따른다면 이 책에서 설명하는 과정을 받아들여 결국 목표를 달성할 수 있을 것이다. 그럼 면접 준비를 위한 여정을 시작해 보자.

---

1 (옮긴이) 과거 행동이나 경험에 관한 질문. 출처: https://ninehire.tistory.com/22

1장에서는 다음과 같은 주제를 다룬다.

- 이력서와 자기소개서 준비
- 깃허브 프로필 또는 웹사이트 포트폴리오 구축
- 지원할 일자리 찾기
- 밋업과 추천
- 면접 팁

이력서와 자기소개서 준비

이번 절에서는 훌륭한 이력서와 자기소개서를 작성하는 과정을 살펴볼 텐데, 이는 리액트 개발자로서 구직 활동의 면접 단계에서 가장 좋은 기회를 얻는 데 필수적이다. 여기서 다루는 내용은 기본적으로 취업 기회를 지속적으로 얻을 수 있는지 여부에 큰 영향을 미칠 수 있다. 훌륭한 이력서와 그에 못지않게 좋은 자기소개서를 작성하는 것은 모든 것의 기반을 다지기 위한 첫 번째 단계로서, 말하자면 어떤 어려운 상황과 마주치더라도 이에 대비할 수 있게 해준다.

이력서와 자기소개서의 차이점

이제 이력서와 자기소개서의 차이점을 살펴보자. 기본적으로 이력서는 개인의 업무 경력을 보여주는 마이크로소프트 워드 또는 PDF 문서다. 이 문서에 가장 최근까지의 모든 경력을 나열하게 된다. 이력서에는 학력, 업무 경력, 활동 경력, 기술과 같은 관심 분야를 작성할 수 있다. 애초에 이력서를 작성하는 주된 목적은 지원하고자 하는 기업에 자신이 면접에 응할 수 있을 만큼 충분한 지식과 자격을 갖췄음을 보여주기 위함이다. 첫 번째 단계는 항상 채용 담당자로 하여금 자신이 최종 후보에 오를 만한 가치가 있는 지원자라는 점을 보여주는 것이다.

반면에 자기소개서는 한 페이지를 넘지 않는 문서다. 이력서와 함께 제출하는 것이 유일한 목적이며, 지원 시 이력서와 자기소개서를 동시에 제출하는 경우가 많다. 자기소개서는 이력서만큼 형식적인 측면을 강조하지 않기 때문에 훨씬 더 자유롭게 표현할 수 있다. 자기소개서는 회사에 자신을 소개하고 무엇보다도 자신이 왜 채용 여부를 진지하게 고려해야 하는 뛰어난 후보자인지 설명할 수 있는 기회다. 지원자는 자기소개서를 통해 최고의 기술과 경험을 부각시켜야 한다. 궁극적인 목표는 지원자의 이력서와 성격이 잠재적으로 기업 문화에 잘 맞고, 최소한 면접을 통해 스스로를 증명할 기회를 얻을 만한 자격이 있음을 채용 담당자와 회사에 설득하는 것이다. 그림 1.1에서 자기소개서의 좋은 예를 볼 수 있다.

[고용주 이름] 님께,

[회사명]의 리액트 개발자 직책에 대한 깊은 관심을 표명하기 위해 이 글을 씁니다. 프론트엔드 개발에 대한 깊은 열정과 리액트에 대한 폭넓은 배경 지식을 바탕으로 귀사의 혁신적인 프로젝트에 기여하고 첨단 기술에 대한 열정을 공유하는 동료 전문가들과 협업할 수 있는 기회를 얻게 되어 기쁩니다.

제 소개를 하겠습니다. 저는 리액트를 전문으로 [X]년의 경력을 가진 뛰어난 프론트엔드 개발자입니다. 저는 동적의 반응형 웹 애플리케이션을 구축하는 실무 경험을 통해 백엔드 시스템과 원활하게 통합되는 우아하고 사용자 친화적인 인터페이스를 만드는 데 능숙합니다. 또한 모던 자바스크립트 프레임워크, HTML, CSS, Git과 같은 버전 관리 시스템에 이르기까지 전문적인 지식을 갖추고 있습니다.

리액트 개발자 직책에 대한 지원 자격을 검토한 결과, 저의 기술과 경험이 요구사항에 잘 부합한다고 생각합니다. 재사용 가능한 컴포넌트 개발, 애플리케이션 성능 최적화, 상태 관리 라이브러리 활용에 대한 숙련도는 채용 공고에 명시된 기술적 기대치에 완벽하게 부합합니다. 또한 테스트 방법론과 도구에 익숙하기 때문에 귀사의 표준을 충족하는 고품질의 버그 없는 코드를 작성할 수 있습니다.

저는 [회사명]에 대해 철저히 조사했으며, 웹 개빌의 한계를 뛰어넘으려는 귀사의 노력에 진심으로 감명받았습니다. 혁신에 대한 강조, 사용자 경험, 지속적인 개선은 제 직업적 가치와도 일맥상통합니다. 귀사의 웹사이트에 소개된 프로젝트, 특히 [구체적인 프로젝트 또는 계획]은 제가 참여하고 싶은 활동을 잘 보여줍니다. 또한 [회사명]이 업계에서 받은 긍정적 피드백과 인지도는 귀사 팀의 성공에 기여하고 싶은 저의 열망을 더욱 단단하게 만들어줍니다.

[회사명]의 리액트 개발자 직책에 대한 면접 기회를 얻게 되어 매우 기쁩니다. 웹 개발에 대한 제 기술과 열정이 귀사의 프로젝트에 의미 있는 영향을 주고 귀사의 지속적인 성공에 기여할 수 있으리라 확신합니다. 면접을 통해 제 경험을 이야기하고 [회사명]의 사명에 어떻게 기여할 수 있는지 자세히 알아보고 싶습니다.

지원서를 검토해 주셔서 감사합니다. [회사 이름]에 입사해서 귀사의 팀 성과에 기여할 수 있다는 생각에 기대가 큽니다. 가급적 빠른 시일 내에 [전화번호] 또는 [이메일 주소]를 통해 면접 일정을 잡아주시기 바랍니다. 더 자세히 이야기나누고 [회사명]의 흥미로운 프로젝트에 대해 더 많이 배울 수 있기를 고대합니다.

[이름] 드림

그림 1.1 자기소개서

훌륭한 이력서와 자기소개서 작성의 중요성

이제 훌륭한 이력서와 자기소개서의 중요성과 구직자에게 이력서와 자기소개서가 필수적인 이유를 알아보자. 이력서는 우선순위가 높지 않고 입사 지원 등 구직 과정의 다른 영역에 시간을 투자하는 편이 더 낫다는 생각에 일반적인 이력서만으로 충분하다고 생각하기가 쉽다. 이 책에서는 이를 더욱 세분화해서 눈에 띄는 이력서와 자기소개서를 작성하는 것이 어떤 영역에서 유리하게 작용할 수 있지 알아본다.

이를 위해 좋은 첫인상을 남기는 것의 중요성, 심사 과정을 통과하는 방법, 이력서와 자기소개서를 수정하는 방법, 브랜딩, 자신감 있게 면접에 임할 수 있도록 스스로를 훈련하는 방법 등을 살펴보겠다.

좋은 첫인상을 남기는 방법

처음 만난 사이라면 서로에 대해 아무것도 모를 것이다. 이때는 새로운 사람에게 자신을 진정으로 알리고 우리에게 높은 가치가 있고 앞으로 알아둘 만한 사람이라는 점을 설득할 수 있는 백지상태다. 이력서와 자기소개서는 처음 만난 사람에게 "안녕하세요"라고 인사하거나 알고 싶은 사람을 만났을 때 악수하는 것과 비슷한 소개 글이다. 잘 작성된 문서를 통해 다른 지원자와 자신을 차별화해서 최종 후보자 명단에 이름을 올릴 수 있다.

내 경험에 비추어 볼 때 면접에서는 최대한 친근한 태도를 취하고 카리스마와 자신감을 가지고 최대한 긍정적인 태도로 임해야 한다. 간혹 어떤 이유로든 면접 당일에 기분이 좋지 않다면 힘들기는 하겠지만 이를 극복할 방법을 찾아야 한다. 나도 컨디션이 그리 좋지 않을 때 면접을 보러 갔다가 면접에 부정적인 영향을 준 적이 있다. 이와 마찬가지로, 면접 당일에 컨디션이 좋았고 무슨 말을 해야 할지 알고 있었기 때문에 면접이 잘 진행된 적도 있다. 나에게 잘 맞는 전략은 미리 음악을 듣거나 명상을 하는 것이었다. 긴장을 풀거나 도전에 대한 열정이 생기면 면접 당일에 최고의 모습을 보여줄 수 있는 힘을 얻을 수 있다.

심사 과정 통과하기

심사 과정은 잠재적인 고용주에게 우리가 얼마나 훌륭한 전문가인지 보여주는 시간이다. 이력서와 자기소개서는 면접을 볼 만한 지원자를 선별하는 데 사용된다. 제출하는 내용이 부실하게 작성됐거나 오래됐거나 가짜이거나 문법이나 오타, 또는 부정확한 부분이 너무 많다면 면접 단계로 나아갈 가능성이 매우 낮다. 이러한 경우 면접에서 탈락하거나 심지어 연락을 완전히 끊어버리는 경우도 흔히 발생한다. 물론 이 같은 일이 발생하는 데는 여러 가지 이유가 있을 수 있겠지만 몇 가지 시나리오를 살펴보자.

이력서에 오타가 있었던 것을 발견하지도 못했고 아무도 그에 대해 언급하지 않았던 일이 있었다. 마이크로소프트 워드의 맞춤법 검사기가 모든 맞춤법 오류를 표시해 줄 것이라고 생각하겠지만 그렇지 않았다. 일부 단어가 모두 대문자로 적혀 있었는데 맞춤법 검사기가 오타를 인식하지 못했다. 그렇기 때문에 이력서에 쓰는 내용을 두세 번에 걸쳐 확인하는 것이 중요하다. 다른 사람에게 교정을 부탁하는 것도 좋다. 내가 놓친 부분을 발견할 수도 있을 테니 말이다.

이력서와 자기소개서 수정하기

이제 지원하고자 하는 직무에 맞춰 이력서와 자기소개서를 수정하는 것에 관해 알아보고, 맞춤형 이력서와 자기소개서가 어떻게 취업 가능성을 더욱 높일 수 있는지 알아볼 차례다. 맞춤형 이력서와 자기소개서를 작성하면 여러분이 시간을 들여 해당 직무에 대한 지원 자격을 읽었고 현재 보유한 기술 스택이 해당 직무와 어떻게 완벽한 조화를 이루는지 보여줄 수 있다. 맞춤형 프로필은 항상 일반적인 프로필보다 돋보인다. 물론 각 지원 분야에 맞는 맞춤형 프로필을 작성하는 데 시간이 조금 더 걸릴 수 있지만, 이를 통해 면접에 몇 번이라도 합격할 수 있다면 노력할 만한 가치가 있다.

나는 수년 동안 이 같은 방법으로 많은 성공을 거뒀고, 일반적인 이력서에 비해 맞춤형 이력서가 면접으로 이어지는 경우가 많았다. 가령 내가 리액트 관련 직책에 지원한다고 가정해 보겠다. 성공 가능성을 높이기 위해 내가 가진 모든 리액트 관련 경험을 강조하려고 노력할 것이다. 그래서 깃허브나 웹사이트에 리액트로 만든 프로젝트에 대한 링크를 추가할 것이다. 또한 나는 테크니컬 라이터이기도 하므로 내가 쓴 리액트 관련 글의 링크를 추가하면 훨씬 더 돋보일 것이다.

또한 한 걸음 더 나아가서 각 관련 직책에 대해 "리덕스 스토어를 통합하고 애플리케이션의 성능을 최적화해서 사용자의 로딩 시간을 단축했습니다."와 같이 리액트에 대해 언급할 수도 있다. Next.js, 버셀(Vercel), 네트리파이(Netlify), AWS 등의 기술 키워드를 추가하면 최신 기술 스택에 정통하다는 것을 보여주기 때문에 프로필을 더욱 향상시킬 수 있다.

브랜딩

우리는 브랜드다. 이는 우리가 인생을 살아가면서 깨달아야 할 중요한 개념이다. 새로운 사람을 만날 때마다 더 많은 인생 경험으로 이어지는 새로운 관계를 맺을 기회가 생긴다. 우리가 마케팅 목적으로 이력서와 자기소개서를 사용하는 이유는 본질적으로 새로운 사람들에게 우리 자신과 우리의 에토스(ethos)[2]를 판매하는 것이기 때문이다. 이를 통해 일반적인 입사 지원서로는 가능하기 어려운 우리의 경험과 인생의 성취, 기술적 능력을 강조할 수 있다.

이를 깨닫고 나서 나는 삶의 모든 부분에 이러한 사고방식을 적용하기 시작했다. 소셜미디어에 올리는 콘텐츠나 고객에게 보내는 이메일 등 모든 것이 이러한 브랜딩과 비즈니스 전문가 에토스를 갖추는 것에 해당한다. 내가 신뢰할 수 있는 사람이라는 것을 증명할 수 있다면 사람들이 나를 믿을 가능성은 높아진다.

---

2 (옮긴이) '성격', '관습' 등을 의미하는 고대 그리스어. 아리스토텔레스는 수사학에서 에토스를 화자 고유의 성품으로 정의했으며, 화자의 체형, 자세, 옷차림, 목소리, 단어 선택, 시선, 성실, 신뢰, 카리스마 등이 에토스에 속한다. (출처: 위키백과)

자신감 있게 행동하기

시간과 노력을 들여 이력서와 자기소개서를 잘 작성하면 자신감을 갖는 데 큰 도움이 될 수 있다. 처음부터 자신감을 많이 보여줄수록 면접에서 좋은 성적을 거둘 가능성이 높아진다. 부정적이고 의기소침한 느낌과 달리 자신감을 가지고 무언가에 임하는 것은 정말 큰 차이를 만들어낸다. 우리는 우리가 세상에 내놓는 것에 이끌린다. 우리가 더 많은 긍정을 내보낼수록 더 많은 긍정이 우리에게 돌아올 것이다.

자신감이 부족한 상태에서 우울한 마음으로 면접장에 갔을 때는 면접에 성공했던 적이 별로 없다. 사람들은 이런 기분을 잘 알아챌 수 있기 때문에 면접에 임하기 전에 올바른 마음가짐을 갖추는 것이 매우 중요하다. 나도 면접에서 떨어지고 연락이 끊긴 경험을 한 후 기분이 가라앉은 적이 몇 번 있었는데, 이는 누구에게나 일어날 수 있는 일이다. 이럴 때는 면접을 잠시 중단하는 것이 최선이며, 나 역시도 일부러 그렇게 하기도 한다. 시간이 지나면 자신감은 회복될 것이다. 내가 그랬던 것처럼 번아웃이 온다면 잠시 휴식을 취하자.

다음 절에서는 다양한 유형의 이력서에 대해 알아본다. 직업마다 천차만별이라서 다양한 이력서 유형과 각 직업에 가장 적합한 이력서 유형을 알아두는 것이 중요하다.

이력서 유형

자신의 재능과 경험을 가장 잘 강조하고 원하는 직책과 연관성 있는 이력서 형식을 선택하는 것이 중요하다.

이력서에는 연대기형, 기능형, 조합형, 타깃형, 창의형 등 여러 가지 종류가 있다. 이력서에 따라 용도도 다르다. 이력서를 작성할 때 이를 고려할 수 있도록 이력서 간의 차이점을 알아보겠다.

연대기형 이력서

가장 일반적으로 사용되는 이력서 형식은 연대기형 이력서다. 그림 1.2에서 이러한 유형의 이력서 예시를 볼 수 있다.

이름

yourname@email.com

https://linktr.ee/yourname

경력사항

리액트 개발자 - 원격 근무

2022년 1월 ~ 현재

- 직무 설명
- 직무 설명
- 직무 설명
- 직무 설명

리액트 개발자 - 원격 근무

2020년 1월 ~ 2021년

- 직무 설명
- 직무 설명
- 직무 설명
- 직무 설명

리액트 개발자 - 원격 근무

2019년 1월 ~ 2020년

- 직무 설명
- 직무 설명
- 직무 설명
- 직무 설명

학력사항

대학원

2010 ~ 2012

대학교

2007 ~ 2010

기술사항

프런트 엔드: HTML, CSS, JavaScript, React, React Native, Redux

백엔드: Node.JS, Python, Django, SQL, NoSQL, GraphQL, Docker, Kubenetes

그림 1.2 연대기형 이력서

연대기형 이력서에서는 가장 최근의 직책에서 시작해서 아래로 가면서 역순으로 근무 이력을 기재한다. 이 방법은 자신의 경력 개발 과정을 보여주고 시간이 지남에 따라 자신의 재능이 어떻게 발전했는지 보여준다. 이 형식은 구직자들이 선호하며, 채용 담당자가 자격요건과 잠재력을 빠르게 평가할 수 있도록 간결하고 이해하기 쉬운 근무 이력을 제시하기 때문에 개인적으로도 선호하는 형식이다.

일반적인 연대기형 이력서는 지원자의 연락처 정보로 시작해서 경력 개요 또는 객관적 서술로 이어지며, 그다음에는 지원자의 경력을 상세히 나열한다. 각 직책에는 직위, 고용주, 근무기간, 주요 업무 및 성과, 해당 직책을 맡으면서 취득한 관련 기술이나 자격증을 문서로 기록한다.

탄탄한 경력과 뚜렷한 커리어 궤적을 가진 지원자는 시간에 따른 성장과 발전을 보여줄 수 있기 때문에 연대기형 이력서가 가장 적합하다. 그러나 이 형식은 경력이 거의 없거나 전혀 없는 사람, 실업 기간이 길었던 사람, 경력이나 직무를 바꾸려는 사람에게는 적합하지 않을 수 있다.

기능형 이력서

기능형 이력서는 경력을 강조하는 대신 재능과 역량에 집중한다. 그림 1.3에서 기능형 이력서의 예를 볼 수 있다.

기능형 이력서에는 여전히 지원자의 근무 이력이 포함되지만 날짜나 직책이 없는 간소화된 형식으로 표시된다. 대신 지원자가 지원하는 직책과 가장 관련성이 높은 경력과 재능에 중점을 둔다. 이러한 능력은 커뮤니케이션, 리더십, 문제 해결, 기술 역량과 같은 그룹으로 분류될 때가 많다.

지원자의 우대 자격을 강조하는 간단한 자기 소개 또는 객관적 서술 내용을 기능형 이력서의 시작 부분에 포함할 수 있다. 이력서의 마지막 부분에는 학력 및 기타 관련 자격증에 대한 정보를 포함할 수도 있다. 기능형 이력서는 지원자의 능력과 성과를 강조하는 효과적인 수단이 될 수 있지만 일부 채용 담당자에게는 경력 부족이나 경력 공백을 숨기려는 노력으로 보일 수도 있기 때문에 이 형식의 이력서를 경계할 수 있다. 따라서 기능형 이력서는 정확한 직무 요건에 맞게 내용을 조정하고 솔직하고 진실된 방식으로 작성하는 것이 중요하다.

이름
yourname@email.com
https://linktr.ee/yourname

기술 및 능력
고객 서비스
- 전문성에 대한 설명

콘텐츠 제작
- 전문성에 대한 설명

제품 관리
- 전문성에 대한 설명

경력사항
채용 컨설턴트 - 런던
2022년 1월 ~ 현재
- 직무 설명
- 직무 설명

영업 고문 - 런던
2020년 1월 ~ 2021년
- 직무 설명
- 직무 설명

마케팅 보조 - 런던
2019년 1월 ~ 2020년
- 직무 설명
- 직무 설명

학력사항
대학원
2010 ~ 2012

대학교
2007 ~ 2010

그림 1.3 기능형 이력서

기능형 이력서는 자신의 성공 경험과 재능을 보여줄 수 있으며, 경력에 공백이 있는 사람들이 이 유형을 선택하는 경우가 많다.

조합형 이력서

조합형 이력서는 기능형 이력서와 연대기형 이력서의 특성을 통합한 것이다. 이 이력서에는 근무 이력이 포함돼 있을 뿐만 아니라 지원자의 경력과 재능을 강조할 수 있다. 다양한 경력을 가진 구직자에게 이 형식은 경험과 재능을 모두 강조할 수 있어 특히 유용하다.

그림 1.4에서 조합형 이력서의 예를 볼 수 있다.

이름
yourname@email.com
https://linktr.ee/yourname

기술 및 자격사항
- 전문성 예시 1
- 전문성 예시 2

경력사항
채용 컨설턴트 - 런던
2022년 1월 ~ 현재
- 직무 설명
- 직무 설명

핵심 성과:
- 성과 1

영업 고문 - 런던
2020년 1월 ~ 2021년
- 직무 설명
- 직무 설명

핵심 성과:
- 성과 1

마케팅 보조 - 런던

2019년 1월 ~ 2020년

- 직무 설명
- 직무 설명

핵심 성과:

- 성과 1

학력사항

대학원

2010 ~ 2012

대학교

2007 ~ 2010

그림 1.4 조합형 이력서

조합형 이력서에서는 지원자의 경력을 시간 역순으로 기재하되, 각 직책에 대한 자세한 설명 대신 가장 중요한 핵심 성과와 직무에 대한 요약 설명을 기재한다. 이를 통해 지원자는 너무 자세히 설명하지 않고도 자신의 자격을 보여줄 수 있다.

기술 사항은 지원자가 특정 기술 범주에서 자신의 주요 재능과 성과를 간략하게 설명할 경우 경력사항 다음에 기재한다. 이때 기술 능력, 언어 능력, 프로젝트 관리 능력 및 기타 재능이 여기에 포함될 수 있으며, 지원하고자 하는 직책과 관련된 항목들을 함께 묶어서 기재한다.

조합형 이력서는 지원자의 중요 성과와 경력 목표를 강조하는 요약 설명 또는 객관적 서술로 시작해서 지원자의 학력사항 및 기타 관련 자격증에 대한 정보로 마무리할 수도 있다.

타깃형 이력서

타깃형 이력서는 특정 직책이나 분야에 맞춰 작성하는 이력서다. 이 이력서는 지원하는 직책과 가장 관련성이 높은 지식과 전문성을 강조한다.

그림 1.5에서 타깃형 이력서의 예를 볼 수 있다.

이름

yourname@email.com

https://linktr.ee/yourname

기술사항

- 자료 구조에 관한 전문 지식
- 데이터베이스 아키텍처에 관한 깊은 지식
- iOS 및 안드로이드 모바일 애플리케이션 제작 경험
- Next.js 및 리액트 네이티브 사용 경험

경력사항

리액트 개발자 - 원격 근무

2022년 1월 ~ 현재

- 직무 설명
- 직무 설명
- 직무 설명
- 직무 설명

리액트 개발자 - 원격 근무

2020년 1월 ~ 2021년

- 직무 설명
- 직무 설명
- 직무 설명
- 직무 설명

리액트 개발자 - 원격 근무

2019년 1월 ~ 2020년

- 직무 설명
- 직무 설명
- 직무 설명
- 직무 설명

학력사항

대학원

2010 ~ 2012

대학교

2007 ~ 2010

그림 1.5 타깃형 이력서

목표 직책에 지원하는 지원자는 지원 자격을 꼼꼼히 읽은 후 해당 직책의 자격 요건에 맞춰 이력서를 작성하는 경우가 많다. 지원자의 관련 경험과 재능을 강조하고 특정 자격 요건을 충족하는 방법을 보여주려면 이력서의 내용과 키워드를 변경할 필요가 있다.

타깃형 이력서 형식은 지원자의 전문적인 교육과 훈련, 경험을 강조하는 요약 설명 또는 객관적 서술과 해당 직책에 대한 적합성을 입증하는 성과를 강조하는 것으로 시작할 수 있다. 지원자의 경력 및 학력사항도 포함되지만 지원 자격에 가장 적합한 자격을 강조하는 데 중점을 둔다.

일반적으로 타깃형 이력서는 지원자의 기술을 강조하고 면접에 응할 가능성을 높이는 좋은 방법이 될 수 있다. 타깃형 이력서는 지원자가 해당 직무에 얼마나 관심이 있는지, 직무 요건에 맞춰 지원서를 조정할 수 있는 역량을 보여주므로 채용 담당자는 이를 호의적인 지표로 간주할 수 있다.

창의적 이력서

창의적 이력서를 사용하면 개성과 창의성을 강조할 수 있다는 장점이 있다. 눈에 띄기 위해 색다른 양식을 사용하거나 시각적 디자인 요소를 사용할 수 있다. 창의적 이력서는 디자인 기술을 사용해 지원자를 특별하게 만들 수 있는 가장 표현력이 풍부한 이력서 형식으로, 포토샵, 일러스트레이터, 피그마, 캔버스 같은 디자인 도구를 사용해 만들 수 있다. 이러한 유형의 창의적인 이력서를 만들 수 있는 온라인 및 템플릿 웹사이트도 많다.

인포그래픽, 차트, 사진, 기타 디자인 요소는 모두 다양한 형식의 창의적 이력서에 포함될 수 있다. 그래픽 디자인, 마케팅, 광고 등 시각적 포트폴리오가 중요한 직종의 지원자들이 이러한 디자인 요소들을 자주 활용한다.

지원자의 경험과 자격을 좀 더 철저하고 미학적으로 표현하기 위해 일반적인 이력서와 창의적 이력서를 함께 제출할 수도 있다. 궁극적으로 창의적 이력서는 지원자의 디자인 능력과 독창성을 보여줄 뿐만 아니라 잠재적 고용주에게 지속적인 인상을 남길 수 있는 강력한 도구가 될 수 있다. 하지만 이력서가 여전히 적절한 형식을 갖추고 읽기 쉬우며 지원자의 자격과 전문성을 정확하고 간결하게 전달하는 것이 중요하다.

다음 절에서는 훌륭한 이력서의 몇 가지 핵심 요소를 알아본다. 이력서를 작성하는 방법을 아는 것도 중요하지만 다른 사람들의 이력서와 차별화하고 싶다면 필요에 맞게 효과적으로 만드는 것이 중요하다.

훌륭한 이력서의 핵심 요소

모든 이력서가 똑같이 작성되는 것은 아니며, 서로 비슷비슷하게 작성되는 것이 일반적일 수는 있지만 각 지원자에게 유리하게 작용할 수 있는 이력서를 작성하는 것은 어느 정도 가능하다. 이제 이력서를 좀 더 돋보이게 만드는 데 도움이 되는 몇 가지 핵심 요소를 알아보자.

먼저, 이력서의 형식이 깔끔하고 눈에 잘 들어와야 한다. 오타나 문법적 오류는 이미지와 신뢰도를 떨어뜨릴 수 있으므로 당연히 없어야 한다. 이력서는 전문성을 보여줘야 한다. 글머리 기호로 구성된 목록은 각 직무를 설명하는 가장 효과적인 방법이다. 각 직무를 몇 가지 요점으로 나누고 해당 직무에서 수행한 업무와 그 업무가 비즈니스에 어떤 긍정적인 영향을 미쳤는지 설명하면 된다. 단락 형태로 작성하면 이력서가 너무 길어지고 채용 담당자가 후보자를 선정하는 과정이 느려지기 때문에 기피할 가능성이 높으므로 단락 형태로 작성해서는 안 된다. 이는 여러 채용 관리자 및 담당자와 이야기를 나눈 후 얻은 조언이다. 전반적으로 이 같은 상황에서는 3~4개의 항목이 가장 효과적이었다.

대부분의 경우 업무 경력을 시간 역순으로 나열한다. 따라서 가장 최근의 직책이 상단에, 과거의 직책이 하단에 배치된다. 이력서를 가능한 한 공백 없이 최신 상태로 유지하는 것이 장기적으로 도움이 된다. 자신의 재능과 능력을 입증하기 위해 성공 사례를 구체적으로 제시하는 것이 좋다. 성과를 측정하기 위해 수치와 백분율을 사용해 근무 기간에 달성한 정도를 보여주는 것도 한 가지 방법이다. 이 책의 독자는 결국 리액트 관련 직무에 지원하는 것이기 때문에 리액트와 관련된 내용을 기재하는 것은 필수적이다. 따라서 경력사항 항목에 넣을 수 있는 리액트 관련 경험이 많을수록 좋다. 한 가지 예를 들자면 자신의 경험이 어떻게 발전했는지 보여줄 수 있다. 레거시 클래스 구문을 사용하는 코드 베이스를 최신 훅 구문을 사용하도록 업데이트했다고 가정해 보자. 이는 여러분이 레거시 코드 베이스에서도 작업할 수 있고 최신 구문에도 익숙하다는 것을 보여주며, 이는 프로그래머가 갖춰야 할 훌륭한 특성인 문제 해결 능력과 다양한 상황에 적응할 수 있는 능력을 나타낸다.

학력사항에는 지원자가 자격이 있는지 기재해야 한다. 따라서 보유하고 있는 대학교 학위를 여기에 표시해야 한다. 자격증, 교육 과정, 직무 훈련 등을 언급하면 프로필을 더 돋보이게 만들 수 있다. 기술사항에는 하드 스킬과 소프트 스킬을 모두 포함하는 것이 좋다. 하드 스킬에는 자바스크립트, 리액트, Node.js 같은 프로그래밍 관련 영역이 포함된다. 반면, 소프트 스킬에는 커뮤니케이션, 팀워크, 적극성 등과 같은 영역이 포함된다.

마지막으로, 이력서가 해당 직무에 효과적으로 맞춰져 있는지 확인하고, 지원하려는 직무와 관련된 기술과 경험을 강조하는 키워드를 사용한다. 지원자를 찾기 위해 **지원자 추적 시스템(ATS; applicant tracking system)**의 이력서 스캐너 도구를 사용하는 회사가 많다. 따라서 지원 자격에 포함될 만한 HTML, CSS, 자바스크립트 같은 키워드를 입력할 수 있다면 채용 담당자로부터 연락받을 가능성이 높다. 나는 가능한 한 많은 키워드를 입력하려고 노력하는데, 키워드에 따라 최종 후보로 선정될지 여부가 결정될 수 있기 때문이다.

지금까지 훌륭한 이력서의 핵심 요소를 알아봤다. 다음 단계로 자기소개서에도 이를 똑같이 적용해 보자.

훌륭한 자기소개서의 핵심 요소

자기소개서에서는 좀 더 비공식적인 방식으로 자신을 표현할 수 있는데, 이는 일반적으로 좀 더 형식적인 측면을 강조하는 이력서에서는 불가능하다. 훌륭한 자기소개서를 작성하기 위한 몇 가지 사항을 살펴보자. 자기소개서의 목표는 채용 담당자와 좋은 관계를 맺는 것이므로 자신이 누구인지, 무엇을 할 수 있는지, 왜 해당 회사에 지원하는지를 간략하게 설명하는 재미있고 강렬한 자기소개 내용을 작성한다. 구직 공고에서 본 회사명과 직책을 언급하는 것을 잊지 말자.

자기소개서는 자신이 가진 최고의 기술과 경험을 강조하면서 힘차게 시작한다. 최대한 카리스마를 발휘해서 글을 읽는 사람의 마음을 사로잡고, 편안한 태도로 글을 쓰려고 노력한다. 이 모든 것이 지원자가 해당 직무에 적합하다는 것을 보여줄 것이다. 이 공간을 활용해 최대한 개인적인 내용을 작성한다. 즉, 자기소개서를 통해 업무에 대한 열정과 동기를 보여줌으로써 회사에 대해 얼마나 잘 조사했는지 보여줄 수 있다.

앞에서 말한 내용을 모두 작성했다면 면접을 요청하거나 더 자세한 내용을 공유할 준비가 됐음을 알림으로써 자기소개서를 마무리한다. 지금까지 설명한 핵심 요소를 넣으면 강력하고 성공적인 자기소개서를 작성할 수 있다. 나는 자기소개서를 작성할 때 흥미롭고 매력적이며 사교적으로 작성하는 것을 목표로 삼는다. 나와 함께 일하면 어떨지 상상할 수 있도록 읽는 이의 마음을 사로잡으려고 노력한다. 세계 최고의 프로그래밍 기술을 가지고 있어도 언젠가는 사람들과 소통해야 하므로 이 부분도 노력해야 한다. 하드 스킬과 소프트 스킬을 잘 조합하는 것이 가장 바람직하다.

자기소개서는 구조적인 면에서 훨씬 더 엄격한 이력서와 훨씬 더 창의적이고 자유롭다. 쉽게 말해, 자기소개서란 신입사원을 찾고 있는 새 회사에 편지나 이메일을 작성해서 자신의 기술과 브랜드, 개성을 파는 것과 같다.

일반적으로 자기소개서에서는 다음과 같은 주제를 다룰 수 있다.

- 지원자 소개
- 지원자의 기술이 지원 자격과 어떻게 부합하는지
- 자체적인 조사를 통해 파악한 회사에 관한 정보
- 면접 의사를 보여주고 회신을 촉구하는 CTA(call to action)

위 항목은 자기소개서를 작성할 때 포함하면 좋을 법한 몇 가지 내용의 예다. 구글에서 자기소개서 양식을 검색해 보면 다양한 예시와 작성 방법을 찾을 수 있다. 기본적으로 자기소개서란 지원지가 지원하고자 하는 직무에 적합한 이유에 관한 편지를 작성하는 것이므로 일반적으로 특별한 양식이 필요하지 않으며, 글을 잘 쓰는 것만으로도 충분하다. 하지만 자기소개서 양식을 사용하고 싶고, 그것이 효과적이라고 생각한다면 사용해도 좋다.

지금까지 잘 따라왔다. 계속 여정을 이어가 보자. 구직 활동은 언제든 더 개선될 여지가 있으며, 이때 필요한 것은 여러 구직 공고의 지원 자격을 자세히 살펴보는 것이다. 이어지는 절에서는 지원 자격을 꼼꼼히 살펴보는 것이 좋은 이유를 알아본다.

지원 자격 검토

지원 자격을 잘 읽을수록 가장 적합한 직책에 지원할 가능성이 높아진다. 이번 절에서는 구직을 훨씬 더 쉽게 만들어줄 몇 가지 주요 단계를 살펴본다.

구직 공고를 검색해서 찾았다면 구직 공고의 지원 자격을 천천히 처음부터 끝까지 읽어본다. 지원 자격은 프로젝트의 개요와 같다. 무엇이 필요한지 정확히 파악하고 놓치는 부분이 없도록 꼼꼼히 읽어보자. 자격 요건, 학력, 기술, 경험 등이 언급된 부분을 찾아본다. 항상 모든 요건을 충족할 필요는 없다. 실제로 모든 기술과 경험을 갖추지 못했음에도 채용되는 경우가 흔하며, 나도 그런 일을 여러 번 경험했다. 지원 자격은 가이드라인과 같다. 즉, 합격한 지원자가 필요한 모든 것을 갖추지는 못했지만 업무 중이나 여가 시간에 충분히 배울 수 있는 능력을 갖춘 경우가 많다. 직무 관련 키워드를 많이 찾을수록 면접에 합격할 확률이 높아지므로 이 키워드를 계속 찾는다.

주의 깊게 살펴봐야 할 다른 관심 분야는 업무, 근무지, 급여다. 이러한 요소는 일과 삶의 균형과 관련이 있으며, 건전한 정신 상태를 유지하려면 진지하게 고려해야 한다. 이러한 조건이 좋을수록 업무 성과가 좋아질 가능성이 높다. 지원 자격을 주의 깊게 검토하고 지원서를 개별 직책과 조직에 맞게 조정하면 면접 연락을 받고 최종적으로 채용될 가능성을 극대화할 수 있다.

우리는 일자리를 찾기 위해 모든 자산을 활용해야 하므로 자신의 핵심 기술과 성과를 파악하는 데 중점을 둬야 한다. 이제 이를 통해 어떻게 프로필을 개선할 수 있는지 알아보자.

핵심 기술과 성과 파악

근무 이력, 업무 경험, 또는 이와 유사한 제목의 항목에다 지금까지 수행한 업무 목록을 작성해야 한다. 여기에는 자원봉사 활동과 학위도 포함된다. 이는 각 직책에서 발휘한 능력과 영향력을 파악하기 위해서다. 생산성이나 성과를 어떻게 개선했는지, 프로젝트를 제시간에 예산 범위 내에서 완료했는지 등 스스로에게 물어볼 수 있는 질문들이 있다. 이러한 성과와 기타 생각나는 모든 성과를 이력서에 기재하는 것이 중요하다. 우리를 신뢰할 수 있고 이상적인 후보자로 만드는 모든 것은 언급할 가치가 있다. 나는 경력 초창기에 지원한 직무와 어느 정도 관련이 있을 것 같아서 생각할 수 있는 모든 경험을 나열했는데, 예를 들어 소매업에서 고객 서비스 업무를 담당했다면 지금 지원하는 직무와는 완전히 다른 업무일 수 있지만 고객과 협상하고 대화할 수 있다는 증거가 될 수 있다.

이력서를 작성하는 것은 그리 어렵지 않지만, 누군가 알려주지 않는 한 알아채기 어려운 실수를 저지르기도 쉽다. 이제 이력서를 작성할 때 피해야 할 몇 가지 일반적인 실수에 대해 알아보겠다.

이력서에서 피해야 할 일반적인 실수

이력서에서 가장 주의해야 할 사항은 맞춤법과 문법 오류일 것이다. 이력서를 여러 번 검토하면 중요한 내용을 놓치지 않을 확률이 높아지므로 항상 이력서를 두 번 이상 교정하자. 맞춤법 검사기[3]를 사용하고, 매우 효과적이고 전문적인 카피라이팅 도구인 Grammarly[4] 같은 도구를 사용할 수 있다면 더욱 좋다.

지원자가 누구인지, 어떤 직책을 찾고 있는지 설명하는 내용처럼 불필요한 정보는 삭제하는 것이 유리할 수 있다. 이는 이력서가 아닌 자기소개서에 기재해야 한다. 그리고 개인적인 취미에 대해 이야기하는 부분도 업무에 필요하지 않으므로 삭제해도 된다. 지원자가 여가 시간에 무엇을 하는지 알고 싶다면 면접에서 물어볼 수 있으며, 이 경우 특히 컬처핏 면접(culture-fit interview)[5]이라면 더 적절할 수 있다.

당연한 이야기일 수도 있지만, 여전히 이 단계를 건너뛰거나 전혀 중요하게 생각하지 않는 사람들이 있다. 나는 여러분이 이력서를 보낸 회사를 조사하는 것에 관해 이야기하는 중이다. 우리는 면접 질문에 답하는 데 초점을 맞추는 경향이 있는데, 솔직히 말해서 수백 군데에 입사 지원서를 넣지만 그 모든 회사에 관해 알 수는 없기 때문이다. 우리의 주된 **목표**는 일자리를 찾는 것이므로 모든 곳에 이력서를 보낸다. 그럼에도 불구하고 해당 회사에서 면접에 초대한다면 최소한 그 회사에 대해 어느 정도는 알아야 한다.

다음 절에서는 이것이 왜 필수적인지 알아보자.

---

3 (옮긴이) 한국어 맞춤법 검사기: http://speller.cs.pusan.ac.kr/
4 https://www.grammarly.com/
5 (옮긴이) 지원자의 가치관, 태도, 작업 스타일이 회사의 문화나 환경과 얼마나 잘 일치하는지 평가하는 면접

기업 조사

항상 회사 웹사이트에 접속해서 지원하고자 하는 회사에 대해 조사하자. 일반적인 면접 질문과 지식만으로 면접에 임하는 실수를 범해서는 안 된다. 면접관이 당신이 회사에 대해 알고 있는 것을 물어보는 경우는 흔히 있는 일이며, 면접 당일에는 알 수 없으므로 리액트와 관련된 코딩 질문이 전부일 거라고 예상해서는 안 된다.

회사에서 하는 일, 고객, 기술 스택, 역사 등 기본적으로 모든 것에 대해 알아보고 구글 같은 검색 엔진을 사용해 더 많은 정보를 얻을 수 있다. 나도 지난 몇 년 동안 이런 실수를 여러 번 저질렀다. 한 면접에서 면접관 중 한 명이 회사에 대해 아는 것이 있냐고 물었는데, 아무것도 몰라서 대답을 피하려고 했던 기억이 난다. 프로그래밍 관련 질문은 나한테 약점이 있어서 철저히 준비했다. 솔직히 말해서 1단계 면접에서 잘 안 될 수도 있고, 그렇다면 시간을 낭비한 것 같은 기분이 들기 때문에 회사에 대해 깊이 이해하는 것은 시간을 투자할 가치가 없다고 생각했다. 그러나 혹시라도 질문을 받았는데 답변하지 못하면 최종 후보자 명단에서 제외될 수 있기 때문에 반드시 준비해야 한다.

지금까지 이력서 실수에 대해 다뤘는데, 자기소개서도 똑같이 중요하므로 이어지는 절에서 자기소개서에 대해 동일한 내용을 살펴보겠다.

자기소개서에서 피해야 할 일반적인 실수

훌륭한 자기소개서를 작성하는 것은 구직자의 프로필을 한 단계 끌어올릴 수 있는 훌륭한 방법이지만 많은 사람이 시간을 들여 제대로 작성하지 않아 스스로를 부족해 보이게 만드는 경향이 있는 분야이기도 하다. 자기소개서는 이력서에 선택적으로 추가하는 것이 아니라 이력서와 함께 제출해야 하는 문서로 간주해야 한다. 둘은 동전의 양면과 같아서 서로를 보완하는 역할을 한다.

가장 큰 실수 중 하나는 일반적인 양식을 사용하는 것이다. 일반적인 자기소개서 양식을 사용하면 특정 직책에 맞게 지원서를 수정하는 데 시간을 들이지 않았다는 인상을 줄 수 있다. 지원하고자 하는 직책에 맞게 자기소개서를 조정하자. 이것은 항상 지켜야 할 원칙이다.

주의해야 할 또 다른 영역은 중복이다. 자기소개서는 이력서를 재탕하는 것이 아니라 보완해야 한다. 자기소개서를 활용해 지원하는 직책에 가장 적합한 지원자가 될 수 있는 자신만의 사례와 재능을 보여주자. 지원자가 원하는 바를 쓰지 말고 회사에 어떻게 도움이 될 수 있는지를 강조한다. 받는 사람보다 주는 사람이 되는 편이 훨씬 낫다. 왜냐하면 주는 사람은 가치를 제공하는데, 이는 지원자가 갖춰야 할 자질이기 때문이다. 글을 쓸 때 어떤 말투로 써야 하는지 파악하기가 어려울 수 있다. 이때는 공식적인 말투와 비공식적인 말투 사이의 적절한 균형을 맞추는 것이 중요하다.

지금까지 이력서와 자기소개서에 대해 많은 것을 배웠으며, 이는 리액트 관련 직책에 지원할 때 큰 도움이 될 것이다. 이제 깃허브와 포트폴리오에 관해 다룰 차례다. 이력서와 자기소개서를 통해 채용 담당자에게 다가갈 수는 있지만 궁극적으로 면접까지 이어지게 해주는 것은 그동안 진행해온 프로젝트와 기술이다. 이어지는 절에서는 깃허브 프로필과 포트폴리오에 대해 알아보고 이를 활용해야 하는 이유를 알아본다.

깃허브 프로필 또는 웹사이트 포트폴리오 만들기

이번에는 깃허브 프로필을 만드는 방법과 이를 통해 면접 전형에서 돋보일 수 있는 방법을 살펴본다. 마찬가지로 웹사이트 포트폴리오를 만드는 것도 중요한데, 이는 자신을 특별하고 채용할 만한 지원자로 만들 수 있기 때문이다. 취업 시장은 경쟁이 매우 치열하기 때문에 회사가 해당 직무에 가장 적합하다고 생각하는 후보자가 될 수 있는 절호의 기회를 잡기 위해 할 수 있는 모든 것을 해야 한다.

수년 동안 나는 포트폴리오 웹사이트에 있는 디자인, 콘텐츠, 그리고 수년 동안 해왔던 일들의 세부 내용만으로 면접에 합격힐 수 있었다. 이력서와 자기소개서를 수십 번 보고 나면 채용 담당자의 눈에는 거의 똑같아 보일 수 있다. 하지만 맞춤형 포트폴리오와 깃허브 홈페이지는 눈에 띄는 자료가 될 수 있다. 이 방법은 나에게도 효과가 있었고 여러분에게도 같은 효과를 가져올 수 있다.

구직을 위한 깃허브 프로필 또는 웹사이트 포트폴리오 구축의 이점

웹사이트 포트폴리오나 깃허브 프로필을 만들면 채용 과정에서 일자리를 얻고 눈에 띄는 데 도움이 될 수 있다. 이러한 자료는 자신의 능력을 강조할 뿐만 아니라 다른 사람과 협력하고, 도구를 효과적으로 사용하며, 어려운 상황을 처리할 수 있음을 보여준다. 또한 잠재적 고용주에게 여러분의 코딩 경험과 기술을 빠짐없이 보여줄 수 있다. 눈길을 사로잡는 프로필이나 포트폴리오를 만드는 것은 경쟁자와 자신을 차별화하는 데 있어 매우 중요할 수 있다.

깃허브 프로필 또는 웹사이트 포트폴리오를 돋보이게 만드는 방법

입사 지원 시 웹사이트 포트폴리오나 깃허브 프로필을 만드는 것은 경쟁에서 자신을 차별화할 수 있는 훌륭한 방법이다. 시간이 다소 걸릴 수 있지만 결국 그만한 가치가 있다. 시간을 투자해서 자신의 기술을 확장하고, 진행 중인 프로젝트를 공유하고, 다른 개발자들과 인맥을 쌓음으로써 잠재적 고용주에게 팀에 합류할 의사가 있음을 보여줄 수 있다. 또한 이러한 사이트를 통해 최고의 업무 성과를 강조하고 왜 자신을 채용해야 하는지 설득력 있는 논거를 제시할 수도 있다. 오늘날 고용 시장에서 인터넷의 존재가 큰 영향을 미친다는 사실은 부인할 수 없으므로 자신이 가진 것을 보여주자.

이렇게 해서 깃허브 프로필과 웹사이트 포트폴리오를 돋보이게 만드는 방법에 대한 몇 가지 팁을 알아봤으며, 이어지는 절에서 깃허브 프로필과 웹사이트 포트폴리오에 올려야 하는 콘텐츠 유형에 대해 자세히 알아보겠다.

포트폴리오에 기재해야 하는 콘텐츠

구직 시 자신을 차별화하기 위해 할 수 있는 중요한 일 중 하나는 포트폴리오를 구축하는 것이다. 그렇다면 포트폴리오에 어떤 자료를 넣어야 할까? 무엇보다도 자신을 최고의 지원자로 만들어 줄 자격과 이전 경력을 기재해야 한다. 기술 전문성과 업계에 대한 이해도를 보여주기 위해 직접 제작한 프로젝트나 웹사이트를 추가한다. 한 걸음 더 나아가 각 프로젝트에 관한 개요를 적어두면 미래의 고용주가 프로젝트 완성에 기여한 바를 곧바로 확인할 수 있다. 예를 들어, 그래픽 앱이나 자바스크립트 앱을 제작한 적이 있는가? 소프트웨어 관련 자격증과 같이 특정 도구와 기술에 익숙하다는 것을 입증할 수 있는 문서를 제시하는 것도 좋은 방법이다. 프로필과 웹사이트에 이러한 항목을 포함하자.

혁신적인 포트폴리오의 예와 이러한 포트폴리오가 취업에 기여하는 방식

탄탄한 깃허브 프로필과 웹사이트 포트폴리오는 면접관의 눈에 띄는 동시에 이상적인 일자리를 확보할 수 있는 훌륭한 접근법이 될 수 있다. 그러니 독창적인 포트폴리오를 통해 지원서를 경쟁자보다 돋보이게 만들자. 코딩을 통해 한계를 뛰어넘는 사례를 보여줌으로써 경쟁자와 차별화할 수 있다. 면접관들은 버려지거나 한 번도 사용되지 않은 기획안에서도 우리가 독특한 아이디어를 가지고 있다는 것을 알 수 있다. 비록 사용되지 않았더라도 색다른 솔루션을 보여주는 것의 영향력을 과소평가해서는 안 된다. 고용주는 우리의 성실함과 창의성에 깊은 인상을 받을 것이다.

예를 들어, 누구나 자신의 실력을 뽐내고자 할 때 할 일(todo) 앱을 만들려고 한다는 것은 잘 알려진 사실이다. 할 일 앱을 만드는 것은 다른 사람들과 차이점이 없기 때문에 너무 평범하다. 거의 모든 후보가 서로 비슷하다면 선택하기가 어렵다. 내 생각에 더 나은 해결책은 깃허브나 포트폴리오에 진행 상황을 보여주는 프로젝트를 보여주는 것이다.

따라서 계산기 같은 비즈니스 로직이 간단한 기초적인 리액트 애플리케이션으로 시작한 다음, CRUD 기능과 같은 다양한 작업을 수행하는 고급 리액트 앱을 만들 수도 있고, 이커머스 애플리케이션을 구축하는 경우라면 상점을 만들 수도 있다. 그후 한 단계 더 나아가 로그인/로그아웃, 그래프QL(GraphQL), 다양한 마이크로서비스가 서로 상호 작용하는 인증 계층을 추가할 수도 있다. 이를 통해 여러분의 기술이 계속 발전하고 프로젝트가 더욱 복잡해짐에 따라 여러분의 실력이 점점 더 발전하는 모습을 분명하게 보여줄 수 있다.

이제 이를 바탕으로 다른 전문 도구를 사용해 웹사이트를 구축하는 것이 DIY(Do It Yourself) 방식과 비교해서 어떤 장단점이 있는지 살펴보자.

포트폴리오 구축 웹사이트 활용과 DIY 방식의 장단점

온라인 포트폴리오를 만들 때 콘텐츠를 직접 제작하는 방법과 전문 웹사이트를 이용하는 방법 중 하나를 선택하기란 쉽지 않을 수 있다. 코딩이나 디자인 능력에 대한 걱정 없이 작업물을 전시할 수 있다는 점은 전문 웹사이트를 사용할 때 얻을 수 있는 이점 중 하나다. 윅스(Wix), 스퀘어스페이스(Squarespace), 워드프레스(WordPress) 같은 여러 웹사이트에서는 사용자가 자신의 기술과 전문성을 보여줄 수 있는 동시에 프로필을 최적화하는 방법에 대한 조언도 얻을 수 있다. 하지만 DIY 방식을 택하면 사용자가 웹사이트의 레이아웃과 기능을 완전히 제어할 수 있기 때문에 포트폴리오를 구축할 때 더 자유롭게 만들 수 있다. 포트폴리오를 만들기 위한 대안을 검토할 때는 세련된 스타일이나 사용자 정의 기능을 신중하게 고려해야 한다.

이제 각 방법의 장단점을 보면서 어떤 차이가 있는지 살펴보자.

장단점 요약

먼저 전문 도구의 장단점을 살펴보자.

장점은 다음과 같다.

- 미리 만들어진 양식을 사용할 수 있음
- 기술적 노하우가 거의 필요 없는 노코드 도구
- 디자인 경험이 필요하지 않음
- 기성품으로 빠른 배포가 가능
- 빠른 설정
- **콘텐츠 관리 시스템**(CMS; content management system)을 사용하기 때문에 업데이트가 쉬움
- 기술 지원 및 서비스

단점은 다음과 같다.

- 사용자 맞춤 기능 부족

- 호스팅 및 서비스 비용이 발생할 수 있음

- 기성 도구를 사용한다는 것은 프로그래밍 기술을 보여주지 못한다는 의미

이제 DIY 접근 방식의 장단점을 살펴보자.

장점은 다음과 같다.

- 완전한 사용자 맞춤 기능

- 프로그래밍 실력을 뽐낼 수 있는 기회

- 무료 또는 유료 호스팅

단점은 다음과 같다.

- 디자인 배경이 없으면 원하는 만큼 멋지게 보이지 않을 수 있음

- 복잡성에 따라 구축하는 데 시간이 더 걸릴 수 있음

- 기술 지원 없음. 모든 것을 사용자가 책임져야 함

이렇게 해서 깃허브와 포트폴리오 제작에 대해 많은 것을 배웠다. 다음 절에서는 지원할 일자리를 찾는 방법을 자세히 알아본다. 이 작업을 수행하는 데는 여러 가지 방법이 있으므로 계속 읽으면서 방법을 알아보자.

지원할 일자리 찾기

이번 절에서는 구인 게시판에서 일자리를 찾는 가장 좋은 방법과 이를 위해 링크드인과 같은 네트워크를 사용하는 방법을 자세히 설명한다. 이번 절을 통해 이미 필요한 모든 도구가 우리에게 있으며, 이를 구직에 가장 잘 활용하는 방법을 배워야 한다는 점을 알게 될 것이다.

경력 목표를 이해하고 특정 채용 공고를 타기팅하기

일자리를 찾는 것만 고려해서는 안 된다. 자신의 경력 목표를 파악하고 특정 채용 공고에 지원함으로써 자신에게 가장 적합한 일자리를 찾는 검색의 범위를 좁힐 수 있다. 이렇게 하면 많은 시간을 절약하고 경력 목표를 달성하는 데 도움이 되는 작업에 집중할 수 있다. 링크드인은 최신 채용 정보와 더불어 이를 여러분의 경력에 어떻게 활용할지 파악할 수 있는 훌륭한 리소스다. 그런 점에서 채용과 관련된 세부 정보가 제공되면 지원자는 해당 직무가 자신의 전반적인 커리어 목표와 얼마나 잘 부합하는지 충분히 알 수 있다. 경험상 이 같은 플랫폼에서 적극적으로 활동하면서 다른 구직자나 채용 담당자와 소통하면 구직에 성공할 가능성이 더 높아질 수 있다. 그 결과, 개인적으로도 훨씬 더 많은 사람이 나에게 연락을 주고 있다.

구인구직 사이트를 활용해 적절한 기회 찾기

온라인 구인구직 사이트에서 채용 공고를 검색하는 것은 구직 과정을 시작하는 가장 좋은 방법이다. 온라인 인턴십부터 모든 분야의 초급 직종에 이르기까지 다양한 채용 공고가 게시돼 있기 때문에 이러한 사이트를 활용해 자신의 직업적 목표에 더 가까워질 수 있는 다양한 가능성을 발견할 수 있다. 지원과 채용의 세계에 뛰어들기 전에 구인구직 사이트와 모든 서비스의 사용법을 이해하면 특정 취업 시장을 탐색하고 원하는 직무를 구체화할 때 발생하는 어려움을 덜 수 있다. 나는 구직 관련 이메일 알림을 설정해서 이메일로 최신 채용 정보를 받아보고 있다.

오프라인 및 온라인 네트워킹

한 가지 좋은 점은 오프라인과 온라인 네트워킹을 모두 이용할 수 있다는 것인데, 이는 취업에 있어 필수적인 요소다. 취업 박람회나 워크숍에 참석하거나 업계 사람들과 대화하는 것이 오프라인 네트워킹의 예다. 링크드인 같은 소셜 미디어 사이트를 통해 온라인 네트워킹을 할 수도 있다. 취업 네트워크에 가입하는 것은 채용 담당자나 고용주 등 해당 분야의 사람들과 인맥을 쌓을 수 있는 좋은 방법이다. 이러한 도구를 효과적으로 활용하면 적절한 사람들과 인맥을 형성하고 해당 업계의 최신 정보를 얻을 수 있다. 성공 가능성을 높이려면 새로운 인맥을 찾는 것을 두려워하지 말고 전문가 네트워크를 넓혀보자. 나는 네트워크를 키울 목적으로 행사에 참석하는데, 지금은 참석할 수 있는 밋업이 너무나도 많다. 온라인과 오프라인에서 기회가 생길 때마다 열린 자세로 임하는 것이 아주 큰 이점이 있다는 것을 알게 됐다.

취업 박람회와 전문가 모임은 구직 활동을 시작하거나 자신에게 적합한 직종에 대해 자세히 알아보기에 좋다. 이러한 기회를 잘 활용하면 채용 담당자, 업계에 영향력 있는 사람들, 그리고 효과적인 인맥 형성에 도움을 줄 수 있는 사람들을 만날 수 있다. 다양한 커리어에 대해 배우고 선택한 분야에 대한 전문성을 넓힐 수 있으며, 기업 정보 및 업계 동향에 대한 최신 정보도 얻을 수 있다. 또한 취업 박람회나 세미나에 참석하면 콘퍼런스와 비슷한 경험을 통해 실질적인 기술을 습득해서 경쟁력을 높일 수 있으며, 이는 자신을 돋보이게 하는 훌륭한 방법이 될 수 있다. 가까운 곳에서 열리는 취업 박람회나 전문가 모임에 참석할 수 있는 모든 기회를 활용하자.

기업 조사 및 현재 채용 중인 채용 정보 파악

지원 가능한 일자리를 찾으려면 잠재적 고용주에 대해서도 조사해야 한다. 지원 가능한 기업 목록을 만들고 나서 기업 문화, 채용 정보, 기타 요소에 관해 자세히 조사할 수 있다. 링크드인에서는 종합적인 기업 정보를 찾을 수 있을 뿐만 아니라 채용 담당자 및 현재 근무 중인 직원과 연결할 수 있어 기업 조사에 유용하다. 입사 지원서를 제출하는 동안 조사를 통해 시간과 관심을 집중하고 싶은 고용주를 찾아볼 수 있다.

인디드 같은 온라인 사이트를 활용한 정보 조사

추측에 의존해 직장을 구할 필요는 없다. 글래스도어(Glassdoor)[6] 같은 구인구직 사이트를 통해 특정 직무의 일반적인 임금 수준과 같은 중요 정보 및 기업 정보를 얻을 수 있다. 특정 분야의 연봉 수준을 파악하면 협상에서 우위를 점하고 적절한 급여를 받을 수 있다. 회

---

6   (옮긴이) 비슷한 국내 사이트로 잡플래닛, 블라인드 등이 있다.

사의 연혁과 이전 직원의 평가를 조사해서 좋은 점과 나쁜 점 등에 대한 실제 관점을 확인할 수 있다. 이 같은 정보를 얻고 나면 원하는 직책과 연봉으로 이직하지 못할 이유가 없다.

이번 절에서는 네트워킹의 중요성을 알아봤다. 다음 절에서는 조금 더 나아가 밋업과 추천의 역할과 그것이 우리에게 어떤 도움을 줄 수 있는지 알아본다.

밋업 및 추천의 역할

이번에는 밋업과 추천에 대해 알아보고, 적합한 사람을 아는 것이 어떻게 새로운 직책의 문을 통과하는 데 도움이 되는지 알아본다. 여러분의 힘은 곧 여러분의 네트워크에서 나오며, 언젠가는 상상도 못할 방식으로 도움을 받을 수 있기 때문에 가능한 한 사람들과 유대감을 형성하고 관계를 맺는 것이 매우 중요하다. 그러니 동료 개발자, 채용 담당자, CEO, 구직자, 회계사, 채용 담당자 등과 네트워크를 형성하자. 이 모든 사람이 여러분이 업계에 진출할 수 있는 관문이 되어줄 것이다. 이제 이 주제에 대해 더 자세히 알아보겠다. 먼저 밋업부터 시작하자.

밋업이란 무엇이고 구직자에게 밋업이 왜 중요한가

밋업은 구직자, 사업가, 학자 등 비슷한 관심사를 가진 사람들이 한자리에 모이는 행사다. 이러한 밋업을 통해 참가자들은 네트워크를 형성하고, 서로에게서 배우고, 개념과 전략을 공유할 수 있는 좋은 기회를 얻을 수 있다. 또한 유익한 인맥을 쌓고 해당 분야에 대한 지식이 풍부한 전문가로부터 통찰력을 얻을 수 있는 귀중한 기회이기도 하다. 밋업은 다음 직장으로 이어질 수 있는 추천인이 필요할 때 귀중한 자원이 될 수 있다. 이러한 즉각적인 이점 외에도 전문 능력을 연마하고 자신감을 높이며 기존의 구직 채널로는 얻을 수 없는 통찰력을 얻을 수 있는 수단이 되기도 한다.

나에게 맞는 밋업 그룹을 찾기 위한 팁

이상적인 커리어를 찾는 가장 좋은 방법은 자신에게 적합한 밋업 그룹을 찾는 것이다. 미리 조사하고 계획을 세우면 시간과 스트레스를 줄일 수 있다. 먼저 근처에 관심 있는 주제나 개선하고 싶은 능력에 초점을 맞춘 밋업 그룹이 있는지 알아보자. 밋업 그룹의 목표가 자신의 목표와 일치하는지 확인하고, 이전 참가자의 피드백도 결정을 내리는 데 도움이 될 수 있다. 밋업 행사 도중에 오도가도 못하는 상황에 처하고 싶진 않을 것이다. 괜찮은 밋업이 있다면 친구나 지인에게 추천을 부탁해서라도 참여하려고 노력해 보자.

밋업 참석의 이점

취업이 어려울 수도 있지만, 밋업에 참석하고 추천을 활용하면 취업이 더 쉬워질 수 있다. 밋업은 해당 분야의 전문가들과 네트워크를 형성하고 구직 시 추천받을 수 있는 의미 있는 인맥을 쌓을 좋은 기회이기도 하다. 이는 지속적인 관계를 발전시키는 데 도움이 될 뿐만 아니라 개인 네트워크를 넓히고 이상적인 일자리에 취업할 가능성을 높여준다. 관심사나 취미를 공유하는 업계 사람들을 만나는 것은 구직 활동에서 우위를 점할 수 있는 빠르고 쉬운 방법이다.

실제로 이러한 밋업에 참여한 것은 내 커리어에도 도움이 됐다. 리액트의 한 부분에 능숙하다고 가정할 경우 밋업에 기여하고 다른 사람들을 가르칠 수 있다면 좋은 이미지 형성에 도움이 된다. 잠재적인 채용 담당자나 미래의 동료가 밋업에 참석할지도 모른다.

밋업을 최대한 활용하는 방법

구직 활동을 하는 동안 밋업은 첫 발을 내딛는 데 좋은 방법이 될 수 있다. 다른 사람을 소개하거나 고용주를 소개해 줄 수 있는 사람들을 만날 수도 있다. 모든 만남을 최대한 활용하려면 사람들과의 관계를 발전시키는 데 주도적이고 적극적으로 나서자. 의미 있는 대화에 참여하고 활기차고 열정적인 참여자라는 이미지를 심어주자. 또한 소셜 미디어에서 좋아하는 업계 리더들과 교류하는 것을 두려워하지 말자. 그렇게 함으로써 그들이 채용할 수 있는 직책의 종류와 여러분이 어떻게 그들에게 도움이 될 수 있는가에 대한 인사이트를 얻을 수 있다.

나는 의도치 않게 이런 일을 수없이 해왔다. 소셜 미디어에서 같은 생각을 가진 사람들과 교류한 것뿐인데, 이런 끈기 덕분에 X(이전의 트위터)에서 나를 면접하고 싶어 하는 회사의 CEO들로부터 DM(Direct Message)을 받을 수 있었다. 전문적으로 인맥을 쌓을 때는 절대 시간을 낭비하지 말고 자신에게 온 기회를 최대한 활용하자.

이제 밋업과 밋업의 중요성에 대한 충분한 정보를 얻었으니 추천에 대해 살펴보겠다.

취업에 있어 추천의 중요성

현대 사회에서 추천은 구직 시 가장 중요한 자원 중 하나다. 기존 직장 동료나 지인의 추천을 통해 새로운 채용 공고와 경력 개발의 기회 등 회사 내부 정보를 접할 수 있기 때문이다. 밋업이나 기타 네트워킹 행사에 참여함으로써 업계 안팎에서 발생하는 모든 기회에 자신의 이름을 올릴 수 있다. 이를 통해 경쟁자보다 우위를 점하고 더 많은 가능성을 얻을 수 있다. 자신의 커리어를 쌓아가는 데 있어 추천인 활용을 최우선으로 고려해야 한다.

추천을 받는 방법에 대한 팁

이상적인 직업을 구하기 위한 훌륭한 전략 중 하나는 추천을 요청하는 것이다. 추천을 요청하는 것이 두렵게 느껴질 수도 있지만 그럴 필요가 없다. 친구나 지인 등 이미 네트워크에 속한 사람들을 살펴보는 것부터 시작하자. 자신의 자격과 네트워크에 대해 잘 알고 있는 사람을 선택하는 것이 중요하다. 그런 다음, 그들에게 내 자격 조건에 맞는 채용 공고나 일자리가 있는지 물어보자. 지역 전문가 모임에 참석하는 것도 인맥을 쌓고 해당 지역의 채용 정보를 알아볼 수 있는 또 다른 기회다. 이러한 행사에서는 누구를 만날지 모르기 때문에 평생에 걸쳐 의미 있는 인맥을 쌓을 수 있는 기회를 잡자. 무엇보다도 추천서를 요청할 때는 끈기 있는 자세를 갖고 집중하고 열정적으로 임한다.

지금까지 배운 모든 내용을 통해 리액트 개발자로서의 위상이 높아졌을 것이다. 다음 절에서는 인지도를 더욱 높일 수 있는 유용한 면접 팁을 다루고자 한다. 자신의 존재감을 높이기 위해 어떻게 할 수 있는지 계속 읽어보자.

면접 팁 살펴보기

이번 절에서는 몇 가지 훌륭한 면접 팁과 이를 구직 활동에 어떻게 적용할 수 있는지 이야기하겠다. 결국 우리에게 다가올 취업 기회를 활용할 수 있도록 미리 계획을 잘 세우는 것이 중요하다.

입사 지원은 특히 앞으로의 일을 예상할 수 없을 때 긴장되는 일이 될 수 있다. 성공적인 면접을 위한 가장 좋은 방법은 올바른 태도와 최적의 면접 방법을 이해하는 것이다. 면접을 성공적으로 치르는 데 도움이 되는 몇 가지 팁을 살펴보자.

기술 면접 준비

이 단계는 의심할 여지 없이 가장 중요한 단계이며, 채용 제안에 가까워지느냐 아니면 거절당하고 다음 단계의 면접 후보자 명단에서 제외되느냐를 결정지을 수 있는 중요한 단계다. 기술 면접 단계는 궁극적으로 새로운 회사에서 자신이 무엇을 할 수 있는지, 좋은 프로그래머인지 아닌지를 보여줄 수 있는 단계다. 일반적으로 기술 면접은 다양한 형식으로 진행될 수 있다.

예를 들어, 다음과 같은 형식일 수 있다.

- 프로그래밍 주제에 관한 다른 개발자와의 대화
- 다른 개발자와 함께 짝 프로그래밍하기
- 며칠 내에 완료해야 하는 코딩 과제
- 자료구조 및 알고리즘 온라인 시험
- 프로그래밍에 관한 객관식 온라인 설문지

개인적으로 나는 커리어 내내 이 모든 것을 경험했다. 운이 아주 좋다면 채용하는 회사에서 이러한 유형의 코드 평가를 하지 않을 수도 있기 때문에 극도로 기술적인 작업을 하지 않아도 될 수 있다. 그럴 가능성도 있고, 나도 그런 생각을 가진 회사에서 면접을 치른 적이 있지만 항상 그런 것은 아니다. 따라서 무슨 일이 있어도 항상 준비해야 한다. 나라면 이에 대비하기 위해 기술 스택을 최대한 많이 쌓는 것, 즉 가능한 한 많은 코드를 작성하고 앱을 만들어볼 것이다.

가령 프런트엔드 또는 풀스택 직무에 지원한다고 하자. 이러한 상황에서는 리액트 프런트엔드로 데이터베이스에 연결해서 CRUD(create, read, update, delete) 애플리케이션을 구축하는 연습을 한 다음, 한 단계 더 나아가 날짜 변환에 사용되는 `Day.js` 같은 서드파티 라이브러리나 데이터 시각화에 사용되는 `recharts.js` 같은 차트 라이브러리를 통합하는 연습을 해보는 것이 좋다. 이러한 도구는 실제 프로젝트에서 사용되는 도구이므로 지금 배워두면 이러한 도구를 사용해야 하는 코드 과제에 잘 대비할 수 있다.

이 단계를 수행하면 기술 스택에 대한 프로그래밍 기술에 자신감을 얻을 수 있다. 공부해야 할 또 다른 영역은 자료구조와 알고리즘이다. 유데미 강좌나 다른 강좌 사이트에서 이 주제에 관해 공부할 수 있다. 다음으로, LeetCode 같은 코딩 플랫폼에서 온라인으로 연습할 시간을 확보해야 한다. 지루할 수도 있겠지만 안타깝게도 우리는 무엇이든 준비해야 한다. 일부 구인구직 사이트에서 이력서를 제출할 때 지원 절차의 일부인 코드 테스트에 얼마나 준비돼 있는지 묻는 양식을 본 적이 있다. 여기에 그다지 준비돼 있지 않다고 답한다면 최종 후보에 오르지 못할 수도 있다. 따라서 최소한 코드 테스트 정도는 해볼 수 있을 만큼 자신감을 갖춰야 한다. 고려해야 할 변수가 너무 많기 때문에 100% 준비한다는 것은 불가능하다. 최소한 시도해 볼 수 있을 정도의 준비는 돼 있어야 한다.

기업 조사

면접에 앞서 지원하고자 하는 조직과 직책에 대해 조사하는 것이 중요하다. 회사 웹사이트를 검색하고 관련 보도 자료나 기사를 읽어보자. 알아낸 자료와 관련된 질문 목록을 미리 준비한다. 이는 잠재적 고용주가 업계에 대한 우리의 관심과 전문성을 파악하는 데 도움이 될 수 있다.

구직자는 조직과 지원하고자 하는 직책에 대해 공부함으로써 진정한 관심을 보여줄 수 있다. 이는 면접을 진지하게 받아들이고 있으며, 시간과 노력을 들일 준비가 돼 있음을 보여준다. 나는 기업 조사를 통해 개별 직무와 기업 문화에 맞게 답변을 조정할 수 있다는 것을 알게 됐다. 이를 통해 회사의 신념, 목표, 사명을 이해하고 그에 맞게 답변을 조정할 수 있었다.

주목해야 할 또 한 가지 중요한 영역은 우리가 일하고 싶은 회사가 전반적으로 어떻게 운영되고 있는지, 직원들이 회사에 대해 전반적으로 어떻게 생각하는지 확인하는 것이다. 우리 모두 커리어를 통해 근무 환경이 낙후된 회사에서 일하는 것이 어떤지 경험한 적이 있을 것이다. 모든 회사가 꿈에 그리던 경험을 주는 것은 아니라서 시간을 투자해 조사해볼 가치가 있다. 회사를 조사할 때는 글래스도어 같은 웹사이트를 이용해 피드백과 리뷰가 어떤지 확인하는 것이 일반적이다. 긍정적인 리뷰를 읽으면 항상 희망과 설렘으로 가득 차지만 부정적인 리뷰는 그렇지 않다. 우리 모두는 완벽한 직장을 찾고 싶어 하고 때로는 취업 제안을 받기 위해 기꺼이 타협하기도 하지만, 우리 모두 직장에서 행복할 자격이 있다. 그러니 미리 조사해 보자.

질문과 답변 연습

유용한 면접 팁을 하나 주자면 미리 질문에 답하는 연습을 해두면 면접 중에 더 편안하고 자신감 있게 답변할 수 있다는 것이다. 예상 질문을 생각해 보고 친구나 가족과 함께 답변을 연습해 보자. 요즘은 전화 면접뿐만 아니라 화상 면접도 진행하는 것이 일반적이다. 따라서 이를 연습할 방법을 찾아보자. 함께 연습할 사람이 없다면 스스로 녹화하고 다시 보면서 개선할 수 있다.

나는 인턴십 과정을 통해 더 나은 커뮤니케이션 방법을 배웠다. '음', '어'와 같이 주의를 분산시키고 언어의 품격을 떨어뜨릴 수 있는 음성적 잉여 표현과 기타 언어적 결함을 자제하는 법을 배웠다. 연습을 통해 잠재적인 약점을 파악할 기회를 얻을 수 있을 것이다.

적절한 복장 착용

면접 복장은 깔끔하고 전문적이며 단정하게 보이는 것이 중요하다. 옷이 깨끗하고 구김이 없는지, 지원하려는 직무에 적합한지 확인하자. 이는 화상 면접에서도 마찬가지다. 원격 근무를 하는 경우에도 전문가처럼 옷을 입어야 한다. 최소한 스마트 캐주얼 복장이라도 갖추자.

적절한 옷차림은 전문적인 느낌을 주어 좋은 첫인상을 남기는 데 도움이 된다. 내 경우에는 최소한 면접 전에 단정해 보이도록 수염을 깎거나 다듬는다. 머리를 자르거나 다듬는 것도 좋다. 요즘에는 다행히도 화상 면접이나 전화 면접일 경우에는 그 정도만으로도 나쁘지 않기 때문이다. 약간 단정하지 못해도 괜찮다. 개인적으로 대면 면접에서는 애프터셰이브나 향수를 부담스러울 정도로 많이 뿌리지 않으려고 노력한다.

자신감 갖기

면접에서는 태도가 가장 중요하다. 나는 지원하고자 하는 직책에 대한 좋은 태도와 열정을 보여주기 위해 노력한다. 채용 담당자의 질문에 답할 때는 눈을 마주치고, 자주 웃으며, 명확하고 간결한 답변을 하려고 노력한다. 이는 자신감과 능력이 있다는 것을 보여준다. 자신감은 면접관에게 긍정적인 영향을 미쳐 취업 가능성을 높일 수 있다. 또한 면접 중에 대화를 개선할 수 있는 좋은 방법이기도 하다. 나는 자신감이 넘치고 준비가 돼 있을 때 면접에서 훨씬 더 좋은 대화를 나누곤 했다. 항상 그런 것은 아니지만, 면접 중에도 자신감이 높아질 수 있다. 특히 질문에 제대로 답하고 다른 질문에도 좋은 답변을 했을 때 더욱 그랬다.

면접 후 후속 조치

면접이 끝나면 면접관에게 시간을 내준 것에 대해 감사를 표하는 것을 잊지 말자. 나는 가능한 한 빨리 감사 인사를 전하고 해당 직무에 대한 관심을 다시 한번 표명하는 이메일을 보낸다. 이렇게 하면 다른 지원자들과 차별화되고 지원자가 해당 직무에 얼마나 헌신적인

지 보여줄 수 있다. 이는 지원자가 해당 직책에 관심이 있고 면접 후 후속 조치를 위해 고용주와 연락을 취할 준비가 돼 있음을 보여준다. 이를 통해 회사에 깊은 인상을 남기고 후속 조치를 취하지 않은 다른 지원자와 차별화된다.

또한 해당 직책에 대한 자격과 열정을 강조할 수 있는 기회이기도 하다. 우리의 자격과 경험을 재확인하고 고용주에게 우리가 비즈니스에 가져올 수 있는 잠재적 이점을 상기시킬 수 있다. 후속 조치를 통해 채용 프로세스의 다음 단계를 더 명확히 할 수 있다. 또 해당 직책에 대한 지속적인 관심을 표시하고 의사결정을 위한 일정에 대해 문의할 수도 있다.

정리

1장에서는 면접 준비에 도움이 될 수 있도록 면접 준비에 관한 몇 가지 중요한 주제에 대해 논의했다. 먼저 자신의 경험과 재능을 보여줄 수 있는 탄탄한 이력서와 자기소개서를 작성하는 것이 얼마나 중요한지에 대해 이야기했다. 그런 다음, 자신의 작업물과 기술 전문성을 강조하기 위해 웹사이트 포트폴리오나 깃허브 페이지를 개발하는 것의 중요성을 알아봤다. 아울러 링크드인 활용, 밋업 참석, 추천 등 일자리를 찾기 위한 몇 가지 방법을 살펴봤다.

마지막으로, 회사에 대해 공부하고, 일반적인 질문에 대한 답변을 준비하고, 자신만의 질문을 준비하는 등 면접 과정을 잘 통과하는 방법에 대한 몇 가지 조언을 했다. 시간을 들여 이 단계에 따라 준비한다면 꿈에 그리던 직장에 취업할 확률이 확실히 높아질 것이다.

다음 장에서는 리액트 기초와 주요 기능에 대해 알아보겠다. 그에 따라 JSX, 가상 DOM, 상태, 클래스 및 함수 컴포넌트, 리액트 API와 관련된 지식을 얻을 수 있을 것이다. 잠시 숨을 고르고 좀 더 고급 주제를 배울 준비를 하자.

**리액트
인터뷰 가이드**
면접 준비부터 실무까지
한 번에 챙기는
리액트 개발자 핵심 노트

02

리액트 핵심 기술
면접 마스터하기

2부에서는 리액트의 핵심 개념과 기능을 배우고 리액트의 기초를 단단히 다진다. 또한 상태 관리를 위한 훅과 함수 컴포넌트의 다른 리액트 기능에 관해서도 살펴본다. 그러고 나서 애플리케이션에서 화면 간 이동을 위한 라우팅 및 다양한 지역의 여러 언어를 지원하기 위한 국제화를 다룬다. 마지막으로, 포털, 에러 바운더리, 동시 렌더링과 같은 고급 개념을 알아보고, 리액트 애플리케이션에서 이를 어떻게 사용할 수 있는지 알아본다.

2부는 다음과 같은 장으로 구성돼 있다.

- 2장 '리액트의 기본 개념과 기능 이해'
- 3장 '훅: 함수 컴포넌트에 state와 다른 기능 추가하기'
- 4장 '라우팅과 국제화'
- 5장 '리액트의 고급 개념'

02장

~~~

리액트의 기본 개념과
기능 이해

오늘날 현대 비즈니스에서 웹 개발은 사용자와 장기적으로 상호 작용하는 플랫폼을 제공함으로써 고객 관계를 형성하기 위한 중요한 요소다. 하지만 사용자 상호작용이 많은 대규모 기업을 위한 확장 가능하고 최적화된 웹 애플리케이션을 구축하기란 쉽지 않은 일이다.

자바스크립트는 웹 개발에서 인기 있는 프로그래밍 언어다. 지난 몇 년 동안 자바스크립트는 더욱 인기를 얻었으며, 웹 기반 앱, 모바일 앱, 데스크톱 앱, 게임까지 다양한 종류의 애플리케이션을 만드는 데 사용되고 있다. 자바스크립트 진화의 일환으로 탄생된 일부 라이브러리는 재사용 가능한 **사용자 인터페이스(UI)**를 고려해서 개발 속도를 높이려고 했지만 작은 변화에도 전체 UI를 다시 렌더링함으로써 성능을 개선하지 못했다. 이러한 문제점은 구성 가능한 컴포넌트와 업데이트가 필요한 화면의 일부분만 리렌더링하는 특성을 가진 리액트 라이브러리의 도입으로 극복할 수 있었다. 리액트의 기능에 대해 깊게 알아보기 전에 기본 개념을 이해하는 것이 중요하다. 이를 통해 면접에서 자신감 있게 대응할 수 있고, 리액트 개발자의 직무를 수행하기 위한 더욱 탄탄한 기반을 다지게 될 것이다.

이를 위한 출발점으로 이번 장에서는 클래스 컴포넌트, 함수 컴포넌트, state, props, JSX 같은 리액트 기능을 상세히 다루겠다. 면접관이 묻는 대부분의 질문에 답할 수 있도록 가상 DOM, 단방향 데이터 흐름, refs, 컨텍스트 API, **서버 사이드 렌더링(server-side rendering; SSR)** 같은 중요한 기능을 이해하는 것 또한 중요하다.

이번 장에서는 다음과 같은 주요 내용을 다룰 예정이다.

- 리액트 개발을 위한 선행 조건
- 리액트 소개
- JSX 소개
- 요소와 컴포넌트를 활용한 뷰 구축
- props와 state를 활용한 컴포넌트 데이터 제어
- key 속성의 중요성
- 이벤트 처리
- 가상 DOM
- 단방향 데이터 흐름과 양방향 데이터 흐름의 차이
- 리액트에서의 DOM 요소 접근
- 컨텍스트 API를 이용한 전역 상태 관리
- 서버 사이드 렌더링

리액트 개발을 위한 선행 조건

이번 장에서 리액트의 기초 개념과 기능을 배우기 전에 다음과 같은 웹 기술과 주제에 대해 알아야 한다. 이 기술들은 리액트를 배우는 데 있어 튼튼한 기반이 될 것이다.

- HTML, CSS, 자바스크립트에 관한 기초 지식
- ES6 기초: let, const, 화살표 함수, 클래스, import 및 export, 전개 연산자(spread operator), 프로미스(Promise)와 구조 분해 할당(destructuring) 등
- npm과 같은 패키지 매니저의 기초 지식

이러한 선행 지식을 이해하면 웹 개발의 핵심 구성 요소와 리액트 생태계에서 일반적으로 사용되는 ECMAScript 기능을 명확하게 이해할 수 있다.

리액트 소개

자바스크립트 세계에서 리액트가 인기 있는 이유는 리액트를 이용해 시간의 흐름에 따라 데이터가 반복적으로 변경되는 대규모 애플리케이션을 구축할 수 있기 때문이다. 면접 과정에서 면접관은 리액트의 도입과 기능, 여러분이 리액트를 선택한 이유와 리액트에서 JSX가 필요한 이유 등을 물어볼 것이다. 그러니 몇 가지 입문용 질문에 답해보자.

리액트란 무엇인가?

리액트(React.js 또는 ReactJS)는 UI를 구축하는 데 사용되는 오픈소스 프런트엔드 자바스크립트 라이브러리로, 특히 싱글 페이지 앱 및 모바일 앱에 적합하다. 리액트는 웹과 모바일 앱에서 뷰 레이어를 다루기 위해 사용된다.

리액트는 페이스북 엔지니어인 조던 워크(Jordan Walke)가 만들었으며, 페이스북에서 계속 유지보수하고 있다. 리액트는 2011년에 처음으로 페이스북 뉴스피드에 배포됐고, 2012년에 인스타그램에도 사용됐다.

리액트를 선택하는 이유는 무엇인가?

현재 웹 개발에서 리액트는 인기 있는 프런트엔드 라이브러리 중 하나이며, 여기에는 여러 가지 이유가 있다. 그중 가장 주목할 만한 몇 가지 이유는 다음과 같다.

- **빠른 속도**: 리액트는 빠르고 반응성이 뛰어난 UI를 유지하면서 복잡한 업데이트도 관리할 수 있다.
- **선언형 프로그래밍**: 리액트는 선언적인 접근 방식에 따라 필요한 모든 코드를 작성한 후, 선언한 코드를 가져와서 원하는 결과를 얻기 위해 모든 자바스크립트/DOM 단계를 수행한다.
- **높은 성능**: 리액트는 가상 DOM 전략을 사용하기 때문에 DOM 조작 호출에 소요되는 비용이 적으며, 다른 자바스크립트 언어보다 높은 성능을 보인다.
- **SEO 친화적**: 리액트는 SSR(서버 사이드 렌더링) 기능을 통해 SEO 친화적인 웹 애플리케이션을 만들 수 있다. 이 기능은 페이지 로드 시간이 짧고 렌더링 시간이 빨라져 클라이언트 사이드 렌더링(CSR)에 비해 더 나은 검색 엔진 순위를 얻게 한다.

- **크로스 플랫폼**: 리액트 네이티브를 이용해 웹 애플리케이션, 크로스 플랫폼 데스크톱 앱, 심지어 모바일 앱도 만들 수 있다.
- **쉬운 테스트**: 테스트에서 사용자의 동작을 시뮬레이션해서 컴포넌트를 쉽게 테스트할 수 있는 포괄적인 테스트 유틸리티를 제공한다.
- **강력한 커뮤니티 지원**: 전 세계 수백만 명의 개발자들이 참여하는 강력한 커뮤니티가 있으며, 이를 통해 튜토리얼, 기사, 블로그, 유튜브 영상 등의 참고 자료에 접근하거나 공유할 수 있고 다양한 포럼과 커뮤니티에서 토론할 수 있다.

앞서 언급한 이유는 왜 리액트가 다른 프레임워크나 라이브러리에 비해 인기 있는지 말해준다. 또한 리액트는 비즈니스에 여러 혜택을 가져다주는 몇 가지 주목할 만한 기능을 가지고 있다.

리액트의 주요 기능은 무엇인가?

현대 프런트엔드 기술 중에서 리액트를 돋보이게 만드는 몇 가지 탁월한 기능이 있다. 리액트의 몇 가지 주요 기능은 다음과 같다.

- **자바스크립트 XML(JSX)** 구문을 사용한다. JSX는 자바스크립트의 확장 구문으로 개발자들이 코드에 HTML을 작성할 수 있도록 도와주어 코드를 이해하기 쉽게 만든다.
- 실제 DOM 조작 대신 가상 DOM을 사용하므로 비용 효율적이다. 기존의 자바스크립트 프레임워크는 전체 DOM을 한 번에 업데이트하므로 웹 애플리케이션이 상당히 느려진다.
- SSR을 지원하므로 CSR에 비해 초기 페이지 로드가 빠르고 SEO 친화적인 애플리케이션을 구축할 수 있다.
- 데이터가 부모에서 자식으로 흐르는 **단방향 데이터 흐름** 또는 일방향 데이터 바인딩을 따르기 때문에 애플리케이션이 오류를 덜 일으키고 디버깅이 쉽고 데이터를 더 세밀하게 제어할 수 있다.
- 재사용 가능하고 조립 가능한 UI **컴포넌트**를 사용해 빠른 속도로 뷰를 개발하며, 로직에서 중복을 제거하는 Don't Repeat Yourself(DRY) 원칙을 따른다.

리액트는 **JSX**와 자바스크립트를 함께 쓰거나 순수 자바스크립트만으로도 구현할 수 있지만 대부분의 개발자는 학습하기는 어려워도 장점이 많기 때문에 JSX를 사용한다. 다음 절에서는 JSX와 관련해서 면접 초반에 물어볼 수 있는 일반적인 질문들에 대해 알아보겠다.

JSX

웹 애플리케이션에서 어떤 UI를 구축할지 설명할 때 리액트와 함께 JSX를 사용하기를 권장한다. 리액트에서 JSX를 사용하는 것이 필수는 아니지만 JSX를 사용하는 데는 여러 가지 이점이 있다.

JSX란 무엇인가?

JSX는 ES6 기반 자바스크립트 언어의 XML과 유사한 확장 문법으로, HTML과 비슷하게 컴포넌트 렌더링을 구조화할 수 있다. 이것은 자바스크립트 코드 안에 HTML을 작성해 createElement() 또는 appendChild() 같은 함수를 사용하지 않고도 DOM에 위치시킬 수 있다는 의미다.

JSX가 어떻게 동작하는지 더 잘 이해하기 위해 간단한 JSX 코드 예제를 살펴보자.

```
const myElement = <h1>This is my first JSX code</h1>
ReactDOM.render(myElement, document.getElementById('root'))
```

이 코드가 렌더링된 후 리액트는 <h1> 태그 내부의 내용을 DOM에 출력한다.

앞서 나온 JSX 코드 없이 단순한 자바스크립트 코드로 작성하는 경우에는 다음과 같다.

```
const myElement = React.createElement(
  'h1',
  {},
  'This is my React element without JSX code!',
)
ReactDOM.render(myElement, document.getElementById('root'))
```

📄 참고

JSX는 HTML보다 엄격해서 모든 요소는 닫는 태그를 가져야 한다.

왜 브라우저는 JSX를 실행할 수 없는가?

웹 브라우저는 브라우저 엔진 내부적으로 JSX 문법을 읽거나 해석할 수 있는 기능이 없기 때문에 자바스크립트 객체만 읽을 수 있을 뿐, JSX를 읽을 수는 없다. JSX를 사용하기 위해서는 JSX 코드를 바벨(Babel) 같은 트랜스파일러나 컴파일러를 사용해 자바스크립트 런타임에서 사용할 수 있는 순수 자바스크립트 코드로 변환해야 한다.

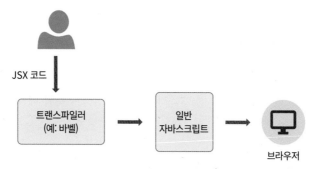

그림 2.1 JSX 변환 과정

이 다이어그램은 JSX 코드 내에서 트랜스파일이 어떻게 일어나는지 설명해준다.

JSX를 사용할 때의 이점은 무엇인가?

JSX는 리액트 애플리케이션을 작성하기 위한 필수사항은 아니지만 여러 장점을 가지고 있다.

- JSX는 코드 내부의 컴포넌트를 보는 것만으로도 컴포넌트의 구조를 이해하고 읽기 쉽게 만들어 준다.
- 대부분의 개발자들은 UI 템플릿 코드를 작성하는 데 있어 시각적으로 도움을 얻을 수 있다.
- 애플리케이션 전체에서 재사용할 수 있는 재사용 기능한 컴포넌트를 만늘 수 있다.
- 리액트 애플리케이션에서 유용한 경고 또는 오류 메시지를 볼 수 있다.
- JSX는 코드를 일반적인 자바스크립트 코드로 변환하면서 최적화하므로 일반 자바스크립트로 작성할 때보다 성능이 향상된다.

JSX 코드에 한 번 익숙해지면 HTML 요소와 컴포넌트를 사용해 뷰를 만들기가 훨씬 더 쉬워진다.

요소와 컴포넌트를 이용한 뷰 구축

요소(element)와 컴포넌트(component)는 리액트 뷰 또는 앱을 만들기 위한 기본 구성 요소다. 독립적이고 커스터마이즈가 가능하며 재사용 가능한 컴포넌트를 사용하면 UI를 쉽게 구축할 수 있다. 이어지는 질문과 내용은 리액트의 기초를 이해하고 이 책의 다음 질문들에 대한 기초 자료로 활용할 수 있다.

컴포넌트란 무엇인가?

컴포넌트는 UI를 더 작은 조각으로 나누는 독립적이며 재사용 가능한 코드 블록이다. 예를 들어, 리액트 라이브러리를 이용해 웹 애플리케이션의 UI를 구축할 때 아래 그림에서 파란색 박스로 표시한 것처럼 UI를 재사용성에 따라 더 작은 조각으로 나눌 수 있다.

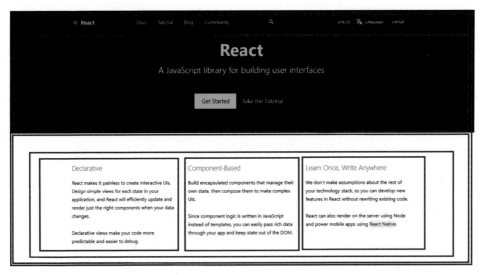

그림 2.2 리액트 컴포넌트

각 조각은 컴포넌트로 간주될 수 있으며, UI가 하나의 파일에 만들어지는 대신 각각 별도의 파일에 표현된다. 이러한 컴포넌트들은 애플리케이션 전체에서 적용 가능한 곳이면 어디서든 재사용될 수 있다.

📋 **참고**

각 컴포넌트는 HTML 코드를 반환하지만 하나의 HTML 요소만 반환해야 한다. 그렇지 않으면 'JSX expressions must have one parent element'라는 오류가 발생한다.

컴포넌트를 생성하는 방법에는 무엇이 있는가?

리액트에서 컴포넌트를 생성하는 데는 다음과 같은 두 가지 방법이 있다.

- **함수 컴포넌트**: 컴포넌트를 생성할 수 있는 가장 간단한 방법이며, 단순 자바스크립트 함수다. 즉, 이러한 컴포넌트는 순수 자바스크립트 함수로, 첫 번째 파라미터로 props 객체를 전달받고 렌더링할 결과로 리액트 요소를 반환한다.

```
function User({ message }) {
  return <h1>{`Hello, ${message}`}</h1>
}
export default User
```

📋 **참고**

리액트 훅 기능이 도입된 이후에는 함수 컴포넌트에서도 지역 state를 사용할 수 있다.

- **클래스 컴포넌트**: 클래스 컴포넌트는 React.Component를 확장하는 ES6 클래스를 사용해 생성할 수 있다. 앞에서 이야기한 함수 컴포넌트를 클래스 컴포넌트로 작성하면 다음과 같다.

```
class User extends React.Component {
  render() {
    return <h1>{`Hello, ${this.props.message}`} </h1>
  }
}
export default User
```

render() 메서드는 모든 클래스 컴포넌트에서 구현해야 하는 유일한 필수 메서드다.

요소와 컴포넌트의 차이는 무엇인가?

요소는 특정 시점의 UI를 나타내기 위한 특정 속성을 가진 컴포넌트 인스턴스나 DOM 노드를 설명하는 일반 객체다. 요소는 컴포넌트의 타입 및 프로퍼티, 하위의 자식 요소와 같은 정보를 포함한다. 리액트 요소를 생성하는 것이 DOM 요소를 생성하는 것보다 비용 효율적이다.

리액트 요소의 문법적 표현은 다음과 같다.

```
React.createElement(type, { props }, children)
```

다음은 다른 요소를 포함하는 간단한 SignOut 리액트 요소를 생성하는 예다.

```
const element = React.createElement(
  'div',
  { id: 'signout-container' },
  React.createElement('button', { id: 'signout-btn' }, 'Sign Out'),
);
```

React.createElement 메서드는 다음과 같은 객체를 반환한다.

```
{
 type: 'div',
 props: {
  children: {
    type: 'button',
    props: {
      children: 'SignOut'
      id: 'signout-btn'
      }
  },
  id: 'signout-container'
 }
}
```

마지막으로 ReactDOM.render()를 사용해 DOM에 렌더링된다.

동일한 리액트 요소를 JSX로 짧은 표기법을 이용해 간단하게 표현할 수 있다.

```
const signoutElement = (
  <div id="signout-container">
    <button id="signout-btn">SignOut</button>
  </div>
)
```

📄 **참고**

리액트 요소는 불변성을 띤다. 즉, 한 번 요소를 생성하면 그것의 자식이나 속성을 더는 수정할 수 없다.

반면 컴포넌트는 리액트 요소로 구성돼 있다. 다시 말해, 컴포넌트는 요소를 생성하는 공장인 셈이다. 컴포넌트는 클래스 또는 함수라는 두 가지 유형 중 한 가지 형태가 될 수 있으며, 선택적으로 입력을 받고 출력으로 요소 트리를 반환한다.

이 개념을 이해하기 위해 앞에서 언급한 SignOut 리액트 요소를 사용해 리액트 컴포넌트를 생성하는 예제를 살펴보자.

```
const SignOut = ({handleSignOut}) => (
 <div id="signout-container">
  <button id="signout-btn" onClick={ handleSignOut}>
  SignOut
  </button>
 <div>
 )
```

다음 그림은 리액트 뷰 내에서 요소와 컴포넌트가 어떻게 구조화되는지 보여준다.

그림 2.3 컴포넌트 vs. 요소

이러한 컴포넌트들은 순수 컴포넌트, **고차 컴포넌트**(higher-order component; HOC) 등과 같이 특정 기능을 갖춘 다양한 유형으로 더 나눌 수 있다. 이에 대해 다음 질문에서 더 자세히 배우게 될 것이다.

순수 컴포넌트란 무엇인가?

순수 컴포넌트는 동일한 state와 props에 대해 동일한 출력을 렌더링하는 컴포넌트를 의미한다. 컴포넌트를 래핑할 수 있는 Memoize API(즉, `React.memo()`)를 사용해 함수 컴포넌트 내에서 순수 컴포넌트를 구현할 수 있다. 이 API는 주로 성능 최적화에 유용하다.

Memoize API는 props에 대한 얕은 비교를 사용해 불필요한 업데이트가 렌더링되는 것을 방지한다. 이는 이전 상태와 새로운 상태를 비교하지 않는다는 의미다. 함수 컴포넌트 자체가 동일한 상태를 다시 설정할 때(세터 함수를 사용할 때) 기본적으로 리렌더링을 방지하기 때문이다.

메모이제이션 개념을 예제를 통해 살펴보자. 먼저 사용자 입력을 받는 부모 컴포넌트인 `UserEnquiryForm`을 만들고 이후 동일한 정보를 표시하는 다른 컴포넌트인 `UserProfile`(자식 컴포넌트)을 만든다. 자식 컴포넌트는 Memoize API로 래핑되어 부모 컴포넌트로부터 동일한 props가 전달되는 것을 방지한다.

```
import { memo, useState } from 'react'

const UserProfile = memo(function UserProfile({ name, age }) {
  return (
    <>
      <p>Name:{name}</p>
      <p>Age: {age}</p>
    </>
  )
})

export default function UserEnquiryForm() {
  const [name, setName] = useState('')
```

```
const [age, setAge] = useState(0)
const [email, setEmail] = useState('')
return (
  <>
    <label>
      Name: <input value={name} onChange={(e) => setName(e.target.value)} />
    </label>
    <label>
      Age: <input value={age} onChange={(e) => setAge(e.target.value)} />
    </label>
    <label>
      <input value={email} onChange={(e) => setEmail(e.target.value)} />
    </label>
    <hr />
    <UserProfile name={name} age={age} />
  </>
)
}
```

위 코드에서는 email 속성이 자식 컴포넌트로 전달되지 않았다. 따라서 이메일 입력에 대한 변경 사항이 발생해도 리렌더링이 발생하지 않을 것이다.

그러나 클래스 컴포넌트에서는 컴포넌트를 Component 대신 PureComponent로 확장했으므로 해당 컴포넌트는 순수 컴포넌트가 된다. 내부적으로 순수 컴포넌트는 shouldComponentUpdate() 생명주기 메서드를 얕은 비교로 구현한다.

📄 참고

리액트 컴포넌트는 모두 props에 대해 순수 함수처럼 동작하는 것을 권장한다. 이는 불필요한 리렌더링을 방지하고 애플리케이션에서 예기치 않은 버그를 피하는 데 도움이 되어 성능을 향상시킨다.

순수 컴포넌트 외에도 리액트 생태계에는 또 다른 특수한 종류의 컴포넌트가 패턴으로 만들어졌다. 이는 순수 컴포넌트와 비슷하게 동작함으로써 부수 효과가 전혀 없는 순수 함수처럼 작동한다.

고차 컴포넌트란 무엇인가?

고차 컴포넌트(Higher-Order Component; HOC)는 컴포넌트를 받아서 새로운 컴포넌트를 반환하는 함수다. HOC는 리액트 API의 일부는 아니지만 컴포넌트 로직을 재사용하는 고급 기법이다. HOC를 이용하면 컴포넌트 간에 props와 state를 공유할 수 있다.

다음과 같은 구문으로 HOC를 표현할 수 있다.

```
const withHigherOrderComponent = (OriginalComponent) => (props) =>
  <OriginalComponent {...props} />
```

리덕스의 connect와 릴레이(Relay)의 createFragmentContainer 같은 서드파티 라이브러리들이 HOC 개념을 기반으로 만들어졌다.

프래그먼트는 무엇이며 어디에서 사용하는가?

리액트 프래그먼트(fragment)는 DOM에 별도의 노드를 더하지 않고도 리액트 컴포넌트에 자식 요소 목록을 래핑하거나 그룹화할 수 있는 구문이다. <Fragment> 또는 더 간단한 구문으로 빈 태그(<></>)를 사용할 수 있다.

예를 들어, 여러 블로그 게시물을 작성한 작성자를 나타내기 위한 Author 컴포넌트를 생각해보자. 이 컴포넌트는 작성자의 블로그 게시물을 순회해 <div> 또는 <span>과 같은 추가 DOM 노드를 추가하지 않고도 이를 표시한다.

```
function Author() {
  return posts.map((post) => (
    <Fragment key={post.id}>
      <Post title={post.text} body={post.body} />
      <Date date={post.date} />
    </Fragment>
  ))
}
```

이 코드에서 <Fragment> 태그는 목록 항목을 순회하는 동안 key 속성을 지원하는 데 사용됐다. <Fragment> 태그의 축약형인 <></> 구문은 key 속성을 지원하지 않는다. 따라서 목록 항목을 순회하는 경우 <></> 대신 <Fragment>를 사용하는 것이 좋다.

프래그먼트를 사용할 때의 이점이 몇 가지 더 있다.

- 프래그먼트는 매우 크거나 깊은 DOM 트리에서 더 빠르고, 더 적은 메모리를 사용한다.
- Flexbox나 CSS Grid 같은 CSS 프레임워크 또는 라이브러리는 직접적인 부모–자식 관계를 요구하며, 별도의 <div> 요소를 추가하면 레이아웃이 깨질 수도 있다.
- 추가적인 DOM 노드가 없기 때문에 DOM 검사 도구가 덜 복잡하게 표시된다.

이제 컴포넌트의 다양한 구성 요소를 이해했으므로 컴포넌트 내의 데이터나 컴포넌트 간의 데이터를 어떻게 제어하는지 쉽게 배울 수 있을 것이다. 데이터 관리는 모든 웹 애플리케이션에 중요하다.

props와 state를 활용한 컴포넌트 데이터 제어

컴포넌트 내부의 데이터는 props와 state로 제어된다. 모든 리액트 애플리케이션이 이 두 개념을 기반으로 하며, 이것은 효율적이고 견고한 애플리케이션을 만드는 데 도움이 되는 중요한 핵심 주제다. 이 두 주제는 면접에서 유용할 뿐만 아니라 일상 업무에서도 사용될 것이다.

리액트에서 props란 무엇인가?

props는 속성(property)을 나타내며, 개별 값 또는 여러 값을 담고 있는 객체 형태로 컴포넌트에 전달되는 인수다. props의 네이밍 규칙은 HTML 속성과 유사하다. props는 부모 컴포넌트에서 자식 컴포넌트로 데이터를 전달하는 데 사용되며, 자식 컴포넌트를 화면에 동적으로 렌더링하는 데 도움이 된다. 이는 props가 컴포넌트 트리 내에서 컴포넌트 간에 통신하는 채널로 작동한다는 것을 의미한다.

리액트에서 props의 주목적은 다음과 같은 컴포넌트 기능을 구현하는 것이다.

- 비즈니스 요구에 따라 커스텀 데이터를 컴포넌트에 전달한다.

- props의 값을 기반으로 컴포넌트의 상태 변경을 일으킨다.

- 함수 컴포넌트 내에서 props.propName 또는 클래스 컴포넌트 내에서 this.props.reactProp을 통해 props에 접근한다. 이 데이터는 UI를 조건부로 렌더링하는 데 도움이 된다.

다음은 props가 어떻게 부모 컴포넌트로부터 자식 컴포넌트(이 경우 Employee)로 전달되는지 보여주는 예다.

```jsx
import React from 'react'

function App() {
  return (
    <>
      <Employee name="John" age="30" department="Manufacturing"></Employee>
      <Employee name="Malcolm" age="35" department="Engineering"></Employee>
      <Employee name="Luther" department="Finance"></Employee>
    </>
  )
}

function Employee(props) {
  return (
    <>
      <span>Name: {props.name} </span>
      <span>Age: {props.age} </span>
      <span>Department: {props.department} </span>
    </>
  )
}

Employee.defaultProps = {
  name: 'Jack',
  age: '45',
```

```
    department: 'HR',
}

export default App
```

위 코드에서 **defaultProps** 속성을 사용해 props의 기본값을 할당했다. 이 값들은 명시적인 props가 전달되지 않은 경우 사용된다.

props 객체의 속성에 접근하는 더 나은 방법은 ES6(ECMAScript 2015)의 구조 분해 할당을 사용하는 것이다. 구조 분해 할당을 사용하면 앞의 자식 컴포넌트를 다음과 같이 작성할 수 있다.

```
function Employee({ name, age, department }) {
  return (
    <>
      <span>Name: {name} </span>
      <span>Age: {age} </span>
      <span>Department: {department} </span>
    </>
  )
}
```

📄 **참고**

props는 불변(읽기 전용)이며, 값을 수정하려고 하면 오류가 발생한다. 컴포넌트 내에서 데이터를 수정해야 하는 경우 state를 이용해 데이터를 관리하는 것이 적절하다.

리액트의 state에 대해 실명할 수 있는가?

state는 컴포넌트에 속하는 속성 값을 저장하는 내장된 자바스크립트 객체다. 즉, state는 비공개이며, 컴포넌트에 의해 완전히 제어된다. state에서 중요한 부분은 state 객체가 변경될 때마다 컴포넌트가 다시 렌더링된다는 것이다.

state의 범위는 다음 그림에서 볼 수 있듯이 항상 컴포넌트 내부다.

그림 2.4 컴포넌트 내부의 state 범위

다음은 환영 메시지를 state로 가진 함수 컴포넌트 User로, state의 활용법을 더 자세히 설명하기 위한 예다.

```
import React, { useState } from 'react'

function User() {
  const [message, setMessage] = useState('Welcome to React world')
  return (
    <>
      <h1>{message}</h1>
    </>
  )
}
```

이 코드에서는 User 컴포넌트에 state를 더하기 위해 useState 훅을 사용했다. useState 훅은 현재 state와 state를 업데이트하는 세터 함수가 담긴 배열을 반환한다.

함수 컴포넌트와 달리 클래스 컴포넌트는 내장된 state 객체 내에 state 속성을 가지고 있으며, User 컴포넌트 내의 this.state.message로 접근한다.

```
class User extends React.Component {
  constructor(props) {
    super(props)
    this.state = {
      message: 'Welcome to React world',
    }
  }

  render() {
```

```
    return (
      <>
        <h1>{this.state.message}</h1>
      </>
    )
  }
}
```

내장된 **setState** 함수가 클래스 컴포넌트의 state를 업데이트하는 데 사용된다.

📄 **참고**

> 가독성을 위해 state 변수는 최대한 단순하게 만들고 단일 진실 공급원(Single source of truth)[7]을 구현하기 위해 state 컴포넌트를 최소화할 것을 권장한다.

props와 state의 가장 큰 차이점은 무엇인가?

props와 state는 모두 컴포넌트의 데이터를 관리하는 데 사용되는 순수 자바스크립트 객체지만 서로 다른 방식으로 사용되고 다른 특징을 가지고 있다.

표 2.1 props vs. state

props	state
읽기 전용이고 불변	가변이며 비동기적으로 변경됨
props는 부모 컴포넌트에서 자식 컴포넌트로 전달됨	컴포넌트 자체에서 관리됨
자식 컴포넌트에서 접근됨	자식 컴포넌트에서 접근할 수 없음
props를 통해 컴포넌트를 재사용 가능	state를 통해 컴포넌트를 재사용할 수 없음
컴포넌트 간의 통신에 사용됨	동적 변경을 렌더링하는 데 사용됨

props와 달리 state는 다양한 방법으로 업데이트할 수 있다. 여러 state 업데이트를 일괄 처리하는 방법을 자세히 알아보자.

---

7 https://ko.wikipedia.org/wiki/단일_진실_공급원

리액트는 어떻게 여러 state를 일괄적으로 처리하는가?

리액트는 각 state가 업데이트될 때 컴포넌트가 리렌더링되는 것을 방지한다. 리액트는 내장된 훅을 사용해 이벤트 핸들러 내에서 업데이트를 그룹화함으로써 애플리케이션 성능을 최적화한다. 이 과정 전체를 **일괄 처리**(batching)라고 한다. 리액트 버전 17에서는 브라우저 이벤트에 대한 일괄 처리만 지원하며, 리액트 버전 18에서는 **자동 일괄 처리**(automatic batching)라고 하는 개선된 일괄 처리를 지원한다.

자동 일괄 처리는 브라우저 이벤트뿐만 아니라 모든 위치에서 호출되는 state 업데이트를 지원한다. 즉, 네이티브 이벤트 핸들러, 비동기 작업, 타임아웃, 간격(interval)을 지원하는 것이다.

자동 일괄 처리를 보여주는 예제를 보자.

```
import { useState } from 'react'

export default function MultiState() {
  const [count, setCount] = useState(0)
  const [message, setMessage] = useState('Batching')

  console.log('Application re-rendered')
  const handleAsyncFetch = () => {
    fetch('https://jsonplaceholder.typicode.com/todos/1').then(() => {
      // 자동 일괄 처리에 의해 딱 한 번만 리렌더링이 트리거됨
      setCount(count + 1)
      setMessage('Automatic batching')
    })
  }

  return (
    <>
      <h1>{count}</h1>
      <button onClick={handleAsyncFetch}>Click Me!</button>
    </>
  )
}
```

이 코드에서는 이벤트 핸들러에서 두 state 변수를 업데이트함에도 불구하고 리액트는 기본적으로 자동으로 이를 일괄 처리하고 컴포넌트는 딱 한 번만 리렌더링될 것이다.

자동 일괄 처리를 방지할 수 있는가?

자동 일괄 처리는 렌더링 성능을 최적화하는 리액트 라이브러리의 훌륭한 기능이다. 그러나 각 상태 업데이트마다 컴포넌트를 다시 렌더링하거나 다른 업데이트된 state 값에 따라 하나의 state를 업데이트해야 하는 상황도 있다. 리액트는 필요할 때마다 자동 일괄 처리를 중지하기 위해 ReactDOM의 **flushSync** API 함수를 도입했다. 이 함수는 브라우저 API나 UI 라이브러리 같은 서드파티 코드와 통합하는 경우처럼 업데이트를 즉시 DOM으로 플러시해야 하는 경우에도 유용하다.

예를 들어, 간단한 할 일 목록 앱에 새 할 일이나 작업을 추가한 후 웹 페이지의 스크롤 위치를 업데이트하고 싶다고 가정해보자. 이 동작은 새로운 할 일 콘텐츠에 곧바로 포커스를 두고 싶은 경우 유용하다. 이때 올바른 스크롤 위치를 구하려면 최근 할 일 state를 즉시 업데이트해야 한다.

```
const handleAddTodo = (todoName) => {
  flushSync(() => {
    setTodos([...todos, { id: uuid(), task: todoName }])
  })
  todoListRef.current.scrollTop = todoListRef.current.scrollHeight
}
```

이 함수를 사용하는 경우는 흔치 않으며, 사용할 경우 애플리케이션 성능에 부정적인 영향을 미칠 수 있다.

어떻게 state 내부의 객체를 업데이트하는가?

리액트의 state 객체를 직접 업데이트해서는 안 된다. 그 대신 새로운 객체를 생성하거나 기존 객체를 복제한 후 새로 생성한 객체의 state를 설정해야 한다. 그래서 자바스크립트의 객체는 변경 가능함에도 불구하고 state 객체를 업데이트하는 동안에는 state 내부의 객체를 항상 읽기 전용으로 처리해야 한다.

실제로 이를 비교해 보고 이 두 가지 업데이트 프로세스의 결과를 보자. 예를 들어, WeatherReport 컴포넌트를 생성하고, temperature와 city를 포함한 속성을 설정한 후 이벤트 핸들러 내에서 컴포넌트 속성을 직접 변경했다.

```
function WeatherReport() {
  const [weather, setWeather] = useState({
    temperature: 26,
    city: 'Singapore',
  })

  const handleWeatherChange = (e) => {
    if (e.target.name === 'temperature') {
      weather.temperature = e.target.value
    }
    if (e.target.name === 'city') {
      weather.city = e.target.value
    }
  }
  return (
    <>
      <label>
        Temparature:
        <input value={weather.temperature} onChange={handleWeatherChange} />
      </label>
      <label>
        City:
        <input value={weather.city} onChange={handleWeatherChange} />
      </label>
      <div>
        Report:
        <span>{weather.temperature}</span>
        <span>{weather.city}</span>
      </div>
```

```
    </>
  )
}
```

이 코드를 배포한 후 UI에서 새로운 날씨 정보를 입력해보자. 입력 필드가 업데이트되지 않는 것을 확인할 수 있을 것이다.

이 문제는 **weather** 객체의 새로운 복사본을 만들고 state를 설정해서 해결할 수 있다. 이를 위해 앞의 이벤트 핸들러를 업데이트해보자.

```
handleWeatherChange(e) {
  setWeather({
    ...weather,
    [e.target.name]: e.target.value
  })
}
```

이 코드는 의도한 대로 UI에서 날씨 정보를 업데이트한다.

간혹 state 객체에서 하나의 필드만 수정해야 할 때가 있다. 이 경우 각 필드를 설정하는 대신 이전 state 객체의 속성 값을 재사용할 수 있도록 객체 전개 구문을 사용하는 것을 권장한다.

어떻게 중첩된 state 객체를 업데이트하는가?

최상위 state 객체를 전개 연산자 구문으로 업데이트하는 것은 쉽다. 그러나 중첩된 state 객체의 경우 일반적인 자바스크립트 객체의 경우처럼 필요한 중첩 속성을 직접 업데이트할 수 없다.

이를 더 자세히 설명하기 위해 중첩된 state 객체를 가져와 내부의 중첩된 속성을 수정하는 예제를 살펴보자. 이 동작을 설명하기 위해 중첩된 주소 정보가 포함된 **User** state 객체를 보자.

```
{
    name: 'Tom',
    age: 35,
    address: {
        country: 'United States',
        state: 'Texas',
        postalCode: 73301
    }
}
```

이제 리액트 컴포넌트에서 일반 자바스크립트 코드처럼 `user.address.postalCode = 75015`와 같은 식으로 `postalCode` 속성을 업데이트해볼 수 있다. 그러나 화면은 최신 값으로 업데이트되지 않을 것이다.

중첩된 User 객체를 평탄화하는 것이 불가능한 경우에 state를 올바르게 업데이트하는 두 가지 방법이 있다.

- **별도의 중첩된 객체 만들기**: 이 접근법에서는 먼저 전개 연산자 구문을 사용해 중첩된 객체의 새 복사본(updatedAddress)을 만든다. 그런 다음 새로 만든 중첩된 객체를 가리키는 새로운 최상위 객체 (updatedUser)를 만든다.

```
const updatedAddress = { ...user.address, postalCode: 75015 }
const updatedUser = { ...user, address: updatedAddress }
setUser(updatedUser)
```

- **중첩된 객체를 단일 함수 호출로 업데이트하기**: 하나의 state 설정 함수 내에서 전개 연산자 구문을 사용해 중첩된 객체와 최상위 객체를 함께 업데이트할 수 있다.

```
setUser({
  ...user,
  address: {
    ...user.address,
    postalCode: 75015,
  },
})
```

전통적인 방식이 번거롭게 느껴진다면 **이머(Immer)** 같은 서드파티 라이브러리가 깊게 중첩된 state 객체를 업데이트하는 편리한 방법을 제공한다. 이 라이브러리는 일반적인 자바스크립트가 속성을 업데이트하는 것과 마찬가지로 중첩된 객체를 직접 업데이트할 수 있게 해준다.

이머를 이용해 중첩된 객체를 변경하는 예는 다음과 같다.

```
setUser((user) => {
  user.address.postalCode = 75015
})
```

컴포넌트의 state는 원시 값이나 객체 타입뿐만 아니라 항목의 배열일 수도 있다. 그러나 이후의 질문에서 설명하는 것처럼 추가로 key prop을 제공해야 한다.

key prop의 중요성

key prop은 컴포넌트나 요소 인스턴스를 제어하는 데 도움을 준다. 즉, 요소 목록에서 요소를 다시 렌더링해야 할지 여부를 결정하는 데 중요한 역할을 한다. 따라서 모든 개발자는 key prop의 중요성에 대해 알아야 한다.

key prop이란 무엇이며, 그 목적은 무엇인가?

key는 컴포넌트에서 요소 목록을 만들 때 포함해야 하는 특별한 속성이다. 이 key prop은 리액트가 어떤 요소가 변경됐고, 추가되거나 제거됐는지를 식별하는 데 도움을 준다. 다시 말해, 요소가 수정된 후에도 목록 내의 형제 사이에서 요소의 고유한 식별자를 유지하는 데 도움이 된다.

key prop을 제공하지 않더라도 목록은 콘텐츠를 브라우저에 성공적으로 렌더링할 수 있지만 다음과 같은 경고 메시지가 콘솔에 기록된다.

```
Warning: Each child in an array or iterator should have a unique "key" prop
```

key prop으로 데이터의 고유한 ID 값을 사용하는 것을 권장하며, 이 값은 문자열이나 숫자일 수 있다.

프로그래머의 할 일 목록을 구현하면서 이 key prop의 개념을 더 잘 이해해 보자. 여기서는 목록을 순회하면서 TodoItem 컴포넌트에 key를 할당하고 추출된 <li> 태그에는 할당하지 않는다.

```jsx
import React from 'react'
import ReactDOM from 'react-dom'

function TodoItem(props) {
  const { item: todo } = props
  return (
    <li>
      {todo.id}: {todo.message}
    </li>
  )
}

function TodoList(props) {
  const { todos: list } = props
  const updatedTodos = list.map((todo) => {
    return <TodoItem key={todo.id} item={todo} />
  })
  return <ul>{updatedTodos}</ul>
}

const devTodoItems = [
  { id: 1, message: 'Write a component' },
  { id: 2, message: 'Test it' },
  { id: 3, message: 'Publish the component' },
]

ReactDOM.render(
  <TodoList todos={devTodoItems} />,
  document.getElementById('root'),
)
```

목록의 요소가 나중에 재정렬되면 요소의 key도 변경될 수 있기 때문에 목록의 요소를 순회해서 얻은 인덱스를 key로 할당하는 것은 권장하지 않는다.

이벤트 처리

이벤트 처리는 애플리케이션에서 웹 페이지와 상호 작용하는 데 필수적이다. 리액트에는 자체적인 이벤트 처리 생태계가 있다. 이벤트 핸들러는 특정 이벤트가 발생할 때 어떤 작업을 수행해야 하는지를 결정한다. 이번 절에서는 리액트 라이브러리에서의 이벤트 처리에 대해 자세히 알아보겠다.

합성 이벤트란 무엇인가?

합성 이벤트(synthetic event)는 브라우저의 실제 네이티브 이벤트 객체를 감싼 크로스 브라우저 래퍼다. 이는 브라우저 간의 불일치를 방지하고 이벤트가 여러 플랫폼에서 작동하도록 보장하는 통일된 API를 제공한다.

합성 이벤트와 네이티브 이벤트는 두 이벤트에서 동일한 preventDefault 및 stopPropagation 메서드를 사용하는 경우 유사성이 있다. 또한 syntheticEvent 인스턴스의 nativeEvent 속성을 사용해 직접 네이티브 이벤트에 접근할 수도 있다. 예를 들어, 다음과 같은 검색 컴포넌트는 핸들러 내에서 여전히 네이티브 입력 이벤트 및 기타 속성이나 메서드에 접근할 수 있다.

```
function Search() {
  handleInputChange(e) {
    // 'e'는 합성 이벤트를 나타낸
    const nativeEvent = e.nativeEvent;
    e.stopPropogation();
    e.preventDefault();
    // 여기에 코드를 작성
  }
  return <input onChange={handleInputChange} />
}
```

리액트의 이벤트 핸들러는 HTML 이벤트 핸들러와 비교했을 때 몇 가지 차이점이 있다. 다음 절에서 이를 알아본다.

리액트 이벤트 핸들러와 HTML 이벤트 핸들러의 차이점은 무엇인가?

리액트 이벤트 핸들러는 HTML DOM 요소의 이벤트 핸들러와 유사하다. 하지만 큰 차이점이 있다.

- **명명 규칙**: HTML에서 이벤트명은 명명 규칙에 의해 소문자로 나타낸다.

```
<button onclick="handleSignUp()">SignUp</button>
```

하지만 리액트에서는 이름을 카멜 표기법으로 작성해야 한다.

```
<button onClick={handleSignUp}>SignUp</button>
```

- **기본 동작 방지**: HTML에서는 이벤트 핸들러 내부에서 `false`를 반환함으로써 이벤트의 기본 동작을 방지할 수 있다.

예를 들어, 사용자명과 비밀번호 입력창이 포함된 간단한 로그인 창을 살펴보자. 이 폼을 제출한 후에 폼이 새로고침되지 않게 하려면 다음과 같이 작성하면 된다.

```
<form onsubmit="console.log('로그인 폼을 제출했습니다.'); return false">
  <input type="text" name="name" />
  <input type="password" name="password" />
  <button type="submit">로그인</button>
</form>
```

하지만 리액트에서는 `event.preventDefault()` 메서드를 호출해서 기본 동작을 방지할 수 있다.

```
function Login() {
  function handleSubmit(e) {
    e.preventDefault()
    console.log('로그인 폼을 제출했습니다.')
  }

  return (
    <form onsubmit="handleSubmit">
```

```
      <input type="text" name="name" />
      <input type="password" name="password" />
      <button type="submit">로그인</button>
    </form>
  )
}
```

- **함수 호출**: HTML에서는 함수 이름 뒤에 괄호(())를 삽입해 함수를 호출하거나 이벤트와 리스너를 연결하기 위해 addEventListener()를 사용해야 한다.

  다음은 버튼의 onclick 이벤트와 해당 핸들러를 호출하는 예다. 핸들러 호출은 두 가지 방법으로 실행될 수 있다.

  첫 번째 방법은 handleSignUp 함수 이름에 괄호를 넣는 것이다.

```
<button onclick="handleSignUp()"></button>
```

  다른 방법으로 addEventListener() 메서드를 사용할 수도 있다.

```
<p id="signup">회원가입이 필요합니다.</p>
<button id="myBtn" />
<script>
  const element = document.getElementById('myBtn')
  element.addEventListener('click', handleSignUp)

  function handleSignUp() {
    document.getElementById('signup').innerHTML += '회원가입 완료'
  }
</script>
```

  하지만 리액트에서는 이벤트 속성 값의 중괄호({}) 내에 메서드 이름만 지정하면 된다.

클래스 컴포넌트에서 이벤트 핸들러를 어떻게 바인딩하는가?

리액트 클래스 컴포넌트에서 이벤트 핸들러를 바인딩하는 방법은 여러 가지가 있다.

- **생성자에서 이벤트 핸들러를 바인딩하는 방법**: 자바스크립트에서 클래스는 기본적으로 바인딩되지 않는다. 리액트에서도 이벤트 핸들러를 클래스로 정의할 때 동일한 원칙이 적용된다. 그러나 생성자 함수에서 this 키워드를 사용해 이벤트 핸들러를 인스턴스에 바인딩하는 것이 가능하다.

다음은 생성자 내에서 handleUserDetails()를 바인딩하는 예다.

```
class User extends Component {
  constructor(props) {
    super(props)
    this.handleUserDetails = this.handleUserDetails.bind(this)
  }

  handleUserDetails() {
    console.log('Show User details')
  }

  render() {
    return <button onClick={this.handleUserDetails}>Profile</button>
  }
}
```

만약 핸들러를 바인딩하는 것을 잊었다면 함수가 호출될 때 this 키워드는 undefined가 된다.

■ **퍼블릭 클래스 필드 구문에서 이벤트 핸들러를 바인딩하는 방법**: 만약 생성자에서 핸들러를 바인딩하고 싶지 않다면 퍼블릭 클래스 필드 접근법(public class fields syntax)이 가독성과 사용 편의성 면에서 훨씬 뛰어나다. 이 구문은 Create React App(CRA) 도구에서 기본으로 활성화돼 있다.

앞에서 살펴본 바인딩 방법은 다음과 같이 퍼블릭 클래스 필드 구문을 사용해 다시 작성하고 간소화할 수 있다.

```
class User extends Component {
  handleUserDetails = () => {
    console.log('Show User details')
  }
  render() {
    return <button onClick={this.handleUserDetails}>Profile</button>
  }
}
```

■ **화살표 함수를 이용해 이벤트 핸들러를 바인딩하는 방법**: 화살표 함수는 this 키워드로 바인딩할 필요 없이 직접 콜백으로 전달할 수 있다.

화살표 함수는 다음과 같이 User 컴포넌트에 콜백으로 전달된다.

```
handleUserDetails() {
  console.log("Show User details");
}

render() {
  return <button onClick={() => this.handleUserDetails()}>Profile</button>;
}
```

이 화살표 함수 접근법의 주요 문제점은 컴포넌트가 렌더링될 때마다 다른 콜백이 생성되며, 자식 컴포넌트가 콜백을 속성으로 전달받아 불필요한 리렌더링을 할 수도 있다는 것이다. 따라서 생성자에서 바인딩하거나 퍼블릭 클래스 필드 구문 접근 방식 중 하나를 사용하는 것이 좋다.

리액트 라이브러리의 핵심 기능, 즉 컴포넌트 데이터를 UI와 동기화하고 DOM 업데이트 등을 처리하는 부분은 가상 DOM에 의해 관리된다. 다음 절에서는 가상 DOM에 대해 자세히 알아보고, 가상 DOM의 중요성 및 내부적으로 일어나는 프로세스에 대해 배울 것이다.

가상 DOM

DOM은 Document Object Model의 줄임말이며, 웹 페이지(HTML)의 전체 UI를 트리 형식으로 나타낸다. 가상 DOM은 리액트에 의해 만들어진 것은 아니지만 핵심 기능으로 사용된다. 가상 DOM의 주요 목적은 UI가 리렌더링될 때 DOM 작업 횟수를 최소화하는 것이다. 리액트는 이러한 특징을 활용해 성능을 향상시킨다. 이 주제와 관련된 질문이 면접에서 나올 가능성이 높다.

가상 DOM이란?

가상 DOM은 리액트 컴포넌트에 의해 생성된 실제 DOM의 메모리상의 경량 가상 표현이다. UI의 가상 표현은 메모리에 저장되어 최신 상태 업데이트와 동기화된다. 이는 ReactDOM이라는 라이브러리를 통해 가능하며, 이 단계는 render 메서드가 호출되고 요소가 화면에 표시되는 사이에 발생한다. 이 전체 과정을 재조정(reconciliation)이라고 한다.

가상 DOM은 어떻게 작동하는가?

리액트와 Vue.js에서는 내부적으로 가상 DOM을 사용해 수동 DOM 작업을 추상화한다. 이 프로그래밍 메커니즘은 네 가지 주요 단계에 따라 작동한다.

예를 들어, CitySearch 컴포넌트 내부에 입력 필드가 있는 간단한 검색 폼을 살펴보면서 가상 DOM이 어떻게 작동하는지 알아보자. 이해를 돕기 위해 다이어그램도 보여주겠다.

```
function CitySearch() {
  return (
    <div>
      <h2>Find city:</h2>
      <form>
        <span>City:</span>
        <input onChange={handleCitySearch} />
      </form>
    </div>
  )
}
```

위 CitySearch 컴포넌트는 내부적으로 다음과 같은 가상 DOM 메커니즘의 단계들을 거친다.

1. 애플리케이션이 처음 렌더링될 때 리액트는 UI를 나타내는 가상 DOM 을 생성하고 이를 메모리에 저장한다.

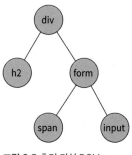

그림 2.5 초기 가상 DOM

2. 기존 state가 변경될 때마다 업데이트를 위해 새로운 가상 DOM을
   자동으로 생성한다. 가상 DOM은 단순히 UI를 나타내는 객체이기 때
   문에 이 시점에서는 UI에 변경 사항(리페인트 같은)이 없다.

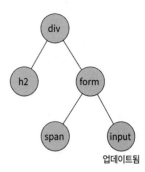

그림 2.6 업데이트된 가상 DOM

3. 새로운 가상 DOM이 생성된 후 리액트는 이를 이전에 업데이트된 가상 DOM의 버전 또는 스냅숏
   과 비교한다. 리액트는 변경 사항을 비교하기 위해 **diffing** 알고리즘을 사용하며, 이 과정을 **재조정**
   (reconciliation)라고 부른다.

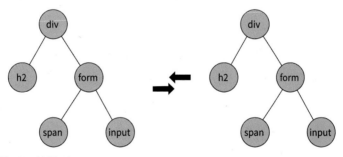

그림 2.7 가상 DOM 스냅숏 비교

4. 재조정 과정 이후, 리액트는 ReactDOM과 같은 렌더링 라이브러리를 사용해 변경 사항을 실제 DOM에
   업데이트한다.

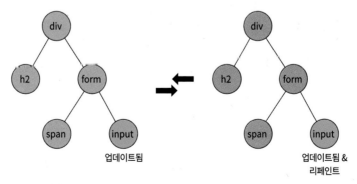

그림 2.8 업데이트된 실제 DOM

섀도 DOM이란 무엇인가?

섀도 DOM(Shadow DOM)은 주로 변수와 CSS를 분리하기 위해 설계된 웹 컴포넌트 기술이다. 이는 부모 컴포넌트에서 정의된 CSS 스타일이 자식 컴포넌트에 영향을 미치지 않거나 적용되지 않게 하는 데 유용하다.

실제 DOM과 가상 DOM, 섀도 DOM의 차이점은 무엇인가?

현대 웹 개발에서는 성능 향상과 캡슐화를 위해 실제 DOM에 부가 기능으로 가상 DOM과 섀도 DOM이 도입됐다.

세 가지 DOM의 주요 차이점은 다음과 같다.

표 2.2 실제 DOM vs. 가상 DOM vs. 섀도 DOM

실제 DOM	가상 DOM	섀도 DOM
화면 전체에 대한 단일 DOM 생성	전체 실제 DOM의 복사본을 메모리에 생성하고 변경 사항을 추적	자체 범위(즉, 범위 지정된 CSS 스타일 및 자바스크립트)를 갖는 실제 DOM의 작은 복사본 생성
변경 사항은 전체 화면을 리렌더링	state 변경은 페이지의 특정 부분만 리렌더링	변경 사항이 자체 웹 컴포넌트에 적용
Solid.js 같은 라이브러리를 통해 웹 브라우저에 구현됨	리액트, Vue 등의 자바스크립트 라이브러리를 통해 구현	Lit 및 Vaadin 라이브러리 등의 웹 컴포넌트에 구현
복잡한 상호 작용이 없는 소규모 및 중규모 애플리케이션에 적합	복잡한 상호 작용이 있는 대규모 애플리케이션에 적합	상대적으로 복잡하지 않은 중소규모 애플리케이션에 적합
가상 DOM보다 적은 CPU 및 메모리를 사용	실제 DOM보다 더 많은 CPU 및 메모리를 사용	가상 DOM보다 적은 CPU 및 메모리를 사용
구성 요소를 외부에서 수정할 수 있으므로 캡슐화를 지원하지 않음	구성 요소를 외부에서 수정할 수 없으므로 캡슐화를 지원	구성 요소를 외부에서 수정할 수 있으므로 캡슐화를 지원하지 않음

리액트 파이버란 무엇인가?

파이버는 리액트 버전 16에서 소개된 새로운 재조정 엔진으로, 내장 스케줄링과 가상 DOM의 점진적 렌더링을 가능하게 한다. 점진적 렌더링은 렌더링 작업을 청크로 분할하고 여러 프레임에 걸쳐 배분하는 것을 의미한다. 따라서 파이버는 애니메이션, 레이아웃, 제스처 같은 영역에서 애플리케이션 성능을 향상시킨다.

이 조정자는 stack reconciler라고 불리는 것으로, 과거의 스택 조정 알고리즘을 완전히 새롭게 다시 작성한 것이다.

리액트 애플리케이션에서의 데이터 흐름과 통신

리액트의 단방향 데이터 흐름 특성은 다양한 규모의 애플리케이션에서 일어나는 데이터 변경에 대해 UI를 간단하고 예측 가능하게 만든다. 관련 리액트 개념을 더 잘 이해하기 위해서는 데이터 흐름과 컴포넌트 간 통신의 이점을 알아보는 것이 중요하다.

리액트에서의 단방향 데이터 흐름을 설명할 수 있는가?

단방향 데이터 흐름(unidirectional data flow)은 일방향 데이터 바인딩(one-way data binding)이라고도 하며, 데이터가 애플리케이션의 여러 부분에 전달될 때 한 방향으로만 흐르는 것을 말한다. 이 기법 또는 기능은 이미 함수형 반응형 프로그래밍에 존재한다.

리액트는 부모에서 자식으로 props를 사용해 데이터를 전송하는 단방향 데이터 흐름을 따르며, 그 반대는 성립하지 않는다. 또한 자식 컴포넌트는 부모 컴포넌트에서 전달된 데이터를 업데이트할 수 없다. 리액트는 개발자가 깔끔한 데이터 흐름 아기텍처를 따르도록 양방향 데이터 흐름 또는 양방향 바인딩을 장려하지 않는다.

다음 그림은 리액트에서의 데이터 흐름을 더 명확하게 보여준다.

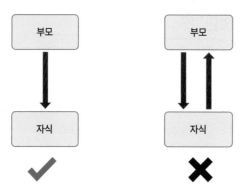

그림 2.9 단방향 데이터 흐름 vs. 양방향 데이터 흐름

부모 컴포넌트의 데이터를 업데이트할 수 있는 단 한 가지 방법은 자식 컴포넌트에서 이벤트를 일으키는 것뿐이다.

📄 **참고**

리액트와 달리 Vue.js는 컴포넌트 간에 양방향 데이터 바인딩 또는 양방향 데이터 흐름을 따른다.

단방향 데이터 흐름의 이점은 무엇인가?

단방향 데이터 흐름의 주요 이점은 데이터가 단일 진실 공급원을 갖는다는 것이다. 이 기능의 주요 이점 몇 가지는 다음과 같다.

- **디버깅**: 개발자들은 데이터의 출처와 이동 경로를 알기 때문에 문제를 디버깅하기가 훨씬 쉬워진다.
- **오류 발생 가능성 감소**: 데이터가 한 방향으로 흐르기 때문에 프로그램이 오류를 덜 일으키며, 개발자들이 데이터 흐름을 통제하기가 쉬워진다.
- **효율성**: 애플리케이션에서 알려진 단방향 데이터 흐름 범위 내에서는 추가 자원이 낭비되지 않는다.

뷰 레이어를 제어하기 위해 항상 state, props, 데이터 흐름 개념에만 의존할 수는 없다. 자바스크립트 라이브러리에 상관없이 DOM 요소에 접근해야 할 때가 있으며, `document. getElementById` 같은 전통적인 접근 방식으로 요소에 접근하는 것은 번거로울 수 있다. 다음 절에서 DOM에 접근하는 더 나은 방법을 확인할 수 있다.

리액트에서 DOM 요소 접근

DOM 조작은 리액트 라이브러리에서 자동으로 처리되어 수동으로 DOM 업데이트가 필요하지는 않다. 그러나 때로는 리액트에서 DOM 요소 접근을 관리해야 하는 경우가 있다(특정 요소에 포커스를 두거나 스크롤하는 등의 경우). 이러한 경우에 대한 솔루션으로 refs가 도입됐다.

리액트 면접관은 DOM 접근 및 전통적인 선언적 접근 방식으로 처리할 수 없는 상황에 대한 풍부한 지식을 기대할 것이다.

refs란 무엇인가? 어떻게 refs를 생성할 수 있는가?

ref는 요소 또는 컴포넌트에 대한 참조(reference)를 줄인 말이다. refs는 render 메서드에서 생성된 DOM 노드 또는 리액트 요소에 접근하는 데 사용된다. DOM 요소에 대한 참조는 ref의 current 속성을 통해 사용할 수 있다. 즉, refs는 current 속성이 추가된 일반 자바스크립트 객체다. 이 ref의 개념을 더 잘 이해하기 위해 ref를 사용해 입력 요소에 자동으로 포커스를 맞추는 예제를 살펴보자. 이를 위해 다음 지침을 따를 것이다.

1. 리액트 라이브러리에서 useRef 훅을 가져온다.

2. SignUpForm 컴포넌트 내에서 훅의 반환값으로 inputRef를 선언한다.

3. inputRef를 <input> 요소에 전달해서 <input>의 DOM 노드를 inputRef.current 속성에 연결한다.

4. 컴포넌트 인스턴스를 로드하는 동안 useEffect 훅 내에서 DOM 노드를 대상으로 focus()를 호출해서 입력 요소에 프로그래밍 방식으로 포커스를 맞춘다.

모든 지침을 따르고 나면 ref를 사용하는 최종 컴포넌트는 다음과 같을 것이다.

```
import { useRef, useEffect } from 'react'

export default function SignUpForm() {

  const inputRef = useRef(null)
```

```
useEffect(() => {
  inputRef.current.focus()
}, [])

return (
  <>
    <input type="email" ref={inputRef} />
    <button>이메일 확인</button>
  </>
)
}
```

함수 컴포넌트에서 useRef 훅을 사용하는 것과 비슷하게 클래스 컴포넌트에서는 일반적으로 createRef가 사용된다.

refs의 주요 목적은 무엇인가?

refs의 주요 목적은 일반적인 단방향 데이터 흐름 외에도 자식을 명령적으로 수정하는 수단을 제공하기 위해서다. refs를 통해 처리할 수 있는 몇 가지 일반적인 사례를 살펴보자.

- 첫 번째 사용 사례로, 특정 이벤트나 동작을 통해 UI 요소가 수정되는 방식에 대해 이야기해보자. 여기에는 입력 필드 포커스, 텍스트 선택, 미디어 제어(또는 재생) 같은 상황이 포함된다.

  예를 들어, 외부 버튼 클릭을 통해 텍스트를 선택하거나 오디오를 제어하는 경우를 살펴보자.

```
// 텍스트 선택
const hasInputText = inputRef.current.value.length > 0

if (hasInputText) {
  inputRef.current.select()
}

// 오디오 제어
const playAudio = () => {
  audioRef.current.play()
}
```

```
const pauseAudio = () => {
  audioRef.current.pause()
}
```

- 두 번째 사용 사례로, UI에서 명령적으로 애니메이션을 트리거하는 것에 대해 알아보자. 이 경우 명시적인 CSS 또는 자바스크립트 애니메이션을 작성하지 않고도 UI에서 명령적인 애니메이션을 트리거한다.

  다음은 스크롤 이벤트를 기반으로 div 요소에 접근하고 그 위치를 찾아 특정 레이아웃 작업을 수행하는 예다.

```
function handleScroll() {
  const block = blockRef.current
  const { y } = block.getBoundingClientRect()
  const blockBackgroundColor = y <= 0 ? 'white' : 'black'
  setBackground(blockBackgroundColor)
}
```

- 세 번째 사용 사례로, 리액트 애플리케이션에서 서드파티 DOM 라이브러리와 통합하는 것에 대해 이야기 해보자. 예를 들어, DataTable.js나 select2 같은 서드파티 플러그인은 처음부터 다시 만들지 않고도 리액트 애플리케이션에서 쉽게 접근할 수 있다.

📄 참고

만약 작업을 선언적으로 구현할 수 있다면 refs를 사용하지 않는 것을 권장한다.

state와 refs의 차이점은 무엇인가?

refs와 state는 모두 렌더링되는 사이에 컴포넌트 데이터를 유지하기 위해 사용된다. 하지만 둘 사이에는 많은 차이점이 있다.

표 2.3 ref vs. state

Ref	State
useRef(initialValue) 훅으로 생성되며, {current: initialValue} 자바스크립트 객체를 반환	useState(initialValue) 훅으로 생성되며, 현재 state 값과 state를 업데이트하는 세터 함수, 즉 [value, setValue]를 반환
변경 사항이 있더라도 리렌더링되지 않음	state의 변경 사항에 대해 리렌더링됨

Ref	State
주로 외부 API와 통신하는 데 사용	주로 컴포넌트 내에서 외관을 변경하는 데 사용
렌더링 프로세스 외부에서 현재 속성 값을 업데이트하는 것이 가능(즉, ref는 변경 가능)	state 변수를 직접 업데이트해서는 안 되며, 값 수정에는 세터 함수를 사용(즉, state는 불변)
리액트는 ref 변경을 추적할 수 없음	리액트는 state 변경을 추적 가능
렌더링 프로세스 중에 ref를 읽거나 써서는 안 됨	언제든지 state를 읽을 수 있음
state가 기본적으로 UI 업데이트에 사용되는 데 반해 ref는 외부 DOM에 접근하기 위한 수단으로 사용되며, 선언적 뷰가 state를 기반으로 하지 않는 경우에는 사용하지 않는 것이 좋음	UI 업데이트를 위해서는 항상 state를 사용하는 것이 좋음

비록 refs가 (변경 측면에서) state보다 덜 제한적이긴 하지만 대부분의 경우 refs 대신 state를 사용하게 될 것이다. 왜냐하면 refs는 DOM에 접근하기 위한 탈출구로서, 사용할 일이 많지 않기 때문이다.

📄 **참고**

화면에 렌더링되지 않은 채로 리렌더링 간에 정보를 저장하고 싶다면 refs를 사용해야 한다. 그 외의 경우에는 state를 사용해 데이터를 저장해야 한다.

forwardRef란 무엇인가?

근래에는 컴포넌트가 더 복잡해지고 일반 HTML 요소를 직접 사용할 일은 많지 않다. 이로 인해 구성 가능한 뷰를 가진 부모 및 자식 컴포넌트 계층 구조가 형성된다. ref를 단순히 자식 컴포넌트로 전달하려고 하면 자식 컴포넌트는 접근해야 하는 실제 DOM 요소를 받지 못한다. 대신에 { current: null }을 반환한다.

리액트의 forwardRef는 부모 컴포넌트가 자식 컴포넌트로 ref를 전달할 수 있게 하는 메서드다. 다음 예제에서는 자식 컴포넌트가 forwardRef 메서드로 래핑되어 부모 컴포넌트에서 ref를 받아 이를 <button/> DOM 요소로 전달한다.

```
import { forwardRef } from 'react'

const MySignInButton = forwardRef(function MySignInButton(props, ref) {
  const { label, ...otherProps } = props
  return (
    <label>
      {label}
      <button {...otherProps} ref={ref} />
    </label>
  )
})
```

앞서 언급한 자식 컴포넌트는 ref를 두 번째 인자로 받으며, 첫 번째 인자는 props를 나타낸다.

📄 참고

userImperativeHandle 훅을 사용해 DOM 노드 전체를 전달하는 대신 노드에 대한 정보를 제한할 수 있다. 3장에서 이 훅에 대해 자세히 알아본다.

컨텍스트 API를 이용한 전역 상태 관리

컨텍스트는 자식 컴포넌트들이 더 깊은 컴포넌트 트리에 존재하더라도 함께 전역 데이터를 사용할 수 있게 돕는다. 컨텍스트 API와 훅을 이용하면 대규모 애플리케이션의 상태 관리를 수행할 수 있다. 리액트 애플리케이션에서 데이터를 전역적으로 관리하는 것과 관련된 일반적인 사용 사례를 해결하기 위한 컨텍스트 구현 관련 면접 질문이 많이 나올 수 있다.

프롭 드릴링이란 무엇인가?

프롭 드릴링(prop drilling)은 상위 컴포넌트에서 하위 컴포넌트로 프롭을 전달하는 프로세스를 나타낸다. 이 과정에서 데이터는 해당 데이터를 사용하지 않고 데이터 전달만을 위해 중간의 여러 다른 컴포넌트를 통과하게 된다. 이 프롭 드릴링이라는 용어는 리액트에서 공식적으로 쓰이는 용어는 아니지만 이 상황을 나타내는 데 자주 사용된다.

컨텍스트에 대해 설명할 수 있는가?

컨텍스트는 프롭 드릴링 문제를 해결하는 데 사용된다. 컨텍스트는 데이터를 중앙 위치에 저장해서 컴포넌트 트리의 각 수준에서 데이터를 수동으로 전달하지 않고도 부모 수준 컴포넌트에서 하위 컴포넌트로 데이터를 전달하는 수단을 제공한다.

리액트에서 컨텍스트를 사용하려면 세 가지 간단한 단계를 따르면 된다.

1. **컨텍스트 생성**: 리액트 라이브러리에 내장된 createContext(defaultValue) 팩토리 함수를 사용해 컨텍스트 객체를 생성한다. 이 함수는 기본값을 제공하기 위한 인수 하나만 받는다. 기본 사용자 이름을 가진 사용자 컨텍스트를 만들어 보자.

```
// userContext.js
import { createContext } from 'react'

export const UserContext = createContext('Jonathan')
```

2. **컨텍스트 제공**: Context.Provider 컴포넌트는 자식 컴포넌트에 제공된 컨텍스트 변경 사항과 함께 부모 컴포넌트에 적용돼야 한다. 이 컴포넌트의 value 속성은 컨텍스트 값을 설정하는 데 사용된다.

   이 단계에서 username 필드는 프로바이더(provider) 컴포넌트의 현재 사용자 정보로 업데이트된다.

```
import { UserContext } from './userContext'

function App() {
  const username = 'Michael'
  return (
    <Context.Provider value={username}>
      <MyParentComponent />
    </Context.Provider>
  )
}
```

컨텍스트를 사용해야 하는 자식 컴포넌트는 프로바이더 컴포넌트로 래핑해야 한다.

3. **컨텍스트 사용**: 자식 컴포넌트는 useContext 훅을 사용해 컨텍스트를 사용할 수 있다. 이 훅은 컨텍스트의 값을 반환한다.

```
import { useContext } from 'react'
import { UserContext } from './context'

function MyChildComponent() {
  const currentUser = useContext(UserContext)
  return <span>{currentUser}</span>
}
```

useContext 훅에 대해서는 3장에서 더 자세히 알아보겠다.

그림 2.10은 컨텍스트가 작동하는 방식을 이해하는 데 도움이 되도록 이 단계를 다이어그램으로 나타낸 것이다.

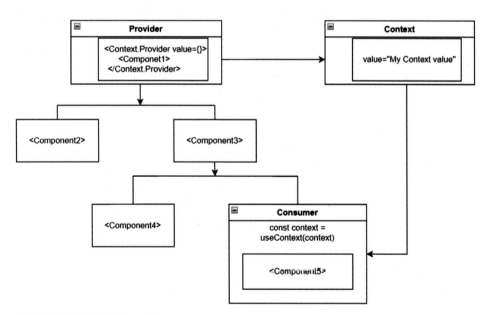

그림 2.10 컨텍스트가 사용되는 과정

컨텍스트의 목적은 무엇인가?

컨텍스트의 주요 목적은 컴포넌트가 프롭 드릴링 문제 없이 전역 데이터에 접근하고 전역 데이터가 변경될 때 컴포넌트가 리렌더링될 수 있게 하는 것이다.

컨텍스트를 사용하는 일반적인 사례는 다음과 같다.

- 전체 애플리케이션에 브랜딩을 적용하기 위한 테마 정보
- 인증된 사용자 프로필 정보
- 사용자 설정
- 선호하는 언어 설정
- 애플리케이션 구성

지금까지 리액트 애플리케이션을 클라이언트 사이드에서 어떻게 렌더링하는지 배웠다. 다음 절에서는 페이지 로딩 속도를 향상시키기 위해 서버 사이드에서 웹 콘텐츠를 렌더링하는 방법과 몇 가지 다른 이점에 대해 알아보겠다.

서버 사이드 렌더링

SSR(server-side rendering)은 빠르게 자바스크립트 라이브러리와 프레임워크의 핵심 기능이 되어가고 있다. Next.js, 개츠비(Gatsby) 등의 리액트 기반 프레임워크들은 SSR을 더욱 쉽게 만든다. 최근 면접관들은 일반적인 CSR(client-side rendering)와 더불어 SSR에 대한 풍부한 지식 수준도 기대한다.

서버 사이드 렌더링은 무엇인가?

SSR은 싱글 페이지 애플리케이션(single-page application; SPA)의 렌더링 방법 중 하나다. 이 기법은 클라이언트 사이드 SPA를 서버에서 렌더링하고 완전히 렌더링된 HTML 페이지를 클라이언트로 보낸다. 이는 페이지를 사용자에게 보내기 전에 검색 엔진이 이 페이지를 쉽게 찾을 수 있게 돕는다.

클라이언트 사이드 렌더링과 서버 사이드 렌더링의 주된 차이점은 무엇인가?

CSR은 브라우저가 최소한의 HTML 페이지를 다운로드하고 자바스크립트를 사용해 렌더링하는 렌더링 모드다. 데이터 불러오기, 템플릿 지정, 라우팅 프로세스는 클라이언트 사이드, 즉 브라우저에서 처리된다.

반면 SSR은 클라이언트에 관한 데이터를 포함해 서버에서 HTML 파일을 완전히 렌더링된 HTML 페이지로 변환한다.

언제 서버 사이드 렌더링을 사용해야 하는가?

어떤 렌더링 방법을 사용할지는 비즈니스의 요구사항에 따라 다르다. 하지만 여기서는 SSR을 고려할 수 있는 몇 가지 상황을 살펴보자.

- SEO를 중시하고 블로그 사이트를 구축하는 경우 SSR을 사용하는 것이 좋다.
- 웹사이트에 더 빠른 초기 페이지 로드 시간이 필요한 경우
- 애플리케이션에 상호 작용이나 기능, 페이지 수가 많지 않고 UI가 간단한 경우
- 애플리케이션에 동적 데이터가 적은 경우
- 웹사이트의 사용자 트래픽이 적은 경우

다른 몇 가지 사전 렌더링 기술도 있으며, 그중 **SSG(static site generation)**와 **ISR(incremental static regeneration)**이 있다. 이에 대해서는 9장에서 자세히 다룬다.

이제 리액트에 대한 여러 기본적인 질문의 답을 찾았다. 이러한 정보는 다가오는 장에서 다음 단계의 질문에 답하는 기초 자료가 될 것이다.

정리

이번 장에서는 리액트 면접에서 자주 물어보는 다양한 기본 개념에 대해 알아봤다. 리액트와 JSX를 소개하고 견고한 웹 애플리케이션을 구축하는 데 있어 리액트와 JSX의 이점에 대해 살펴본 후 리액트의 핵심 구성 요소인 요소, 컴포넌트, props, state, 가상 DOM, 일방향 데이터 흐름이 어떻게 작동하는지 살펴봤다.

마지막으로 이벤트 처리를 통한 애플리케이션 상호 작용과 관련된 질문과 리액트 생태계에서 컨텍스트와 SSR을 사용해 데이터를 전역으로 공유하는 방법을 다뤘다. 다음 장에서는 훅과 관련된 질문과 그 중요성, 훅이 리액트를 어떻게 향상시키고 기능을 더 빠르고 효과적으로 구현하는지에 대해 알아본다.

03장

~~~~~

훅: 함수 컴포넌트에
state와 다른 기능 추가하기

훅은 함수 컴포넌트에서 클래스와 생명주기 메서드를 작성할 필요 없이 리액트 기능을 사용하기 위해 도입됐다. 대규모 애플리케이션에서는 전역 state를 관리하기 위해 주로 리덕스, 리코일(Recoil), Mobx 같은 서드파티 라이브러리를 사용한다. 하지만 useContext나 useReducer 같은 리액트 훅을 함께 사용하면 외부 state를 관리하는 더 나은 방법이 될 수 있다. 훅은 복잡한 외부 라이브러리를 사용하는 것보다 애플리케이션 전체에 걸쳐 반복적으로 생성되는 파일과 폴더, 코드의 양을 줄이는 데 도움이 되고, 다양한 내장 훅을 제공하므로 다양한 경우에 유용하다. 특정 사용 사례에 대한 내장 훅이 없는 경우 비즈니스 요구사항을 충족시키기 위해 사용자 정의 훅을 만들 수 있다. 훅의 일반적인 사용 사례(또는 횡단 관심사(cross-cutting concerns))로는 인증, 로깅, 캐싱, 데이터 불러오기, 오류 처리 등이 있다.

이번 장에서는 리액트 훅을 소개하고 훅의 이점, 함수 컴포넌트에 리액트 기능을 추가할 수 있는 다양한 내장 훅에 대해 알아본다. 예제를 통해 내장 훅을 자세히 설명하므로 리액트 애플리케이션에서 내장 훅의 사용법을 이해하는 데 도움이 될 것이다. 또한 서드파티 훅, 사용자 정의 훅 생성, 훅 관련 문제 해결과 관련된 질문에 답할 수 있는 지식과 자신감을 얻게 될 것이다.

이번 장에서 다룰 주요 주제는 다음과 같다.

- 훅 소개와 목적

- 훅을 이용한 지역 state 관리

- 훅을 이용한 전역 state 관리

- 리액트 애플리케이션에서 부수 효과 실행

- ref 훅을 이용한 DOM 노드 접근

- 애플리케이션 성능 최적화

- 인기 있는 서드파티 훅

- 사용자 정의 훅 구축

- 훅 문제 해결 및 디버깅

훅 소개와 목적

초기에는 리액트가 주로 클래스 컴포넌트와 함께 사용됐지만 시간이 흐르면서 리액트 컴포넌트는 컴포넌트 로직을 재사용하기 위한 다양한 패턴을 사용해 복잡해졌다. 이후에 렌더 props(render props), **고차 컴포넌트(HOC)** 같은 패턴을 작성하지 않고도 코드를 단순화하기 위해 훅이 도입됐다. 최근에는 훅이 리액트 애플리케이션을 구축하는 데 중요한 역할을 하기 때문에 리액트 면접에서 훅에 관한 질문을 받을 것이라고 예상할 수 있다. 이번 절에서는 훅이 무엇이며, 그 목적은 무엇인지 자세히 알아보겠다.

훅이란 무엇인가?

훅은 컴포넌트가 지역 state를 사용하고 부수 효과(또는 횡단 관심사) 및 다른 리액트 기능을 실행할 수 있게 하는 단순한 자바스크립트 함수다. 훅 API는 리액트 16.8 버전에서 도입되어 컴포넌트에서 state 관련 로직을 격리하는 역할을 한다.

간단히 말해서 훅이란 함수 컴포넌트가 리액트 생명주기와 state를 연결하는(hook into) 수단이다.

훅의 도입 배경은 무엇인가?

훅은 다양한 문제를 해결할 수 있다.

몇 가지 예시는 다음과 같다.

- **컴포넌트 간 상태 로직 재사용의 어려움**: 리액트는 기본적으로 컴포넌트 로직을 재사용하는 방법을 제공하지 않는다. 이 문제를 해결하기 위해 **렌더 props**나 **고차 함수** 같은 프로그래밍 패턴이 사용됐다. 하지만 이런 패턴은 컴포넌트 계층 구조를 수정해야 하기 때문에 애플리케이션이 여러 레이어 래퍼로 복잡해지고 코드를 이해하기 어렵게 만들었다.

  이러한 이유로 컴포넌트 계층 구조를 수정하지 않고도 상태 관련 로직을 컴포넌트에서 분리하기 위해 훅이 도입됐다.

- **복잡한 컴포넌트를 이해하기 어려움**: 애플리케이션이 성장할수록 컴포넌트는 state 로직과 부수 효과가 많이 포함된 훨씬 더 복잡한 로직이 된다. 생명주기 메서드는 이 생명주기 메서드 한 곳에서 데이터 불러오기, 이벤트 리스너 추가 또는 제거와 같은 서로 관련 없는 로직들이 복잡하게 얽혀 있다. 예를 들어, componentDidMount 생명주기 메서드는 컴포넌트를 위한 데이터를 가져올 수 있으면서 이벤트 리스너를 추가할 수도 있다. 동시에, 초기화와 같은 연관된 이벤트 리스너 로직이 componeneWillUnmount 생명주기 메서드에 추가돼야 한다. 결론적으로, 큰 컴포넌트를 작은 컴포넌트로 나누기 어려워지는 동시에 테스트하기도 까다로워진다.

  훅은 큰 컴포넌트를 생명주기 메서드 기준이 아닌 연관된 코드 조각끼리 더 작은 함수로 나누는 것을 가능하게 한다.

- **클래스에 의한 혼란**: 클래스는 리액트에서만 쓸 수 있는 것이 아니라 자바스크립스에 속한 것이다. 클래스 컴포넌트를 사용하려면 먼저 다른 언어의 것이 아닌 자바스크립트의 this 키워드가 동작하는 방식을 명확하게 이해해야 한다. 또한 ES2022 퍼블릭 클래스 필드(public class fields) 구문을 사용하는 데 익숙하지 않다면 생성자에서 이벤트 리스너를 바인딩하는 방법을 알아둬야 한다. 이러한 모든 개념은 개발자들이 적절한 사용법을 파악하는 데 혼란을 야기했다.

훅은 클래스를 작성하지 않고도 리액트의 다양한 기능을 구현해서 개발자 커뮤니티 내의 혼란을 피하는 데 도움이 된다.

훅 사용 규칙을 설명할 수 있는가?

훅을 사용할 때 가장 중요한 두 가지 규칙이 있다.

- **최상단에서만 훅을 호출한다**: 반복문, 조건문 또는 리액트 컴포넌트 로직의 일부인 복잡한 함수에서는 훅을 호출해서는 안 된다. 대신, 다른 조기 반환(early return) 구문보다 리액트 함수 컴포넌트의 최상단에서 먼저 호출하는 것을 적극 권장한다.

  이 가이드라인은 컴포넌트가 렌더링될 때마다 동일한 순서로 훅이 호출되는 것을 보장한다. 다시 말해, 이는 여러 개의 useState와 useEffect 훅 사이의 state를 유지한다.

- **리액트 함수에서만 훅을 호출한다**: 훅을 단순 자바스크립트 함수에서 호출해서는 안 된다. 대신, 리액트 함수 컴포넌트 또는 사용자 정의 훅에서 호출해야 한다.

📄 **참고**

> eslint-plugin-react-Hooks(https://www.npmjs.com/package/eslint-plugin-react-hooks)라는 eslint 플러그인을 사용하면 '훅 사용 규칙을 설명할 수 있는가?' 절에 나온 두 규칙을 강제할 수 있다.

클래스 컴포넌트 내부에서 훅을 사용할 수 있는가?

훅은 클래스 컴포넌트에서 작성할 수 없다. 즉, 훅은 오직 함수 컴포넌트만을 위해 만들어졌다. 하지만 클래스 컴포넌트와 훅을 사용하는 함수 컴포넌트를 하나의 컴포넌트 트리에서 혼용해도 문제가 발생하지 않는다.

리액트 컴포넌트는 데이터를 보유하고 state라고 불리는 업데이트 가능한 구조를 사용해 데이터 변경을 추적한다. 현실 세계의 애플리케이션에서 대부분의 컴포넌트는 UI에서 데이터를 처리하고 표시하기 위해 state를 사용한다. 다음 절에서는 state 훅을 이용한 지역 state 관리와 관련된 질문과 답변을 다루겠다.

훅을 이용한 지역 state 관리

지역 state 관리를 위해 리액트 애플리케이션 내에서 두 가지 훅을 사용할 수 있다. 첫 번째 훅인 useState는 간단한 state 변환에 사용되며, 또 다른 훅인 useReducer는 복잡한 state

로직에 사용된다. 기본적으로 useState는 내부적으로 useReducer를 사용한다. 이는 전체 컴포넌트 state를 useReducer 훅을 통해 관리할 수 있다는 것을 의미한다. state는 리액트 컴포넌트의 핵심 구성 요소이므로 모든 개발자는 훅을 사용해 state를 관리하는 것을 명확하게 이해해야 한다.

useState 훅이란 무엇인가?

useState 훅은 함수 컴포넌트에 state를 추가하는 데 사용된다. useState 훅은 리액트에서 가장 많이 사용되는 내장 훅 중 하나다. 이 훅은 초기 state를 인수로 사용하며, 동일한 초기 state는 값이나 함수 타입(즉, 초기화 함수)이 될 수 있다. 초기 state가 비용이 많이 드는 계산을 통해 도출되는 경우 초기 렌더링 시에만 실행되는 초기화 함수를 사용하는 것이 좋다. useState 훅은 state 변수와 state를 업데이트하는 세터 함수를 포함하는 배열을 반환한다.

useState의 작성 방법은 다음과 같다.

```
const [state, setState] = useState(initialState)
```

useState 훅을 사용해 카운터의 state를 유지하는 카운터 컴포넌트 예제를 살펴보자. 세터 함수는 count state 변수를 업데이트하고 변경 사항에 대해 UI를 리렌더링한다.

```
import { useState } from 'react'

function Counter() {
  const [count, setCount] = useState(0)

  return (
    <>
      <p>You clicked {count} times</p>
      <button onClick={() => setCount(count + 1)}>Click me</button>
    </>
  )
}
```

카운터 버튼을 클릭할 때마다 count state 변수가 1씩 증가하고, UI는 최신 state 변수 값으로 업데이트된다.

📄 **참고**

state 세터 함수는 이미 실행 중인 코드에서 현재 state를 업데이트하지 않는다. 이는 다음 렌더링에서만 사용 가능하다.

updater 함수를 사용하는 것이 항상 좋은가?

개발자 커뮤니티에서 새로운 state가 이전 state에서 계산된 경우에는 updater 함수를 사용하라는 조언을 받아 본 적이 있을 것이다. 이 규칙은 state 계산 로직 이후에 예측할 수 없는 state를 피하는 데 도움이 된다. 이 규칙을 따르는 것에 문제가 있는 것은 아니지만 항상 그래야 하는 것은 아니다. 대부분의 경우 리액트는 다음 이벤트가 발생하기 전에 state 변수를 업데이트한다. 즉, 이벤트 핸들러의 시작 부분에서 state가 불일치 데이터일 위험이 없다.

그러나 동일한 이벤트 핸들러 내에서 여러 state 업데이트를 수행하는 경우 예상하는 데이터 결과를 받기 위해 updater 함수를 사용하는 것이 좋다. 이벤트 핸들러 내에서 updater 함수를 사용하는 방법은 다음과 같다.

```
function handleClick() {
  setCounter((a) => a + 1)
  setCounter((a) => a + 1)
  setCounter((a) => a + 1)
}
```

이 코드에서, (a) => a + 1은 updater 함수다. 리액트는 updater 함수를 큐에 넣고, 그 결과로 동일한 state 변수에 대한 업데이트가 일괄 처리된다. 다음 렌더링 중에 리액트는 동일한 순서로 함수를 호출한다.

useReducer 훅이란 무엇인가? 어떻게 사용하는가?

useReducer 훅은 useState 훅의 대체재다. useReducer 훅은 사용자 정의 state 로직(예를 들어, state의 항목 추가, 업데이트, 삭제)을 렌더링 로직에서 분리하기 위해 사용된다. 다시 말해 컴포넌트에서 state 관리를 추출하는 데 도움이 된다.

useReducer 훅은 세 개의 인수를 받는다. 첫 번째 인수는 state를 어떻게 업데이트할지를 지정하는 리듀서 함수이고, 두 번째 인수는 초기 state이며, 세 번째 함수는 초기 state를 결정하는 초기화 함수로서 선택적인 인수다. 이와 달리, useState는 초기 state만을 받는다.

useReducer 훅은 현재 state와 state를 수정하고 리렌더링을 호출하는 디스패치 함수로 두 개의 값으로 구성된 배열을 반환한다.

이 훅의 사용 사례를 카운터 예시로 이해해보자. 카운터 state 값을 리듀서 함수를 사용해 증가, 감소, 초기화할 수 있다.

```
function reducer(state, action) {
  switch (action.type) {
    case 'increment':
      return { count: state.count + 1 }
    case 'decrement':
      return { count: state.count - 1 }
    case 'reset':
      return { count: action.payload }
    default:
      throw new Error()
  }
}

function init(initialCount) {
  return { count: initialCount }
}

function Counter() {
  const initialCount = 0
```

```
const [state, dispatch] = useReducer(reducer, initialCount, init)

return (
  <>
    Count: {state.count}
    <button
      onClick={() => dispatch({ type: 'reset', payload: initialCount })}
    >
      Reset
    </button>
    <button onClick={() => dispatch({ type: 'decrement' })}>decrement</button>
    <button onClick={() => dispatch({ type: 'increment' })}>increment</button>
  </>
)
}
```

리액트는 초기 state를 저장하고 다음 렌더링에서 이를 무시할 것이다. 따라서 state를 함수 호출을 통해 파생하고 있다면 각 렌더링마다 초기 state를 재생성하지 않아야 한다. 대신, 리듀서 함수의 세 번째 인수로 초기화 함수를 사용할 수 있다.

앞서 언급한 코드의 세 번째 인수에서 **init** 함수를 사용해 훅 내에서 두 번째 인수로 지정된 기본값을 토대로 초기 state를 처리했다.

앞서 설명한 코드의 중요한 단계는 다음과 같이 설명할 수 있다.

1. 버튼 클릭 이벤트 중 하나가 트리거되면 해당 이벤트 핸들러가 리듀서 함수에 대한 액션과 함께 디스패치된다.

2. 그 후, 리듀서 함수는 요구에 따라 state를 새 state로 업데이트한다.

3. state 업데이트는 UI를 업데이트하기 위해 컴포넌트를 리렌더링되도록 트리거한다.

그림 3.1의 플로 다이어그램은 **useReducer** 훅의 동작을 단계별로 보여준다.

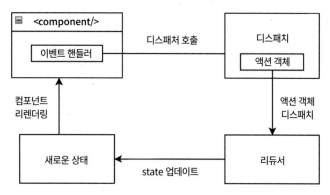

그림 3.1 useReducer 훅의 동작 방식

📄 참고

useReducer 훅은 이전 state과 비교해서 state에 변화가 없다면 자식을 리렌더링하지 않을 것이다.

언제 useState 훅 대신 useReducer 훅을 사용해야 하는가?

useReducer와 useState 훅 모두 애플리케이션 state를 관리하는 데 도움이 되지만 useReducer 훅은 다음과 같은 이유에서 더 state에 대한 정교한 제어와 강력한 관리가 가능하다.

- useReducer 훅은 더 복잡한 state 로직을 관리할 필요가 있을 때 useState 훅보다 낫다. 예를 들어, state가 여러 개의 복잡한 값으로 구성되거나 다음 state가 이전 state의 영향을 받을 때 useReducer 훅이 더 나은 선택이다.

- useState 훅을 사용하면 각 액션을 위해 별개의 함수를 생성해야 하는 데 반해 useReducer 훅은 하나의 함수로 여러 개의 액션을 다룰 수 있다.

- useReducer 훅은 깊거나 중첩된 업데이트를 트리거하는 컴포넌트의 성능을 최적화하는 데 도움이 된다. 왜냐하면 useReducer 훅의 디스패치 함수를 컨텍스트를 통해 어떤 중첩된 수준에서든 전달할 수 있으므로 각 수준의 컴포넌트 트리에 콜백을 전달할 필요가 없기 때문이다. 다시 말해 이는 2장에서 언급한 프롭 드릴링 문제를 방지하는 데 도움이 된다. 게다가 디스패치 함수는 리렌더링 사이에 변경되지 않는다.

📄 참고

useState 훅이 useReducer에서 파생됐기 때문에 useReducer로 모든 state 사용 사례를 처리할 수 있다.

컴포넌트의 state를 더 깊은 수준의 여러 하위 컴포넌트와 공유해야 하는 경우 리액트에 내장된 컨텍스트 훅을 사용하는 것이 좋다. 이 훅은 주로 전역 state 관리로 알려진 애플리케이션 전체 데이터를 유지하는 데 사용된다.

훅을 이용한 전역 state 관리

useContext 훅은 보통 전역 state 관리를 위해 useState 훅과 함께 사용된다. useContext 훅의 주된 이점은 프롭 드릴링 문제를 해결할 수 있다는 것이다.

useContext 훅의 일반적인 사용 사례에 관한 자세한 사항은 2장에서 이미 설명했기 때문에 이번 절에서는 주로 useContext 훅을 이용한 전역 state 관리와 관련된 특정 사용 사례와 관련된 질문에 중점을 두겠다.

컴포넌트 트리의 특정 부분에 대한 컨텍스트를 재정의하려면 어떻게 해야 하는가?

가끔은 컴포넌트 트리의 특정 부분에 대해 다른 값을 가진 컨텍스트로 재정의해야 할 때가 있다. 해당 부분을 특정 값을 가진 다른 프로바이더로 감싸서 컨텍스트 값을 재정의할 수 있다.

다음은 모든 페이지에 파란 배경을 적용하되 연락처 페이지에서는 컨텍스트 프로바이더를 사용해 흰 배경을 적용하는 코드의 예다.

```
<ColorContext.Provider value="blue">
  <About />
  <Services />
  <Clients />
  <ColorContext.Provider value="white">
    <Contact />
  </ColorContext.Provider>
</ColorContext.Provider>
```

프로바이더를 사용해 컨텍스트를 재정의하는 횟수나 중첩 개수에는 제한이 없다.

일치하는 프로바이더가 없으면 컨텍스트 값은 어떻게 되는가?

useContext 훅을 호출하는 컴포넌트보다 상위에 일치하는 프로바이더가 없으면 create Context(defaultValue)에서 지정한 기본값이 반환된다.

기본값을 지정하면 컴포넌트 트리에서 누락된 프로바이더에 대한 예상치 못한 오류를 방지할 수 있다.

클래스 컴포넌트에서는 요구사항에 따라 componentDidMount, componentDidUpdate, componentWillUnmount 같은 다양한 생명주기 메서드에서 부수 효과를 처리한다. 반면 함수 컴포넌트에서는 effect 훅을 사용해 렌더링에 기반한 부수 효과를 한 곳에서 처리함으로써 단일 영역으로 간소화한다. 다음 절에서는 리액트 애플리케이션에서 부수 효과를 수행하는 것과 관련해 자주 묻는 질문을 다룰 것이다.

리액트 애플리케이션에서 부수 효과 실행하기

부수 효과(effect)는 리액트 프로그래밍에서 일종의 탈출구 역할을 한다. 리액트에서는 데이터 불러오기, 구독, 타이머, 로깅, DOM 조작 등과 같은 부수 효과를 구현하는 데 사용되는 몇 가지 effect 훅을 제공한다. 이러한 훅은 외부 시스템과 동기화할 때만 사용해야 한다. 이때 사용 가능한 훅에는 세 종류가 있다.

- useEffect: 이 훅은 컴포넌트를 외부 시스템에 연결하는 데 자주 사용된다.
- useLayoutEffect: 이 훅은 useEffect 훅과 동일하지만, 브라우저가 화면을 다시 그리기 전에 레이아웃을 측정하기 위해 호출된다.
- useInsertionEffect: 이 훅은 리액트가 동적으로 CSS를 추가하는 등 DOM에 변경을 가하기 전에 발생한다.

면접에서 물어볼 수 있는 질문에 답하기 위해 각 effect 훅과 그 특징을 자세히 알아보자.

useEffect 훅 내의 반응형 의존성이 로직에 어떤 영향을 미치는가?

useEffect 훅은 선택적인 의존성(dependency) 인자(반응형 값으로 구성된 배열)를 받는다. effect에 대한 의존성은 직접 선택할 수 없으며, 모든 종류의 버그를 피하기 위해서는 모든 반응형 값이 의존성으로 선언돼야 한다. 반응형 의존성을 전달할 경우 다음과 같이 다양한 경우가 있다.

의존성 배열 전달하기

반응형 값을 의존성 배열에 전달하면 effect는 초기 렌더링 이후에 로직을 실행하며, 각각의 변경된 의존성에 대해 리렌더링된 후에도 실행될 것이다.

다음은 의존성 배열과 useEffect 구문을 이해하기 위해 name과 status라는 반응형 의존성을 전달하는 예다.

```
useEffect(() => {
  // 초기 렌더링 이후와 의존성이 변경되어 리렌더링이 발생할 때마다 실행됨
}, [name, status])
```

빈 의존성 배열 전달하기

만약 effect가 어떤 반응형 값도 사용하지 않는다면 이는 초기 렌더링 이후에만 실행된다. 이 경우 useEffect 훅은 다음과 같다.

```
useEffect(() => {
  // 초기 렌더링 이후에만 실행됨
}, [])
```

의존성 배열 전달하지 않기

의존성 배열을 전달하지 않으면 해당 effect는 컴포넌트가 리렌더링될 때마다 실행된다. effect 훅은 다음과 같이 구현된다.

```
useEffect(() => {
  // 리렌더링될 때마다 실행됨
})
```

리액트는 `Object.is` 비교를 이용해 의존성 배열의 각 반응형 값을 이전 값과 비교해서 변경 사항을 확인한다.

useEffect 훅 내에서 설정 및 정리 함수는 얼마나 자주 호출되는가?

대부분의 경우 effect에는 자신이 만든 변경 사항을 지우거나 되돌리기 위한 정리 함수가 있어야 한다. 리액트는 컴포넌트의 각 생명주기 단계에서 설정 및 정리 함수를 호출한다.

- **마운트(Mounting)**: 설정 함수 내부의 로직이 컴포넌트가 DOM 또는 뷰에 추가될 때마다 실행된다.
- **리렌더링(Re-rendering)**: 컴포넌트와 해당 의존성이 변경될 때마다 정리 함수(정의된 경우) 및 설정 함수가 순서대로 호출된다. 여기서 정리 함수는 이전 props 및 state와 함께 실행되며, 설정 코드는 이후 최신 props 및 state와 함께 실행된다.
- **마운트 해제(Unmounting)**: 컴포넌트가 DOM 또는 뷰에서 제거된 후에 최종적으로 정리 코드가 한 번 실행된다. 이 정리 함수는 메모리 누수와 성능 향상과 같은 원치 않는 동작을 방지하는 데 도움이 된다.

리액트 애플리케이션에서 엄격(strict) 모드가 활성화된 경우 실제 설정 호출 전에 개발용 **설정 및 정리 주기**가 추가될 수 있다. 이것은 설정 로직이 정리 로직과 일치하게끔 해서 설정 코드와의 불일치를 방지하기 위한 것이다.

객체 또는 함수를 의존성에서 제거해야 하는 시점은 언제인가?

만약 특정 effect가 렌더링 중에 생성된 객체나 함수에 의존하고 있다면 그 effect가 불필요하게 자주 다시 실행될 수 있다. 이는 렌더링마다 생성된 객체나 함수가 다르기 때문이다.

이 개념을 더 잘 이해하기 위해 예제를 살펴보자. 다음은 useEffect 훅 내에서 `url` 및 `name` 쿼리 파라미터 의존성을 기반으로 사용자 목록을 가져오는 예제다. 여기서 쿼리 객체는 렌더링 중에 생성되어 절대 URL 경로를 구성하는 데 사용된다.

```
const userUrl = 'https://jsonplaceholder.typicode.com/users'

export default function Users() {
  const [users, setUsers] = useState([])
  const [name, setName] = useState('John')
  const [message, setMessage] = useState('')

  const userQueryOptions = {
    url: userUrl,
    name,
  }

  useEffect(() => {
    const userUrl = buildUserURL(userQueryOptions)
    // buildUserURL은 코드에서 제외했다.
    fetch(userUrl)
      .then((res) => res.json())
      .then((users) => setUsers(users))
  }, [userQueryOptions])

  return (
    <>
      Users: {message}
      <input value={message} onChange={(e) => setMessage(e.target.value)} />
      <input value={name} onChange={(e) => setName(e.target.value)} />
      {users &&
        users.map((user) => (
          <div>
            Name: {user.name}
            Email: {user.email}
          </div>
        ))}
    </>
  )
}
```

이 코드에서는 message state의 변경으로 인해 매번 userQueryOptions 객체가 재생성됐다. 또한 이 message 데이터는 effect 내부의 반응형 요소와 관련이 없다.

이 문제는 객체를 effect 내부로 이동하고 객체 의존성을 name 문자열로 대체해서 해결할 수 있다. 왜냐하면 name은 effect가 의존하는 유일한 반응형 값이기 때문이다.

```
useEffect(() => {
  const userOptions = {
    url: userUrl,
    name,
  }

  const userUrl = buildUserURL(userOptions)

  fetch(userUrl)
    .then((res) => res.json())
    .then((users) => setUsers(users))
}, [name])
```

마찬가지로 렌더링 단계에서 함수를 만들지 않고 effect 훅 내부로 옮겨 함수 의존성을 직접적인 반응형 의존성 값으로 대체할 수 있다.

useLayoutEffect 훅은 무엇이고 어떻게 동작하는가?

useLayoutEffect 훅은 화면을 다시 그리기 전에 호출되는 특수한 종류의 effect 훅으로, state를 업데이트할 때 컴포넌트가 깜빡이는 경우에 사용된다. 웹 페이지의 팝오버 컴포넌트를 상상해보자. 컴포넌트는 먼저 뷰포트 내에서의 요소의 위치를 결정해야 하기 때문에 화면에 올바르게 렌더링되기 전에 레이아웃 정보를 제공해야 한다.

useLayoutEffect 훅의 주요 목적은 렌더링을 위한 레이아웃 정보를 제공하는 것이다. 이것은 간단하게 세 단계로 동작한다.

1. 레이아웃 정보 없이 초기 콘텐츠를 렌더링한다.
2. 브라우저가 화면을 다시 그리기 전에 레이아웃 크기를 계산한다.
3. 올바른 레이아웃 정보를 사용해 컴포넌트를 리렌더링한다.

📋 **참고**

> 컴포넌트는 두 번 렌더링되고 화면을 다시 그리기 전에 브라우저를 차단한다. 이는 애플리케이션 성능에 영향을 미친다. 따라서 useLayoutEffect 훅은 필요한 경우에만 사용하는 것이 좋다.

effect는 모든 렌더링 이후에 실행되기 때문에 리액트 애플리케이션의 성능을 최적화하는 주요 방법 중 하나는 불필요한 리렌더링을 피하는 것이다. 리액트에는 애플리케이션의 성능을 최적화하기 위한 몇 가지 내장 훅이 있다. 관련 내용은 다음 절에서 자세히 다루겠다.

애플리케이션 성능 최적화

성능 최적화는 고객 경험에 엄청난 영향을 미친다. 리액트 애플리케이션은 기본적으로 매우 빠른 UI를 제공하지만 애플리케이션 크기가 커질수록 성능 문제가 발생할 수 있다. 이번 절에서는 성능 최적화 훅과 관련된 질문에 중점을 둔다. 이는 더 넓은 관점에서 여러분의 기술을 평가하려는 면접관들이 질문할 것이라고 예상할 수 있는 내용이다.

메모이제이션이란 무엇인가? 리액트에서 어떻게 구현할 수 있는가?

메모이제이션(memoization)은 값비싼 함수 호출의 결과를 캐싱해서 웹 애플리케이션의 속도를 높이는 최적화 기법이다. 동일한 입력 인수가 다시 전달될 때 캐싱된 결과를 반환한다.

리액트에서는 useMemo와 useCallback이라는 두 가지 훅을 통해 메모이제이션을 통한 최적화를 구현할 수 있다. 이러한 훅은 동일한 입력이 주어질 때 캐싱된 결과를 반환해서 불필요한 리렌더링을 건너뛰어 성능을 향상시킨다.

useMemo() 훅을 설명할 수 있는가?

useMemo() 훅은 리렌더링 사이에서 값비싼 계산의 결과를 캐싱하는 데 사용된다. 이 훅의 구문은 다음과 같다.

```
const cachedValue = useMemo(calculateValue, dependencies)
```

이 훅은 두 개의 인수를 받아서 둘 중에서 비용이 더 많이 드는 계산의 값을 반환한다. 첫 번째 인수는 값비싼 계산을 수행하는 함수이고, 두 번째 인수는 계산에 사용되는 반응형 값으로 구성된 의존성 배열이다. 다시 말하면 의존성 값에 변경이 없을 때 캐싱된 결과(또는 마지막 렌더링에서 저장된 값)가 반환되며, 그렇지 않으면 계산이 다시 수행된다.

예제를 통해 이 개념을 이해해 보자. 숫자의 팩토리얼 계산 함수를 useMemo 훅으로 둘러싸는 컴포넌트를 생각해 보자. 또한 이 컴포넌트는 계산 함수와 독립적인 증가 작업도 수행한다.

```
import { useState, useMemo } from 'react'

function factorial(number) {
  if (number <= 0) {
    return 'Number should be positive value.'
  } else if (number === 1) {
    return 1
  } else {
    return number * factorial(number - 1)
  }
}

export default function CounterFactorial() {
  const [count, setCount] = useState(0)
  const [number, setNumber] = useState(1)

  const factorial = useMemo(() => factorial(number), [number])

  return (
    <>
      <h2>Counter: {count}</h2>
      <button onClick={() => setCount(count + 1)}>Increment</button>
      <h2>Factorial: {factorial}</h2>
      <input
        type="number"
        value={number}
```

```
        onClick={() => setNumber(number + 1)}
      />
    </>
  )
}
```

이 코드에서는 카운터 값을 증가시켜도 해당하는 반응형 숫자가 업데이트되지 않기 때문에 팩토리얼 함수와 관련된 리렌더링이 발생하지 않는다. 즉, 팩토리얼 함수는 입력 숫자에 변화가 있을 때만 호출되며 카운터 값이 증가할 때는 호출되지 않는다.

useMemo() 훅이 유용한 경우는 무엇인가?

메모이제이션은 애플리케이션 성능을 최적화하는 데 도움이 되며, 어떤 개발자는 거의 모든 컴포넌트를 가능한 한 많이 메모이제이션하는 것도 문제가 없다고 생각하기도 한다. 그러나 이 기법은 함수 내 간단한 계산에는 불필요하다.

메모이제이션이 유용한 몇 가지 일반적인 경우가 있다.

- 렌더링 중에 정렬, 필터링, 형식 변경 등과 같은 비용이 많이 드는 계산이 있는 경우
- useMemo 훅 내부에 래핑된 컴포넌트에 prop을 전달하고 prop에 변경이 없을 때 리렌더링을 건너뛰려는 경우. 즉, 순수 컴포넌트는 useMemo로 래핑할 수 있다.
- 래핑된 컴포넌트에 전달되는 값이 다른 훅의 의존성으로 사용되는 경우

리액트 개발자 도구(React DevTools)의 **프로파일러**(profiler) 섹션은 지연되는 컴포넌트를 식별하고 메모이제이션을 추가해야 할 컴포넌트를 파악하는 데 도움이 된다.

useMemo 사용 시 흔히 저지르는 실수는 무엇인가?
이를 어떻게 고칠 수 있는가?

useMemo 훅의 사용법은 매우 직관적이며 이 훅은 렌더링 성능을 최적화하는 데 광범위하게 활용할 수 있다. 그러나 다음과 같은 몇 가지 일반적인 실수에 주의해야 한다.

- useMemo 훅에서 객체를 반환하려고 할 때는 괄호로 둘러싸거나 명시적인 return 문을 사용해야 한다. 예를 들어, 아래의 useMemo 훅은 객체의 일부인 중괄호({) 때문에 undefined 값을 반환한다.

```
const findCity = useMemo(() => {
  country: 'USA',
  name: name
}, [name])
```

이 문제는 명시적인 return 문을 사용해 객체를 반환하는 식으로 수정할 수 있다.

```
const findCity = useMemo(() => {
  return {
    country: 'USA',
    name: name,
  }
}, [name])
```

- 만약 의존성을 명시하지 않으면 리렌더링마다 계산한다.

```
const filterCities = useMemo(() => filteredCities(city, country))
```

이 경우, 계산에 사용된 반응형 값들이 의존성 배열에 포함돼야 하며, 이를 통해 불필요한 렌더링을 피할 수 있다.

```
const filterCities = useMemo(
  () => filteredCities(city, country),
  [city, country],
)
```

- useMemo를 루프 내에서 호출해서는 안 된다. 대신에 이를 감싸거나 새로운 컴포넌트로 추출해야 한다.

```
{
  products.map((product) => {
    const revenue = useMemo(() => calculateRevenue(product), [product])

    return (
      <>
        <span>Product: {product.name}</span>
        <span>Revenue: {revenue}</span>
      </>
```

```
    )
  })
}
```

이는 useMemo 계산을 자식 컴포넌트에서 추출함으로써 해결할 수 있다.

```
{
  products.map((product) => {
    return <Report product={product} />
  })
}
```

앞에서 언급한 내용은 useMemo 훅을 사용할 때의 모범 사례로 여겨진다.

언제 useMemo 훅 대신 useCallback 훅을 사용해야 하는가?

상위 컴포넌트가 리렌더링될 때 기본적으로 리액트는 모든 하위 컴포넌트를 재귀적으로 리렌더링한다. 이것은 하위 컴포넌트가 계산이 많은 경우 애플리케이션의 성능에 영향을 미친다. 이때 Memo API 또는 useMemo 훅을 사용해 하위 컴포넌트를 최적화해야 한다.

그러나 콜백 함수를 하위 컴포넌트로 전달하면 리액트는 항상 자식을 리렌더링한다. 왜냐하면 함수 정의나 화살표 함수는 렌더링을 할 때마다 새로운 함수로 취급되기 때문이다. 이로 인해 메모이제이션의 목적이 상실된다. 이 경우 useCallback은 성능을 최적화하는 데 도움이 된다.

useCallback 훅은 useMemo 훅과 유사하지만 값을 캐싱하는 대신에 콜백 함수를 캐싱한다. 여전히 useMemo 훅을 사용할 수 있지만 계산 함수가 다른 함수를 반환해야 하는 등 추가로 중첩된 함수가 필요하다.

이 개념을 TaxCalculation이 상위 컴포넌트이고 TaxPayer가 하위 컴포넌트인 예제로 설명하겠다. 하위 컴포넌트에서는 동일한 props가 전송되고 리렌더링이 느린 경우에 리렌더링을 건너뛰어야 한다.

리렌더링을 건너뛰려면 먼저 자식 컴포넌트(TaxPayer)를 memo 함수로 감싸야 한다.

```
import { memo } from 'react'
const TaxPayer = memo(function TaxPayer({ onSubmit }) {
  // ...
})
```

부모 컴포넌트가 income props의 변경으로 리렌더링될 경우 이 변경으로 인해 자식 컴포넌트도 리렌더링된다. 이것은 자식 컴포넌트에 무거운 계산이 없고 income props의 변경이 미미한 경우 큰 문제가 되지 않는다.

그러나 자식 컴포넌트에 콜백 함수를 props로 전달할 때마다 새로운 함수가 생성된다. 이런 특정한 경우는 성능상 영향과 관계없이 항상 피해야 한다.

매번 새로운 props 때문에 리렌더링되지 않도록 useCallback 훅을 사용해 handleSubmit 콜백 함수에 적용해보자.

```
function TaxCalculation({ year, income }) {
  const handleSubmit = useCallback(
    (taxPayerDetails) => {
      post('/tax/' + year, {
        taxPayerDetails,
        income,
      })
    },
    [year, income],
  )
  return (
    <div>
      <TaxPayer onSubmit={handleSubmit} />
    </div>
  )
}
```

이 코드에서 콜백 함수는 의존성이 있는 반응형 값이 변경되지 않는 한 메모이제이션될 것이다.

클래스 컴포넌트에서 사용되는 Ref API와 유사하게, 특히 DOM 노드와 상호 작용하기 위해 함수 컴포넌트에서 생성된 몇 가지 훅이 있다. 다음 절에서는 훅을 사용해 DOM 노드에 접근하는 것과 관련된 중요한 개념에 대해 이야기해보자.

ref 훅을 사용한 DOM 노드 접근

ref는 내장 브라우저 API와 같이 외부 시스템(또는 리액트가 아닌 시스템)을 이용할 할 때 유용하다. 함수 컴포넌트에서 사용 가능한 두 가지 내장 ref 훅이 있다. `useRef` 훅은 모든 종류의 값을 보유하는 ref를 선언하는 데 사용되지만 주로 DOM 노드에 사용된다. `useImperativeHandle`은 필요한 메서드만 노출시키는 데 사용된다.

참고로 ref에 대해서는 2장에서 소개했기 때문에 이번 절에서는 이미 2장에서 논의한 내용을 넘어서는 내용을 다룰 것이다.

ref 콘텐츠가 재생성되는 것을 어떻게 막는가?

`useRef` 훅은 초깃값(또는 기본값)을 `useState` 훅처럼 인자로 받는다. 이 훅은 포함된 컴포넌트의 맨 위에 선언해야 한다.

리액트는 이 초깃값을 첫 번째 렌더링에서 저장하고 그다음 렌더링에서는 무시하지만, 초기 ref 값으로 비용이 많이 드는 객체를 만든다면 이 객체가 불필요하게 렌더링마다 호출될 수 있다. 이는 애플리케이션의 성능에 영향을 미칠 수 있다.

초기 ref 값을 선언하고 ref 콘텐츠가 어떻게 다시 생성되는지는 다음 예제를 통해 더 나은 방식으로 설명할 수 있다.

```
function CreateBlogArticle() {
  // 이것은 글을 생성하는 값비싼 객체다.
}


function Blog() {
```

```
  const articleRef = useRef(new CreateBlogArticle())
  //...
}
```

이 코드에서 **CreateBlogArticle()** 함수는 리액트가 이 객체를 두 번째 렌더링부터 무시하더라도 항상 호출된다. 이 문제는 다음과 같이 **CreateBlogArticle()** 함수의 호출을 후속 렌더링에서 제한함으로써 해결할 수 있다.

```
function Blog() {
  const articleRef = useRef(null)

  if (articleRef.current === null) {
    articleRef.current = new CreateBlogArticle()
  }
  //...
}
```

이제 블로그 글 객체는 초기 렌더링 과정에서 한 번만 계산된다.

렌더링 메서드에서 ref에 접근하는 것이 가능한가?

물론이다. ref의 현재 값을 렌더링 메서드에서 접근할 수 있지만 렌더링 프로세스에서 **ref.current** 값을 읽거나 쓰는 것은 권장하지 않는다. 이는 이미 알고 있는 사실과 마찬가지로, state 변수와 달리 ref는 리렌더링을 트리거하지 않기 때문에 ref 값이 화면에 나타나는 동안은 어떤 이벤트에도 업데이트되지 않을 수도 있기 때문이다.

ref 인스턴스에서 일부 메서드를 노출하는 방법은 무엇인가?

useImperativeHandle 훅을 사용해 자식 컴포넌트에서 부모 컴포넌트로 DOM 노드의 사용자 정의 메서드 또는 기존 메서드의 일부만 노출할 수 있다. 이것은 부모 ref가 전체 ref에 접근하지 않고 특정 함수 또는 속성에만 접근할 수 있게 하는 데 유용하다. 일반적인 사용 사례는 라이브러리 아래에서 컴포넌트를 만들고 소비자가 노출된 API에만 접근할 수 있게 하는 것이다.

다이얼로그 컴포넌트를 만들고 해당 다이얼로그의 기본 기능을 일부 상위 수준 부모 컴포 넌트에서 공유하고 싶다고 가정해 보자. 이 경우 전체 다이얼로그 DOM 노드에 접근하지 않고 자식 컴포넌트 내에서 open, close, reset 메서드를 노출할 수 있다.

```
useImperativeHandle(ref, () => ({
  open: () => ref.current.invokeDialog(),
  close: () => ref.current.closeDilaog(),
  reset: () => ref.current.clearData(),
}))
```

useImperativeHandle 훅을 사용하는 컴포넌트는 forwardRef로 래핑해야 하며, ref는 forwardRef 렌더링 메서드에서 두 번째 인수로 받아야 한다.

여기서 다루지 않은 몇 가지 내장 훅이 있다. useId, useDeferred, useTransition, useSyncExternalStore 같은 훅은 최소한으로 사용되기 때문에 여기에서 다루지 않았다. 간략히 살펴보겠다.

- useId: HTML 접근성 속성을 위한 고유한 ID를 생성하는 데 사용되는 훅

- useDeferred: 최신 데이터를 사용할 수 있을 때까지 UI 일부의 업데이트를 지연시키는 데 사용되는 훅

- useTransition: 일부 상태 수정을 낮은 우선순위로 표시해서 사용자 응답성을 향상시키는 데 도움이 되는 훅

- useSyncExternalStore: 리액트 시스템 외부에 존재하는 외부 데이터 저장소를 구독하는 데 사용되는 훅

리액트에서는 여러 내장 훅을 제공하지만 비즈니스 요구사항에 기반해서 리액트 커뮤니티에서 제공하는 서드파티 훅을 사용해 이러한 훅의 사용 범위를 넘어설 수 있다. 다음 절에서는 서드파티 훅과 관련된 질문과 그에 해당하는 답변을 다루겠다.

인기 있는 서드파티 훅

Hooks API는 개발자 커뮤니티에서 널리 사용되고 있으며, 이러한 리액트 내장 훅은 2019년부터 존재했다. 개발자들은 useImmer, useFetch, useDebounce, useForm, useLocalStorage, 리덕스 훅 등 많은 서드파티 훅을 생성하고 웹 개발에서 접하는 일반적인 사용 사례를 해결하기 위해 노력했다. 훅 개념을 정복하고 싶다면 서드파티 훅과 그것이 일반적인 문제를 어떻게 해결하는지에 대해 잘 이해해야 한다.

useImmer 훅은 무엇인가? 그 목적은 무엇인가?

useImmer 훅은 useState 훅과 유사하지만 중첩된 데이터 수준의 복잡한 상태를 관리하는 데 유용하다. 이 훅은 state를 직접 변경 가능한 것처럼 업데이트하며 일반 자바스크립트와 유사한 방식으로 동작한다. 이 훅은 state의 새로운 복사본을 생성해서 변경 가능하게 만드는 이머 라이브러리를 기반으로 한다.

useImmer 훅은 use-immer npm 라이브러리를 통해 설치할 수 있다. useState와 마찬가지로 튜플을 반환한다. 튜플의 첫 번째 값은 현재 상태이고, 두 번째 값은 updater 함수다.

UserProfile 컴포넌트의 주소 세부 정보를 직접 업데이트하는 예제를 살펴보자.

```
import { useImmer } from 'use-immer'

function UserProfile() {
  const [user, setUser] = useImmer({
    name: 'Tom',
    address: {
      country: 'United States',
      city: 'Austin',
      postalCode: 73301,
    },
  })

  function updatePostalCode(code) {
```

```
    setUser((draft) => {
      draft.address.postalCode = code
    })
  }

  return (
    <div className="profile">
      <h1>
        Hello {user.name}, your latest postal code is ({user.address.postalCode})
      </h1>
      <input
        onChange={(e) => {
          updatePostalCode(e.target.value)
        }}
        value={user.address.postalCode}
      />
    </div>
  )
}
```

내부적으로 Immer는 임시 draft 객체를 생성하고 모든 변경 사항이 해당 객체에 적용된다. 모든 변경이 완료되면 Immer는 다음 state 객체를 생성한다.

내장된 훅 또는 어떤 서드파티 훅으로도 사용 사례를 충족시킬 수 없다면 사용자 정의 훅을 작성해서 필요에 맞는 해결책을 제공할 수 있다. 다음 절을 읽고 나면 사용자 정의 훅과 관련된 질문에 답할 수 있게 될 것이다.

사용자 정의 훅 구축

리액트는 useState, useEffect, useContext 등과 같은 내장 훅을 제공하지만 때로는 특정 요구사항을 해결하기 위해 내장 훅이나 서드파티 라이브러리로는 충분하지 않을 때가 있다. 이번 절을 다 읽고 나면 사용자 정의 훅과 그 목적, 그리고 컴포넌트 로직을 공유하는 전통적인 접근 방식을 피하는 방법에 관한 질문에 답할 수 있게 될 것이다.

사용자 정의 훅이란 무엇인가? 어떻게 생성하는가?

리액트는 여러 내장 훅을 제공하지만 제한된 시나리오에서만 훅을 사용하도록 제한하지는 않았다. 컴포넌트 로직을 추출해서 재사용 가능한 함수로 분리하는 나만을 위한 훅을 생성하는 것도 가능한데, 이를 **사용자 정의 훅**이라고 한다. 이러한 훅은 데이터를 불러오는 것, 폼 핸들링, 온라인 또는 오프라인 상태 구독, 채팅방 접속, 애니메이션 등과 같은 다양한 상황에 대응할 수 있다.

실제 예제를 통해 사용자 정의 훅의 생성 및 사용법을 더 잘 이해할 수 있다. 특정 사용자의 모든 게시물을 나열하고 동시에 특정 게시물에 대한 댓글을 표시해야 하는 블로그 사이트 애플리케이션을 생각해보자. 여기서는 **Posts** 및 **Comments**라는 두 개의 컴포넌트를 만들어야 한다. 이 두 컴포넌트는 각각 URL 및 선택적 쿼리 파라미터를 기반으로 서버에서 데이터를 가져와 응답을 받으면 화면에 데이터를 표시해야 한다.

데이터 불러오기, 로딩, 에러 처리 등에 관한 로직을 두 개의 컴포넌트로 분리하는 대신, 코드를 별도의 재사용 가능한 use 접두사가 있는 사용자 정의 훅으로 옮길 수 있다. 데이터를 불러오는 훅은 다음과 같이 **useFetchData.js** 파일에 위치하는 **useFetchData**라는 이름으로 생성할 수 있다.

```
import { useState, useEffect } from 'react'

const useFetchData = (url, initialData) => {
  const [data, setData] = useState(initialData)
  const [loading, setLoading] = useState(false)

  useEffect(() => {
    setLoading(true)
    fetch(url)
      .then((res) => res.json())
      .then((data) => setData(data))
      .catch((err) => console.log(err))
      .finally(() => setLoading(false))
  }, [url])
```

```
    return { data, loading }
}

export default useFetchData
```

그리고 나면 `Posts.jsx` 및 `Comments.jsx` 파일의 일부로 생성된 Consumer 컴포넌트에서 이 사용자 정의 훅을 사용할 수 있다. Posts 컴포넌트에서 사용하는 예시는 다음과 같다.

```
import useFetchData from './useFetchData.js'

export default function Posts() {
  const url = 'https://jsonplaceholder.typicode.com/posts?userId=1'
  const { data, loading } = useFetchData(url, [])
  return (
    <>
      {loading && <p>Loading posts… </p>}
      {data &&
        data.map((item) => (
          <div key={item?.title}>
            <p>
              {item?.title}
              <br />
              {item?.body}
            </p>
          </div>
        ))}
    </>
  )
}
```

같은 방식으로 useFetchData를 Comments 컴포넌트에서 사용할 수 있다. 이렇게 변경하면 Post와 Comments 컴포넌트의 코드는 훨씬 단순해지고 더 정확하고 가독성도 좋아진다.

사용자 정의 훅의 장점은 무엇인가?

사용자 정의 훅을 사용했을 때의 주요 이점은 여러 컴포넌트에 중복 로직을 작성하지 않으면서 코드 재사용성을 높일 수 있다는 것이다. 사용자 정의 훅의 몇 가지 다른 이점도 있다.

- **유지보수성**: 사용자 정의 훅을 사용하면 코드를 더 쉽게 유지할 수 있다. 미래에 훅의 로직을 변경해야 할 경우 코드를 한 곳에서만 변경하면 되며, 다른 부분, 즉 컴포넌트나 파일을 건드리지 않아도 된다.

- **가독성**: 실제 UI에 표시되는 프레젠테이션 컴포넌트 주위에 고차 컴포넌트, 프로바이더와 컨슈머, 렌더 props를 래핑하는 대신 사용자 정의 훅을 사용하면 애플리케이션 코드가 더 깔끔하고 가독성이 높아진다. 또한 특정 컴포넌트 로직을 별도의 훅으로 분리해서 컴포넌트 코드가 훨씬 더 깔끔해진다.

- **테스트 가능성**: 리액트 애플리케이션에서는 테스트 컨테이너와 프레젠테이션 컴포넌트에 대한 별도의 테스트를 작성해야 한다. 특히 컨테이너가 많은 고차 컴포넌트를 사용하는 경우 통합 테스트에 대한 어려움이 있는데, 사용자 정의 훅을 사용하면 컨테이너와 컴포넌트를 단일 컴포넌트로 결합할 수 있어 이러한 문제를 해결할 수 있다.

  또한 고차 컴포넌트보다 쉽게 훅을 대상으로 단위 테스트 및 모킹할 수 있다.

- **커뮤니티 기반 훅**: 리액트 커뮤니티는 이미 유명하고, 수많은 특정 사용 사례에 대한 훅이 만들어졌다. 찾고 있는 훅이 이미 누군가에 의해 만들어졌는지 직접 만들기 전에 먼저 확인하는 것이 좋다. 커뮤니티 기반 훅은 https://usehooks.com/이나 https://github.com/imbhargav5/rooks에서 확인할 수 있다.

이러한 이점들은 많은 리액트 개발자에게 자신의 리액트 애플리케이션에서 만날 수 있는 고유한 기능에 대한 사용자 정의 훅을 만들기 위한 동기를 부여한다. 특정 시나리오를 처리하기 위해 이미 서드파티 오픈소스 라이브러리에서 해당 훅을 제공하고 있다면 사용자 정의 훅을 만들기보다는 기존 훅을 재사용하는 것이 좋다.

렌더 props와 고차 컴포넌트를 사용해야 하는가?

렌더 props와 고차 컴포넌트는 리액트 생태계에서 컴포넌트 간에 상태 로직을 공유하기 위해 사용되는 전통적인 고급 패턴이다. 그러나 훅은 이러한 두 가지 전통적인 패턴에 비해 다소 간단하며, 대부분의 사용 사례를 충분히 해결할 수 있다. 게다가 훅을 사용하면 기존 컴포넌트 구조를 변경하거나 중첩된 트리를 생성할 필요가 없다.

effect를 사용자 정의 훅으로 옮기는 것을 추천하는가?

effect 훅은 리액트의 범위를 벗어나 외부와 상호 작용해야 할 때 사용된다. 일부 리액트가 아닌 시스템은 웹 API에 접근하거나 외부 API를 호출하는 등의 작업을 수행할 수 있다. 시간이 지남에 따라 코드의 effect 개수는 특정 사용 사례에 대한 구체적인 솔루션을 구현함으로써 줄어들 것이다. 일반적인 지침은 내장된 해결책이 없을 때 effect 훅을 사용하는 것이다. 왜냐하면 effect를 피하면 애플리케이션이 간단해지고 실행이 빨라지며 오류가 적어지기 때문이다. effect를 사용자 정의 훅으로 옮기면 솔루션이 만들어졌을 때 코드를 업그레이드하기가 더 쉬워진다.

비즈니스 요구사항을 충족하기 위한 여러 사용자 정의 훅과 함께 애플리케이션의 규모가 커지면 애플리케이션의 복잡성이 증가하고 버그가 발생할 가능성이 높아진다. 다음 절에서는 리액트 사용자 정의 훅을 디버깅하는 방법에 대해 다루겠다.

훅 문제 해결과 디버깅

전통적인 디버깅 방법, 즉 IDE와 브라우저 개발자 도구를 사용하는 디버깅은 사용자 정의 훅을 디버깅하는 데 효과적이지 않다. 리액트는 useDebugValue 훅을 제공함으로써 개발자가 사용자 정의 훅을 디버깅할 수 있게 하며, 이를 통해 사용자 지정 형식의 레이블을 할당할 수 있다. 이번 절을 읽고 나면 사용자 정의 훅을 디버깅하는 방법에 대한 감을 잡게 될 것이다.

어떻게 사용자 정의 훅을 디버깅하는가?

useDebugValue 훅은 **리액트 개발자 도구** 내에서 사용자 정의 훅의 내부 로직에 관련된 데이터를 시각화하는 데 사용된다. 이 정보는 **리액트 개발자 도구** 확장의 Component Inspector 탭 내에서 나타난다.

현재 디버그 정보는 사용자 정의 훅 내에서 사용된 내장 훅에 관한 정보만 표시한다. 코드 내에서 호출된 훅에 해당하는 각 엔트리 맵을 일일이 확인해서 정보를 읽는 것은 개발자에게 어려울 수 있다. 이 문제는 사용자 정의 훅의 **리액트 개발자 도구** 출력 결과에 추가 엔트리를 추가함으로써 해결할 수 있다.

예시를 통해 좀 더 이해해보자. useDebugValue 훅을 이용해 사용자 정의 useFetchData 훅 내에서 필요한 세부 정보를 다양한 위치에 기록할 수 있다. 이는 '사용자 정의 훅이란 무엇인가? 어떻게 생성하는가?' 절에서 생성한 사용자 정의 useFetchData 훅을 기준으로 한다.

```
const useFetchData = (url, initialData) => {
  useDebugValue(url)
  const [data, setData] = useState(initialData)
  const [loading, setLoading] = useState(false)
  const [error, setError] = useState(null)
  useDebugValue(error, (err) =>
    err ? `fetch is failed with ${err.message}` : 'fetch is successful'
  )

  useEffect(() => {
    setLoading(true)
    fetch(url)
      .then((res) => res.json())
      .then((data) => setData(data))
      .catch((err) => setError(err))
      .finally(() => setLoading(false))
  }, [url])

  useDebugValue(data, (items) =>
    items.length > 0 ? items.map((item) => item.title) : 'No posts available'
  )

  return { data, loading }
}
```

이 코드에서 두 번째와 세 번째 디버그 호출에서는 표시된 값의 형식을 지정하기 위해 선택적으로 두 번째 인수를 사용한다.

리액트 개발자 도구는 `FetchData` 사용자 정의 훅 내에서 **DebugValue** 레이블 아래에 모든 추가 항목을 나열한다. 예를 들어, **Posts** 컴포넌트 위로 마우스를 올리면 오른쪽에 있는 Hooks 섹션이 다음과 같이 나타난다.

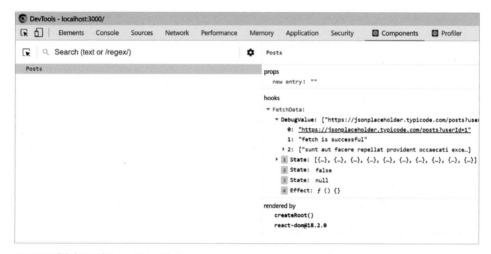

그림 3.2 개발자 도구의 DebugValue 라벨

마찬가지로 서비스 장애로 인해 API에서 오류가 발생하면 해당 문제의 근본적인 원인을 DebugValue 레이블을 통해 추적할 수 있다.

지금까지 내장 훅에 관련된 여러 질문에 대해 살펴보고, 서드파티 훅 및 사용자 정의 훅과 관련된 주제를 알아봤다. 이러한 모든 주제는 서로의 관계를 고려해서 특정한 순서로 다뤘다.

정리

이번 장에서는 리액트 애플리케이션에서의 훅에 대해 자세히 알아봤다. 먼저, 훅을 소개하고 훅을 사용할 때 준수해야 할 규칙을 소개했다. 다음으로, useState와 useReducer 훅을 사용해 컴포넌트 내에서 상태를 관리하는 방법과 useContext 훅을 사용해 컴포넌트 간에 데이터를 공유하는 전역 상태 관리를 살펴봤다. 그다음 effect 훅을 사용해 애플리케이션에서 부수 효과를 수행하는 방법을 다뤘다.

자주 사용되는 내장 훅 외에도 ref 훅을 사용해 DOM 노드에 접근하는 방법, 훅을 통한 성능 최적화, 서드파티 훅 사용, 비즈니스 요구에 맞는 사용자 정의 훅 생성에 대해 알아봤다.

다음 장에서는 페이지 간의 탐색을 위한 중요한 탐색 라이브러리인 react-router와 라우터의 풍부한 기능에 대해 다루겠다. 또한 국제화를 지원하는 방법과 인수를 전달해서 동적으로 로컬화된 메시지를 생성하는 중요한 주제도 다룰 예정이다.

04장

~

라우팅과 국제화

소프트웨어 개발의 광활한 세계를 탐험하는 일에는 어려움이 뒤따르기 마련이다. 그 과정에서 탁월한 사용자 경험을 보장하기 위해 다양한 화면과 언어 설정을 전문적으로 살펴볼 필요가 있다. 이번 장에서는 라우팅과 국제화 개념을 알아보고, 모던 리액트 애플리케이션의 가상 환경 등을 소개한다.

이번 장에서는 화면 내비게이션을 심층적으로 살펴보고 리액트 라우터를 소개한다. 리액트 라우터는 사용자가 페이지를 새로고침하지 않고 애플리케이션 내에서 이동할 때 브라우저 URL을 새로고침할 수 있어서 웹 애플리케이션 탐색에 있어 가장 중요한 도구 중 하나다. 기본 및 중첩 라우트 같은 다양한 유형의 라우트를 살펴보고, 애플리케이션에 라우트를 추가하는 방법을 배우며, 나아가 URL 파라미터에 접근하는 방법에 대해도 살펴볼 것이다.

또한 국제화와 지역화라는 주제로 넘어가서 기능 구현의 어려움을 넘어서 전 세계를 누비는 길을 개척할 것이다. 이러한 측면을 통해 애플리케이션이 사용자가 어떤 나라의 사람이든지 사용자의 언어로 상호작용할 수 있도록 다양성에 헌신하는 모습을 보여줄 것이다.

이 책에서는 프로그램에 번역과 포매팅된 메시지를 추가하는 상세한 접근법을 제시하고, 이를 통해 전 세계 고객에게 더 뛰어난 접근성을 제공할 것이다. 또한 플레이스홀더의 사용법과 어떻게 메시지에 파라미터를 전달해서 동적인 번역을 가능하게 할 수 있는지 배울 것이다. 이번 장을 좀 더 사용자 친화적이고 세계적인 애플리케이션으로 가는 길잡이라고 생각하길 바란다. 이러한 지식을 활용해 소프트웨어 개발 영역에서 만날 수 있는 걸림돌도 피할 수 있을뿐더러 완벽한 사용자 경험을 제공할 수 있을 것이다. 이어지는 몇 개의 절에서 이 흥미로운 모험에 참여할 준비를 하자.

이후 절에서는 라우팅을 다루고 국제화가 작동하는 방법을 이해하기 위해 다음과 같은 주제를 다룰 것이다.

- 내비게이션 및 리액트 라우터 소개
- 라우트, 라우트 유형, 링크
- 라우트 추가
- URL 파라미터에 접근
- 중첩 라우트
- 국제화 및 지역화 소개
- 번역 및 포매팅된 메시지 추가
- 파라미터 및 플레이스홀더 전달

기술 요구사항

자바스크립트 빌드 도구인 Vite.js가 컴퓨터에 설치돼 있는지 확인한다. Vite.js는 다음 주소에서 확인할 수 있으며, 이후에 나오는 리액트 프로젝트에서 이를 사용할 것이다.

- https://vitejs.dev/

또한 리액트 라우터 라이브러리에 익숙해야 한다.

- https://reactrouter.com/en/main

이제 시작할 준비가 끝났다. 다음 절에서는 리액트 라우터에 대해 소개하겠다. 출발해보자!

내비게이션 및 리액트 라우터 소개

내비게이션과 리액트 라우터 라이브러리에 대한 이해는 모든 프로그래머에게 중요하다. 이번 절에서는 리액트 라우터를 이용한 화면 내비게이션의 기초와 그것의 중요성을 살펴 본다. 이번 절의 목표는 기술적으로 과도한 설명 없이 리액트 라우터의 개요와 다양한 웹 애플리케이션을 통한 내비게이션 작동 방식을 간단하게 설명하는 것이다. 리액트 라우터 를 사용하는 워크플로의 효율성을 향상시키기 위한 유용한 조언들을 통해 면접관들이 기 대하는 수준과 여러분의 현재 기술 수준 사이의 격차를 줄일 수 있을 것이다.

먼저 리액트 라우터 라이브러리를 사용해야 하는 이유와 그것이 어떻게 도움이 될 수 있는 지 살펴보자. Next.js에 이미 내장된 라우팅 기능이 있긴 하지만 이는 여전히 학습할 가치 가 있는 지식이다. 다른 리액트 프레임워크에서는 라우팅 동작 방식이 다르지만 동작 방식 의 핵심 원칙은 여전히 유효하며 어디서든 사용할 수 있기 때문이다.

리액트 라우터 라이브러리의 목적은 무엇인가?

라우팅 로직을 작성하는 것은 시간이 많이 소요되고 어려울 수 있기에 리액트 라우터가 유 용하다. 라이브러리의 광범위한 기능 덕분에 라우팅이라는 어려운 과제를 매우 간단하게 만들 수 있다. 리액트 라우터는 여러 페이지와 컴포넌트 간의 이동을 허용하는 오픈소스 웹 애플리케이션 라우팅 모듈로, 웹 프로젝트에서 동적 라우팅을 구현하기 위한 손쉬운 인 터페이스를 제공한다. 다양한 URL을 지원하며, 애플리케이션 라우팅을 완전하게 제어할 수 있게 함으로써 매끄럽고 매력적인 사용자 경험을 제공한다.

이제 이 라이브러리를 사용하는 목적을 이해했으니 다음 절에서는 내비게이션이 어떻게 작동하는지 배워보자.

리액트 라우터에서 어떻게 화면 간의 이동이 작동하는가?

화면 간의 이동은 처음에는 어려워 보일 수 있지만 리액트 라우터를 사용하면 이를 상당히 쉽고 실용적으로 만들 수 있다. 리액트 라우터를 사용하면 앱 내의 모든 경로를 효율적으 로 관리함으로써 다양한 화면 간 전환을 쉽게 수행할 수 있다. 또한 URL과 UI를 동기화할 수 있다. 따라서 전문가가 아니더라도 리액트 라우터를 사용하면 앱을 원활하게 실행하는 데 필요한 기능을 쉽게 추가할 수 있게 된다.

리액트 라우터로 클라이언트 사이드 라우팅이 가능하며, 이것이 기본적으로 라우팅이 시작되는 방식이다. 본질적으로 컴퓨터의 브라우저가 웹사이트의 서버에서 페이지를 요청하면 서버에서 제공하는 CSS 및 자바스크립트 파일을 가져와 렌더링한다. 사용자가 웹사이트에서 링크를 클릭하면 새로운 페이지에 대해 이 프로세스가 다시 시작된다.

Next.js에는 이미 내장된 라우팅 솔루션이 있으므로 이번 장에서는 다른 인기 있는 자바스크립트 빌드 도구인 Vite.js를 사용해 코드를 살펴볼 것이다. Vite.js 라이브러리의 링크는 다음과 같다.

- https//vitejs.dev/

첫 번째 단계는 BrowserRouter 컴포넌트를 구성하고 기본 경로를 설정하는 것이다. 그러고 나면 웹 애플리케이션에 대한 클라이언트 사이드 라우팅이 활성화된다. 다음은 출발점으로 제공되는 main.jsx 파일이다.

```
import * as React from 'react'
import * as ReactDOM from 'react-dom/client'
import { createBrowserRouter, RouterProvider } from 'react-router-dom'
import './index.css'

const router = createBrowserRouter([
  {
    path: '/',
    element: <div>Hello world!</div>,
  },
])

ReactDOM.createRoot(document.getElementById('root')).render(
  <React.StrictMode>
    <RouterProvider router={router} />
  </React.StrictMode>,
)
```

이 코드는 초기 라우터를 정의한다. 즉, 이 예제에서는 루트 라우트가 될 것이다. 루트 라우트는 일반적으로 홈페이지라고 불리는 웹사이트에 표시되는 첫 페이지다.

다음 절로 넘어가기 전에, BrowserRouter와 관련된 주제들에 대해 빠르게 살펴보자. 첫 번째로, BrowserRouter는 HTML5 히스토리 API를 활용해 URL과 UI를 서로 맞춰주는 라우터 솔루션이다. 이 API는 popstate, replacestate, pushstate 같은 이벤트를 활용한다. 깔끔한 URL과 히스토리를 사용해 주소창의 현재 위치를 저장하는 데 BrowserRouter를 사용한다. 이를 iframe의 URL 변경을 추적하는 데 사용할 수도 있다.

리액트 라우터에는 문서에서 찾을 수 있는 다양한 기능이 존재한다. 제공되는 기능들은 다음과 같다.

표 4.1 리액트 라우터 기능

기능	설명
라우터(Router)	앱에서 하나의 라우터만 사용할 것이지만, 설정에 따라 여러 개의 라우터에 접근할 수 있다. 여기에 포함된 몇 가지 예시로는 createBrowserRouter, createMemoryRouter, createHashRouter, createStaticRouter 등이 있다.
라우터 컴포넌트 (Router component)	앱에서 페이지 라우팅에 사용할 라우터 컴포넌트의 유형이다.
라우트(Route)	라우트 생성 및 관리에 사용되는 메서드다. 여기에는 액션, 지연 로딩(lazy loading), 로더(loader) 등이 포함될 수 있다.
컴포넌트 (Component)	이 기능을 이용해 데이터 관리를 위한 사용자 정의 컴포넌트를 사용할 수 있다. 예를 들어, 클라이언트 사이드 라우팅 및 데이터 변형을 에뮬레이트하는 Form 컴포넌트나 자동 오류 처리를 위한 Await 컴포넌트 등을 사용할 수 있다. 또한 다른 페이지로 이동하기 위해 중요한 Link 컴포넌트도 있다. 이러한 예시는 일부에 불과하다.
훅(Hook)	사용자 정의 훅은 모두 리액트 훅과 동일한 방식으로 작동하며, 새로운 기능을 제공한다. useNavigation, useSearchParams, useOutlet, useLocation 등이 모두 각각 다른 목적으로 사용되는 훅이다.
데이터 불러오기 유틸리티	API에서 받은 데이터를 관리하는 데 사용된다. 데이터를 가져오고 리다이렉션을 수행할 수 있다.
유틸리티	다양한 작업을 수행하는 유틸리티를 사용할 수 있다. 예를 들어, matchPath는 라우트 경로 패턴을 매칭하고 URL 경로 이름과 비교해서 일치하는 정보를 반환하는 데 사용될 수 있다.

이 표는 리액트 라우터의 주요 기능 대부분을 포함하고 있다. 더 많은 내용을 알고 싶다면 공식 문서를 참고한다.

- https://reactrouter.com/en/main

다음 절에서 이를 좀 더 깊이 있게 다룰 것이다. 먼저 라우팅과 링크에 대해 더 알아보자.

라우트, 라우트 타입, 링크

라우트는 리액트 라우터 앱의 가장 중요한 컴포넌트다. 라우트는 URL 세그먼트를 컴포넌트에 연결하며 데이터 로딩 및 수정도 수행한다. 라우트는 라우터 구성 작업에 제공되는 객체이기 때문에 라우트 중첩을 통해 복잡한 프로젝트 레이아웃 및 정보 의존성이 간단해지고 프로세스도 더욱 쉬워진다.

어떤 유형의 라우트를 사용할 수 있는가?

리액트 라우터는 다양한 형태의 라우팅에 접근할 수 있게 해준다. 다음 표를 살펴보자.

표 4.2 라우트 타입

라우트 타입	설명
path	경로 패턴은 URL, 링크 href, 또는 폼 작업과 일치하는지 확인하는 데 사용된다.
index	라우트가 인덱스 라우트인지 여부를 결정한다. 기본 자식 라우트와 같은 인덱스 라우트는 부모의 URL에서 부모 Outlet에 렌더링된다.
children	중첩된 라우트를 사용하면 하나의 페이지에서 여러 컴포넌트를 렌더링할 수 있다. 동시에 라우트 무결성을 유지한다.
caseSensitive	라우트가 대소문자를 일치시킬지 여부를 지정한다.
loader	라우트가 렌더링되기 전에 라우트 로더(loader)가 호출되어 useLoaderData를 통해 요소에 데이터를 제공한다.
action	form이나 fetcher, 폼 제출에서 라우트로 submit이 이뤄질 때 라우트 액션이 호출된다.

이제 다양한 라우트 유형에 대해 배웠으니 라우트와 링크를 생성하는 코드를 배울 차례다.

어떻게 라우트와 링크를 생성하는가?

라우트는 리액트 Element와 리액트 Component를 통해 생성할 수 있다. 다음은 element를 사용하는 구문이다.

```
<Route path="/about" element={<About />} />
```

만약 Component를 대신 사용하고 싶다면 코드는 다음과 같다.

```
<Route path="/about" Component={About} />
```

링크는 약간 다르게 작동한다. 클라이언트 사이드 라우팅은 링크 클릭 후에 앱이 서버에서 다른 문서를 요청하는 대신 URL을 조정할 수 있게 한다. 대신 애플리케이션은 신속하게 새로운 UI를 표시하고 가져온 데이터로 페이지 콘텐츠를 업데이트하기 위해 fetch를 사용할 수 있다. 웹 브라우저가 완전히 새로운 페이지를 요청하거나 다음 페이지를 위한 CSS 및 자바스크립트 콘텐츠를 다시 방문할 필요가 없기 때문에 더 빠른 로딩 시간으로 이어진다. 또한 스크롤링과 같은 향상된 사용자 상호 작용을 가능하게 한다.

다음 예제에서는 페이지 탐색을 위한 링크 사용법을 보여준다.

```
import { createRoot } from 'react-dom/client'
import { createBrowserRouter, RouterProvider, Link } from 'react-router-dom'

const router = createBrowserRouter([
  {
    path: '/',
    element: (
      <div>
        <h1>Hello World</h1>
        <Link to="about">About Us</Link>
      </div>
```

```
    ),
  },
  {
    path: 'about',
    element: <div>About</div>,
  },
])

createRoot(document.getElementById('root')).render(
  <RouterProvider router={router} />,
)
```

이 코드는 About us 페이지로 이동하는 링크가 포함된 홈페이지를 어떻게 생성하는지 보여준다. 이제 라우트와 링크에 대해 배웠으니, 라우트를 추가하는 방법을 배워보자.

라우트 추가

애플리케이션 전체에서 라우트를 렌더링할 수 있다. 이를 위해 <Routes> 컴포넌트를 사용하는데, 이는 파일 내의 다른 자식 라우트와 매칭시키는 역할을 한다. 라우팅은 모든 자식 라우트를 검색해 가장 적합한 항목을 찾고, 위치가 변경되면 해당 UI 분기를 렌더링한다. 중첩된 URL 경로에도 해당하는 중첩된 UI를 표현하기 위해 <Route> 컴포넌트도 중첩될 수 있다. 부모 라우트는 <Outlet>을 렌더링함으로써 자신의 자식 라우트를 렌더링한다.

다음은 파일에 어떻게 라우트를 추가하는지 보여주는 예제다.

```
<Routes>
  <Route path="/" element={<Menu />}>
    <Route path="messages" element={<MenuItems />} />
    <Route path="actions" element={<MenuActions />} />
  </Route>
  <Route path="about" element={<About />} />
</Routes>
```

이 파일에는 4개의 라우트가 있다.

- "/"
- "/messages"
- "/actions"
- "/about"

"/messages"와 "/actions"에 대한 라우트는 메인 라우트인 "/" 아래에서 중첩된 라우트로 생성된다. "/about" 라우트는 앞선 두 개의 라우트와 달리 분리돼 있으며, 중첩돼 있지 않기 때문에 최상단 라우트다. 엘리먼트 속성 내부의 컴포넌트는 페이지가 정의된 경로에 있을 때 로드된다. JSX 및 `createRoutesFromElements`를 사용해 라우트를 선언할 수도 있다.

이제 기초적인 내용은 살펴봤으니 다음 주제인 URL 파라미터에 접근하는 방법을 알아보자. 이번 절에서는 ID에 따라 결정된 페이지로 이동하는 방법을 배우게 될 것이다. 이는 GET 요청을 수행할 때 더 많은 사용자 정의 옵션을 제공하는데, 기본 라우팅을 사용해 페이지로 내비게이션을 하는 방법을 배운 다음에 다룰 것이다.

URL 파라미터에 접근하기

리액트의 `useParams` 훅을 사용해 현재 URL에서 특정 라우트와 일치하는 동적 파라미터의 키/값 객체를 제공받을 수 있다. 모든 파라미터는 자식 라우트에서 부모 라우트로 상속된다. 다음은 실제 동작하는 예제 코드다.

```
import * as React from 'react'
import { Routes, Route, useParams } from 'react-router-dom'

function ProfilePage() {
  // URL에서 userId 파라미터 가져오기
  let { userId } = useParams()
```

```
  // ...
}

function App() {
  return (
    <Routes>
      <Route path="users">
        <Route path=":userId" element={<ProfilePage />} />
        <Route path="me" element={{...}} />
      </Route>
    </Routes>
  )
}
```

따라서 이 라우팅 구성을 사용하면 애플리케이션은 URL 구조에 따라 다양한 컴포넌트를 렌더링할 수 있다. 먼저 users/:userId의 페이지 경로는 ProfilePage 컴포넌트를 렌더링하고 해당 컴포넌트에 :userId 부분을 userId로 제공한다. users/me의 경로는 element 속성에서 다양한 컴포넌트를 렌더링하게 될 것이다.

보다시피 URL 파라미터는 강력하며, 라우트에 대한 또 다른 수준의 맞춤 설정을 가능하게 한다. 다음 절에서는 중첩 라우트를 살펴볼 것이다. 이제 기본 라우트를 생성하는 방법을 배웠으므로 중첩된 라우트를 사용하면 동일한 페이지에 여러 컴포넌트를 렌더링할 수 있다.

중첩 라우트

리액트 라우터에서 라우트의 중첩은 2014년 Ember.js의 라우팅 메커니즘에 영향을 받았다. Ember.js 팀은 URL의 일부분이 페이지 레이아웃을 렌더링하는 방법과 데이터가 렌더링된 레이아웃과 어떻게 연결되는지를 결정한다는 것을 발견했다. 중첩된 요소를 포함한 페이지를 만드는 방법 중 한 가지를 다음 예제에서 확인할 수 있다.

```
createBrowserRouter(
  createRoutesFromElements(
    <Route path="/" element={<Root />}>
      <Route path="connect" element={<ConnectPage />} />
      <Route
        path="admin"
        element={<Admin />}
        loader={(({ request }) =>
          fetch('/data/api/admnin.json', {
            signal: request.signal,
          })
        }
      />
      <Route element={<AuthLayout />}>
        <Route path="login" element={<Login />} loader={redirectIfUser} />
        <Route path="logout" action={logoutUser} />
      </Route>
    </Route>
  )
)
```

이 코드는 사용자 인증 로그인 플로를 위한 것이다. 사용자가 로그인한 경우에는 관리자
페이지가 로드된다. 또한 로그인 및 로그아웃 라우트도 있다. 이제 또 다른 유용한 기능인
동적 라우팅을 살펴보자.

동적 라우팅

동적 라우팅은 기본 구조는 유지하면서 정보나 동작이 다른 여러 페이지 또는 뷰로 구성된
앱을 개발할 때 편리하다. 동적 라우팅은 애플리케이션의 현재 상태를 기반으로 라우트를
그때그때 생성할 수 있게 해주기 때문에 애플리케이션에서 고정된 수의 라우트를 설정하
는 대신 전체적으로 유연하게 대응할 수 있게 한다. 다음 코드에서 이를 확인할 수 있다.

```
import { BrowserRouter, Route } from 'react-router-dom'

function App() {
  return (
    <BrowserRouter>
      <Route path="/users/:id" component={Profile} />
    </BrowserRouter>
  )
}
```

라우트 구조의 :id 속성은 사용자가 제공하는 입력에 따라 변할 수 있는 동적 값을 나타낸다. 리액트 라우터는 URL에서 id 파라미터를 가져와 해당 패턴과 일치할 때 Profile 컴포넌트에 제공한다. 다음으로, 사용자가 잘못된 페이지를 만났을 때 주의해야 하는 상황인 오류 페이지에 대해 살펴보자.

오류 페이지

사용자가 존재하지 않는 라우트로 이동하거나 애플리케이션을 탐색할 때 어려움에 직면하는 시나리오를 위해 리액트 라우터에 오류 페이지를 생성할 수 있다. 이는 뭔가 잘못됐을 때 사용자를 빈 페이지나 일관되지 않은 레이아웃에 남게 하는 일을 막음으로써 더 나은 사용자 경험을 제공하는 데 도움이 된다.

다음은 오류 페이지를 생성하는 방법을 보여주는 코드다. 먼저 필요한 컴포넌트를 생성해야 한다.

```
import React from 'react'

const NotFound = () => {
  return <div>404 - The page was not found</div>
}
const ErrorPage = () => {
  return <div>An error occurred. :(</div>
}

export { NotFound, ErrorPage }
```

이 코드는 404 오류 페이지와 전체 오류 페이지로 두 개의 컴포넌트를 생성한다.

이제 라우트를 설정해보자.

```
import React from 'react'
import { BrowserRouter as Router, Route, Switch } from 'react-router-dom'
import { NotFound, ErrorPage } from './ErrorComponents'
import Home from './Home'

function App() {
  return (
    <Router>
      <Switch>
        <Route exact path="/" component={Home} />
        <Route path="/error" component={ErrorPage} />
        <Route component={NotFound} />
      </Switch>
    </Router>
  )
}

export default App
```

이 코드는 앱의 모든 페이지 라우트를 포함하는 컴포넌트를 생성한다.

이렇게 해서 오류 페이지를 만들고 라우트를 설정하는 방법을 배웠다.

다음으로, 국제화와 지역화에 대해 배운다. 우리는 모두 다른 나라에 살고 있기 때문에 여러 지역에 애플리케이션을 맞추는 방법을 아는 것은 중요하다. 바로 시작해보자.

국제화와 지역화

국제화(Internationalization)와 지역화(Localization)는 소프트웨어 개발에서 여러 언어와 지역에 맞게 설계하고 배포할 수 있도록 하는 기본적인 관행이다. 이 둘 간의 차이점을 알아보자.

국제화란 무엇인가?

국제화는 애플리케이션을 여러 언어로 이용할 수 있도록 만들고 준비하는 과정이다. 이때 애플리케이션의 모든 문자열을 여러 언어로 번역할 수 있는 별도의 파일로 추출하는 작업을 수행할 때가 많다. 또한 이러한 번역을 올바르게 처리하고 표시할 수 있도록 소프트웨어를 구조화하는 것이 필요하다.

지역화란 무엇인가?

지역화란 지역적으로 최적화된 애플리케이션을 특정 지역 언어로 번역하는 것을 말한다. 애플리케이션의 텍스트를 번역하는 것은 지역화의 일부일 뿐이다. 여기에는 텍스트 방향, 숫자 형식, 날짜 및 시간 형식 등과 같은 지역적으로 고유한 요소도 포함된다.

리액트 라우터를 사용하면 지역화된 라우트를 구축할 수 있다. 예를 들어, 언어 선택을 관리하기 위해 다양한 언어에 대한 경로를 두거나(예를 들어, "/en/about" 및 "/fr/about") 컨텍스트나 state를 활용할 수 있다.

지금까지 우리는 이미 많은 것을 배웠으며 지식도 상당히 증가했다. 이제 4장의 거의 마지막 부분으로 넘어가서 리액트 애플리케이션에 번역과 포매팅된 메시지를 추가하는 방법을 자세히 배워보겠다. 방금 앱을 다양한 언어로 준비하기 위한 국제화와 지역화에 대해 배웠다. 이제 우리가 작성하는 코드에 다양한 언어를 구현하는 방법을 배워보자.

번역 및 포매팅된 메시지 추가

애플리케이션에서 텍스트 콘텐츠를 한 언어에서 다른 언어로 번역하고 지역적인 관습과 표준을 따르는 스타일로 수행하는 과정을 번역과 포매팅된 메시지라고 한다. 이를 위해 FormatJS 같은 라이브러리를 사용해 리액트 애플리케이션에 번역 및 포매팅된 메시지를 추가할 수 있다. 리액트 라우터는 기본적으로 번역이나 지역화를 허용하지 않지만 FormatJS(또는 유사한 패키지)를 활용해 국제화된 라우팅 시스템을 구축할 수 있다.

다음은 해당 라이브러리를 사용하는 코드 예제다.

```
import { IntlProvider, FormattedMessage } from 'react-intl'
import English from './translations/en.json'
import French from './translations/fr.json'

const Home = () => (
  <div>
    <h2>
      <FormattedMessage id="home.title" />
    </h2>
    <p>
      <FormattedMessage id="home.welcome" />
    </p>
  </div>
)

// 사용자가 선호하는 언어를 사용자 설정 또는 브라우저 설정 같은 곳에서
// 얻을 수 있다고 가정한다.
const userLanguage = 'fr'
// 이 값은 동적으로 생성될 수 있다.
const messages = {
  en: English,
  fr: French,
}

const App = () => (
  <IntlProvider locale={userLanguage} messages={messages[userLanguage]}>
    <Home />
  </IntlProvider>
)

export default App
```

이 예제에서 애플리케이션은 영어와 프랑스어 번역으로 설정됐다. 기본 언어는 프랑스어로 하드코딩됐지만 현실 세계의 애플리케이션에서는 누군가 브라우저에 설정한 언어에 따라 동적으로 생성될 수 있다. en과 fr 언어 코드는 messages 객체에 의해 가져온 번역 파일과 매핑된다.

번역과 포매팅된 메시지란 정확히 무엇일까? 이에 대해 알아보자!

번역이란 무엇인가?

번역이란 프로그램 내에서 한 언어에서 다른 언어로 텍스트를 번역하는 것을 말한다. 소프트웨어에서는 지원되는 각 언어에 대한 번역된 텍스트를 포함하는 여러 언어 파일을 유지할 때가 많다(일반적으로 JSON이나 이와 유사한 형식으로). 이렇게 하면 앱이 사용자의 환경 설정 또는 로캘(locale)에 따라 동적으로 적절한 언어를 표시할 수 있다.

포매팅된 메시지란 무엇인가?

애플리케이션 내에서 단순한 번역 외에도 번역된 문자열 내에서 동적 콘텐츠를 표시해야 할 때가 많다. 여기서 포매팅된 통신이 중요한 역할을 한다. 포매팅된 메시지를 사용하면 번역된 문자열에 복수화 규칙을 관리하고, 변수를 추가하고, 지역 표준을 사용해 날짜 및 숫자를 포매팅하는 등 다양한 작업을 수행할 수 있다.

번역과 포매팅된 메시지를 결합해서 다양한 언어 및 위치에 적응할 수 있는 앱을 개발할 수 있으며, 이는 접근성과 사용자 경험을 향상시킨다.

지금까지 잘 따라왔다. 이제 한 절만 더 읽으면 4장도 마무리된다. 마지막 절에서는 인수 및 플레이스홀더 전달에 대해 알아보자. 지금까지 한 페이지에 데이터를 추가하는 방법을 배웠지만 실제 애플리케이션에서는 싱글 페이지 애플리케이션 내에 여러 경로가 있다. 따라서 다음 절에서는 인수 및 플레이스홀더를 전달해서 애플리케이션에서 동적 라우팅을 어떻게 구현하는지 배울 것이다.

인수 전달 및 플레이스홀더

리액트나 자바스크립트, 특히 리액트 라우터는 플레이스홀더와 인수를 전달하는 것을 지원한다. 그러나 동적 라우팅 및 경로 간 데이터 전송을 위해서는 리액트 라우터와 함께 사용하는 것이 좋다.

인수를 어떻게 전달하는가?

URL 파라미터, 쿼리 파라미터, 히스토리 prop의 state 객체와 같은 여러 기법을 사용하면 리액트 라우터에 의해 표시된 컴포넌트로 데이터를 전송할 수 있다. 이는 보통 한 라우트에서 다른 라우트로 정확한 데이터를 전달하기 위해 사용한다.

다음 예제는 히스토리 prop의 state 객체를 사용해 인수를 전달하는 과정을 보여준다.

```
import { Link } from 'react-router-dom'

//...
<Link
  to={{
    pathname: '/route',
    state: { myData: 'Hello, World!' },
  }}
>
  My Link
</Link>
```

수신받는 컴포넌트를 통해 어떻게 전달된 데이터에 접근할 수 있는지 볼 수 있다.

```
import { useLocation } from 'react-router-dom'

function MyComponent() {
  const location = useLocation()
  console.log(location.state.myData)
  // 출력 결과: "Hello, World!"
  // ...
}
```

마지막으로, 플레이스홀더(URL 파라미터)에 대해 알아보자.

플레이스홀더를 어떻게 사용하는가?

리액트 라우터는 URL의 일부로서 내용에 따라 변경될 수 있는 내용을 표시하지만 여전히 동일한 핵심 컴포넌트를 렌더링할 수 있는 URL 파라미터를 지원한다. 이는 동적인 경로를 개발하는 데 자주 사용된다.

다음은 경로를 생성하고 컴포넌트에서 URL 파라미터를 활용하는 예다.

```
import { Route, useParams } from 'react-router-dom'

function MyComponent() {
  let { id } = useParams()
  return <h2>My id is: {id}</h2>
}

function App() {
  return (
    <Route path="/post/:id">
      <MyComponent />
    </Route>
  )
}
```

이 예제에서 id 플레이스홀더는 어떤 값이든 될 수 있다. "/post/123"으로 이동하면 MyComponent 컴포넌트가 렌더링되고, useParams()가 { id: "123" }을 반환한다.

리액트 라우터를 이용해 동적이고 반응적인 앱을 설계하려면 인수와 플레이스홀더가 모두 필요하다.

정리

이번 장에서는 라우팅과 리액트 앱에서의 국제화를 살펴봤다. 그 과정에서 포괄적이고, 상호 작용이 가능하며, 국제적으로 접근 가능한 앱을 개발하는 데 유용한 몇 가지 중요한 주제의 복잡성을 조사하고, 탐구하고, 풀어냈다.

먼저 애플리케이션 내의 화면을 위한 내비게이터인 리액트 라우터에 대해 배우는 것으로 시작했다. 라우트를 살펴보고, 다양한 라우트 유형에 대해 배웠으며, 그것들을 애플리케이션에서 효과적으로 사용하는 법을 배웠다. URL 파라미터를 통해 라우트를 계층화하는 방법을 알아보면서 전문 지식을 넓혀 앱 내부에 정교하고 복잡한 경로를 설계할 수 있게 했다.

그다음, 국제화와 지역화에 중점을 두어 세계 각지의 사람들이 애플리케이션과 상호 작용할 수 있도록 시야를 확장했다. 언어 장벽을 허물고 이것이 사용자 경험에 미치는 거대한 영향력을 인식했다. 번역 및 포매팅된 메시지를 추가하는 방법을 배우면서 사용자의 언어로 소통할 수 있는 능력을 갖출 수 있게 됐다. 또한 메시지에 플레이스홀더를 사용하고 인수를 전달해서 동적이고 반응적인 번역을 만들 수 있다는 점을 배웠다.

이러한 기능들은 유용할 뿐만 아니라 누구나 사용할 수 있는 프로그램을 만드는 데 필요한 도구를 제공함으로써 우리가 효율적인 개발자로 성장할 수 있도록 도와줄 것이다. 또한 반응적이고 견고할 뿐만 아니라 전 세계를 대상으로 하는 온라인 앱을 설계하는 데 필요한 도구를 제공한다. 4장에서 배운 내용을 생각해보고, 그것이 더 큰 여정의 일부에 불과하다는 점을 기억하자. 계속해서 탐험하고 배워야 하고, 가장 중요한 것은 계속 성장하며 자신에게 가장 맞는 길을 따라가면 된다는 것이다.

다음 장에서는 에러 바운더리, 포털, 고차 컴포넌트, 동시 렌더링, ref 전달과 같은 고급 리액트 개념을 배울 것이다. 그러니 여러분의 지식을 더욱 키워줄 또 다른 모험을 준비하자.

05장

~~~~~

리액트의 고급 개념

모든 웹 개발자는 리액트의 기초 개념, 핵심 개념, 훅과 라우터 내비게이션에 대한 깊은 지식을 갖춰야 리액트 기술 스택에서 성공적인 커리어를 쌓을 수 있다. 리액트 스킬을 좀 더 높은 수준으로 끌어올리고 싶다면 포털, 에러 바운더리, 동시성 렌더링 기능, 프로파일러 등과 같은 고급 리액트 개념을 적용해 프로덕션 수준의 앱을 구축할 수 있어야 한다. 이러한 개념 중 일부는 오래 전에 도입되어 주요 릴리스마다 새로운 기능으로 개선됐으며, 다른 고급 개념은 최근 릴리스에서 비로소 도입됐다.

이번 장에서는 실제로 다양한 사례에 사용할 수 있도록 리액트의 고급 개념에 대해 이해하게 될 것이다. 에러 바운더리, 포털, 동시성 렌더링, 서스펜스(Suspense) 같은 고급 개념과 더불어 엄격 모드(strict mode), 정적 타입 체크, 프로파일러 같은 코드 품질 및 성능 최적화 관련 기능까지 중급에서 고급 개발자를 대상으로 한 면접 질문을 다룰 것이다. 마지막으로, iOS와 안드로이드 모바일 환경을 위한 리액트 네이티브와 관련된 몇 가지 질문도 빠르게 살펴볼 것이다.

이번 장에서는 다음과 같은 주요 주제에 대해 배울 것이다.

- 포털

- 에러 바운더리

- Suspense API를 활용한 비동기 작업 관리

- 동시성 렌더링을 활용한 렌더링 성능 최적화

- Profiler API를 활용한 리액트 애플리케이션 디버깅

- 엄격 모드

- 정적 타입 체크

- 모바일 환경의 리액트와 그 기능

이번 장의 주요 목표는 리액트의 고급 개념을 명확하게 소개하고, 면접자의 고급 기술 수준을 테스트하기 위해 받는 면접 질문을 다루는 것이다.

포털

최근에는 웹 페이지에서 빠르게 사용자의 주의를 끌기 위해 윈도우나 팝업을 사용하는 것이 일반적이다. 이는 사용자에게 중요한 정보를 알려주거나 사용자의 입력값을 받을 때 도움이 된다. 그러나 이러한 위젯을 대규모 앱에서 구현하는 것은 복잡한 CSS 코드 작성과 DOM 계층 구조 처리가 필요하기 때문에 어려울 수 있다. 다행히 리액트는 이러한 사용 사례를 해결하기 위해 포털(portal) 기능을 제공한다.

포털은 2017년에 리액트 16 버전에서 처음 도입됐다. 이는 DOM 계층 구조 외부에서 리액트 컴포넌트를 렌더링하기 위해서 사용됐다. 포털은 일반적으로 잘 이용되지 않지만 다음 절에서 살펴볼 것처럼 특정 케이스에서는 유용하다.

포털이란 무엇인가? 어떻게 생성하는가?

리액트 포털을 이용하면 자식을 부모 DOM 계층 외부의 DOM 노드로 렌더링할 수 있다. 자식 컴포넌트를 부모 외부에서 렌더링해도 두 컴포넌트 사이에 부모와 자식 관계는 유지된다.

리액트 포털은 react-dom 패키지에서 불러온 createPortal을 호출해서 생성할 수 있다. 이 함수는 두 개의 필수 인자와 하나의 선택 인자를 가진다.

- Children: 리액트로 렌더링할 수 있다는 모든 JSX 코드

- DOMNode: 포털 내용을 렌더링할 DOM 노드

- Key: 컴포넌트 트리에서 포털을 구분할 수 있는 고유 식별자로, 선택사항이다.

다음은 포털이 어떻게 루트 계층 구조 외부에서 특정 DOM 노드를 생성하는지를 보여주는 모달 생성 예제다.

```
import { createPortal } from 'react-dom'

const ModalWindow = ({ description, isOpen, onClose }) => {
  if (!isOpen) return null
  return createPortal(
    <div className="modal">
      <span>{description}</span>
      <button onClick={onClose}>Close</button>
    </div>,
    document.body
  )
}
```

이 코드에서 포털은 컴포넌트 트리 아무데서나 렌더링될 수 있는 리액트 노드를 반환한다. 이 예제에서 반환하는 노드는 모달 위젯이다. 이 모달은 문서 본문(document body)에 추가되어 HTML에서 루트 노드와 동일한 레벨에서 사용할 수 있다.

📄 참고

보통 리액트의 모든 것이 최상단 노드에서 관리되기 때문에 이를 root라고 부르는 것이 일반적이다. 리액트만으로 생성된 애플리케이션은 보통 하나의 루트 노드를 가지고 있다. 하지만 이미 존재하는 애플리케이션에 리액트를 통합한다면 여러 격리된 루트 DOM 노드를 갖게 될 수도 있다.

모든 리액트 컴포넌트가 앞선 예제의 포털을 자식 컴포넌트로 사용할 수 있다.

```
function ParentComponent() {
  const [open, setOpen] = useState(false)

  return (
    <div className="container">
      <button onClick={() => setOpen(true)}>Open Modal</button>
      <Modal
        message="This is a portal modal!"
        isOpen={open}
        onClose={() => setOpen(false)}
      />
    </div>
  )
}
```

특정 컴포넌트나 애플리케이션에서 사용할 수 있는 포털의 개수에는 제한이 없다. 포털을
사용하면 정적인 페이지 또는 서버에서 렌더링된 페이지와 같은 리액트가 아닌 서버 마크
업 페이지와 리액트 외부에서 관리되는 리액트가 아닌 DOM 노드에 리액트 컴포넌트를
렌더링할 수도 있다.

포털의 일반적인 사용 사례는 무엇인가?

포털은 자식 컴포넌트가 시각적으로 부모 컨테이너에서 분리되는 애플리케이션에서 유용
하다. 가장 일반적인 사용 사례는 다음과 같다.

- **모달 창 또는 다이얼로그 컴포넌트**: 포털은 부모 컴포넌트와 독립적으로 웹 페이지 위를 떠다니는 규모가
  큰 다이얼로그 또는 모달 창에서 사용할 수 있다.

- **툴팁**: 툴팁은 페이지 레이아웃에 영향을 끼치지 않기 위해 DOM 계층 구조 외부에 위치할 수 있다. 예를
  들어, 만약 부모 컴포넌트가 overflow:hidden 또는 z-index 스타일을 가지고 있다면 부모 컨테이너에
  서 잘리지 않도록 툴팁을 포털에서 생성할 수 있다.

- **로딩 창**: 데이터베이스에서 데이터를 불러오는 등의 백그라운드 작업이 처리 중일 때 모던 웹에서는 로딩
  페이지를 보여주는 것이 현명한 선택이다. 이는 백그라운드 작업이 완료될 때까지 사용자가 애플리케이션
  과 상호 작용하지 못하도록 하는 데 유용하다.

- **팝오버(popover)**: 팝오버는 사용자에게 빠르게 컨텍스트 정보를 제공하는 데 유용하다. 예를 들어, 프로필 카드를 사용해 사용자 프로필 정보를 클릭해서 방문하지 않고도 표시할 수 있다. 아이콘 또는 버튼 요소에 마우스를 올리는 것만으로 세부 정보를 읽을 수 있다.

- **쿠키 얼럿**: 방문자에게 웹사이트를 방문하는 동안 어떤 쿠키를 허용할지 선택할 수 있는 쿠키 얼럿(또는 배너)을 생성하는 것이 가능하다.

- **드롭다운 메뉴**: 부모 컴포넌트 내부에 드롭다운 메뉴가 위치하게 된다면 overflow 스타일에 의해 보이지 않을 수도 있기 때문에 포털을 사용해 생성할 수 있다.

📄 **참고**

메인 컴포넌트 트리 외부로 자식 컴포넌트를 이동하면 각 상태 업데이트마다 컴포넌트가 다시 렌더링되지 않도록 렌더링 성능이 최적화된다. 게다가 추상화의 유연성도 제공한다.

포털 내부에서 이벤트 버블링은 어떻게 되는가?

포털이 DOM 트리 어딘가에 존재하더라도 포털은 props, state, 컨텍스트와 이벤트 전파 등과 같은 모든 컴포넌트 기능을 지원함으로써 리액트 컴포넌트 트리에서의 위치를 유지한다. 이는 포털에서도 이벤트 버블링이 동작함을 의미한다.

포털에서의 이벤트 버블링 동작은 리액트 자식 컴포넌트가 컴포넌트 트리 내에서 이벤트를 발생시키는 방식과 유사하다. 포털에서 발생한 이벤트는 해당 요소가 DOM 트리에서 조상이 아닌 경우에도 포함된 리액트 트리의 조상으로 전파된다. 예를 들어, 다음 HTML 코드에서 메인 루트(#main-root) 아래의 부모 컴포넌트는 포털을 사용해서 구현된 노드(#dialog-root)에서 발생한 잡히지 않은 버블링 이벤트를 잡을 수 있다.

```html
<html>
  <body>
    <div id="main-root"></div>
    <div id="dialog-root"></div>
  </body>
</html>
```

📄 **참고**

포털에서의 이벤트 버블링은 DOM 트리가 아닌 리액트 트리를 따라간다.

포털에서 관리하는 접근성 주의사항은 무엇인가?

포털로 구축한 리액트 애플리케이션이 장애를 가진 사람들에게도 접근 가능한지 확인해야 한다. 예를 들어, 키보드 포커스는 모달 창과 부모 웹 페이지 간에 포커스를 이동할 때 자연스럽게 작동해야 한다. 포털의 일부로 생성된 모달 다이얼로그는 WAI−ARIA 모달 작성 관행[8]을 따라야 한다.

키보드 접근성을 보장하기 위한 가이드라인 중 일부는 다음과 같다.

- 다이얼로그나 모달이 열릴 때 포커스는 다이얼로그 내부의 요소로 이동해야 한다.
- 포커스 가능한 탭은 다이얼로그 요소를 순환해야 한다. 포커스는 열린 다이얼로그를 건너뛰어서는 안 된다.
- ESC 키를 눌렀을 때 다이얼로그는 닫혀야 한다.

만약 모달을 생성하기 위해 서드파티 라이브러리를 사용할 예정이라면 해당 패키지가 필수 접근성 가이드라인을 따르고 있는지 확인해야 한다.

애플리케이션을 개발하는 동안 항상 예상치 못한 오류가 발생할 수 있다. 이러한 오류는 네트워크 요청을 통해 서드파티 API를 호출하거나 존재하지 않는 중첩된 객체 속성에 접근하는 등 갖가지 방법으로 발생할 수 있다. 이러한 종류의 오류를 처리하기 위해 주로 리액트 애플리케이션에서는 에러 바운더리를 사용한다.

에러 바운더리

리액트 애플리케이션에서는 두 가지 방법으로 오류를 처리할 수 있다. 첫 번째 접근 방식은 try...catch 블록을 사용해 오류를 처리하는 것으로, 일반적인 이벤트 핸들러와 유사한 명령형 코드 블록에서 오류를 처리한다. 두 번째 접근 방식은 **에러 바운더리**(error boundary)를 사용하는 것이다. 이는 화면에 렌더링될 선언적 컴포넌트 코드를 다루기 위해 사용된다.

---

8 https://www.w3.org/WAI/ARIA/apg/patterns/dialog−modal/

리액트 팀은 에러 바운더리를 리액트 버전 16에서 도입했다. 리액트 라이브러리에서 공식적인 에러 바운더리 컴포넌트가 생성되지 않았으므로 직접 에러 바운더리 컴포넌트를 생성해야 한다.

에러 바운더리란 무엇인가?

에러 바운더리는 특정 작업 목록이 담긴 리액트 컴포넌트일 뿐이다. 이는 자식 컴포넌트 트리에서 발생할 수 있는 자바스크립트 오류를 잡아내고 해당 특정 오류를 기록한 다음, 화면을 대체 UI로 리디렉션해서 오류 상태에서 복구하는 데 사용된다. 이 컴포넌트는 트리 어딘가에서 발생한 오류 때문에 전체 컴포넌트 트리에서 에러가 나는 것을 방지하는 데 도움이 된다.

에러 바운더리는 렌더링 중 생명주기 메서드에서, 그리고 그 아래의 전체 컴포넌트 트리의 생성자에서 발생하는 오류를 잡아낸다. 에러 바운더리는 클래스 컴포넌트로 다음과 같이 정의된 생명주기 메서드 중 하나 이상을 사용해서 생성될 수 있다.

- static getDerivedStateFromError: 이 메서드는 오류가 발생한 후 대체 UI를 렌더링하는 데 사용된다.
- componentDidCatch: 이 메서드는 오류 정보를 기록하는 데 사용된다.

이 두 메서드를 이용해 에러 바운더리를 만들어 애플리케이션에서 에러가 나지 않도록 보호할 수 있다. 다음은 이를 어떻게 수행하는지 보여주는 예다.

```
class MyErrorBoundary extends Component {
  constructor(props) {
    super(props)
    this.state = { isErrorThrown: false }
  }

  static getDerivedStateFromError(error) {
    return { isErrorThrown: true }
  }
```

```
componentDidCatch(error, errorInfo) {
  logErrorToReportingService(error, errorInfo)
}

render() {
  if (this.state.isErrorThrown) {
    return <h1>Oops, the application is unavaialble.</h1>
  }
  return this.props.children
}
}
```

만약 생명주기 메서드의 렌더링 단계에서 오류가 발생하면 getDerivedStateFromError 메서드가 호출된다. 이 메서드에서는 다음 렌더링에서 대체 UI를 반영하도록 오류 state 플래그 변수의 값을 업데이트할 수 있다. 렌더 메서드는 오류 state 변수를 기반으로 화면의 UI를 업데이트한다. 동시에 componentDidCatch 메서드를 사용해 동일한 오류를 로깅 서비스에 보고해서 디버깅 목적으로 사용할 수 있다.

에러 바운더리가 한 번 생성되면 일반적인 리액트 컴포넌트처럼 사용할 수 있다. 에러 바운더리 컴포넌트는 어떤 종류의 버그든 발생할 가능성이 있는 최상단 리액트 컴포넌트를 감싸야 한다. 컴포넌트는 다음과 같이 활용할 수 있다.

```
<MyErrorBoundary>
  <MyComponent />
</MyErrorBoundary>
```

여기서 에러 바운더리는 MyComponent 컴포넌트 트리에서 발생하는 모든 에러를 잡아내며 애플리케이션이 충돌하는 것을 방지한다.

📄 참고

각 컴포넌트에 대해 서로 다른 에러 메시지로 개별적인 에러 바운더리를 래핑할 수도 있다. 에러 바운더리의 설계 결정은 비즈니스 요구사항과 UX 디자인에 따라 다를 수 있다.

에러 바운더리가 에러를 잡지 못한 경우 해당 에러는 주위의 그다음으로 가까운 에러 바운더리로 전파된다. 이 동작은 에러를 다음의 가장 가까운 catch 블록으로 전파하는 catch() 블록과 유사하다.

제스트(Jest) 같은 인기 있는 테스트 프레임워크를 사용해 에러 바운더리에 대한 단위 테스트를 작성할 수 있다. 단위 테스트는 리액트 컴포넌트(에러 바운더리가 래핑된)에서 에러를 시뮬레이션하고, 에러 바운더리가 에러를 잡고 대체 UI를 올바르게 렌더링하는지 여부를 확인해야 한다. 리액트 개발자 도구를 이용해 선택한 컴포넌트를 강제로 에러 state(빨간 버튼)로 만들어 에러 바운더리를 확인하는 것도 가능하다.

에러 바운더리를 함수 컴포넌트로 생성하는 것도 가능한가?

이 책을 쓰는 현재 시점을 기준으로 최신 리액트 버전에서는 함수 컴포넌트로 에러 바운더리를 생성하는 것이 불가능하다. 즉, 클래스 컴포넌트를 사용해 에러 바운더리를 만들 수 있다. 또한 커뮤니티에서 제공하는 react-error-boundary 패키지[9]를 사용해 에러 바운더리 클래스를 직접 작성하지 않고 재사용할 수 있다.

언제 에러 바운더리가 작동하지 않는가?

에러 바운더리가 작동하지 않는 경우는 다음과 같다.

- **이벤트 핸들러**: 이벤트 핸들러(onClick, onChange 등)는 렌더링 단계에서 사용되지 않으므로 에러로부터 UI를 복구하는 에러 바운더리가 불필요하다.

- **비동기 코드**: 에러 바운더리는 setTimeout, requestAnimationFrame 등과 같은 비동기 콜백 내부의 에러를 잡을 수 없다.

- **서버 사이드 렌더링**: 리액트는 서버에서 에러 바운더리를 지원하지 않는다.

- **에러 바운더리 내부에서 에러가 발생한 경우**: 리액트는 에러 바운더리 자체에서 발생한 에러를 잡을 수 없다.

---

9 https://github.com/bvaughn/react-error-boundary

에러 바운더리 내부에서 에러가 발생하지 않도록 확인해야 하는 마지막 경우를 제외하고는 일반적인 자바스크립트 `try..catch` 문이나 `promise#catch()` 블록을 사용해 앞에서 언급한 경우에 대한 에러 처리를 고려해야 할 수 있다.

에러 바운더리가 애플리케이션에서 발생한 모든 오류에 대한 대체 UI를 표시하는 데 사용되는 것처럼, Suspense API는 자식이 로딩을 완료할 때까지 대체 UI를 표시하는 데 사용된다.

Suspense API를 활용한 비동기 작업 관리

서스펜스(Suspense) 기능은 에러 바운더리와 함께 리액트 버전 16에서 도입됐다. 처음에는 코드 분리를 위해 `lazy` API에만 사용됐으며 서버 사이드 렌더링에는 사용할 수 없었다. 리액트 18에서 Suspense API가 서버 사이드 렌더링과 데이터를 불러오는 것과 같은 비동기 작업 등 더 많은 사용 사례를 지원할 수 있도록 성능을 향상시켰다.

Suspense API란 무엇인가? 어떻게 사용하는가?

Suspense API는 자식 컴포넌트가 렌더링될 준비가 될 때까지 로딩 인디케이터 같은 대체 UI를 표시하는 데 사용된다. 서스펜스 컴포넌트는 자식이 렌더링을 완료하지 않았을 경우 대체 UI를 렌더링하기 위해 `fallback` prop을 전달받는다. 서스펜스 컴포넌트로 애플리케이션을 감쌀 수 있으며, 이를 최상위 수준이나 개별 섹션에 사용할 수 있다.

다음 예제를 통해 서스펜스 기능을 사용하는 방법을 알아보자.

특정 작성자의 블로그 게시물을 로드하는 간단한 사용 사례를 고려해 보자. 여기서 블로그 게시물 컴포넌트(`<Posts/>`)는 게시물 목록을 가져오는 동안 대기 상태가 되며, 내용을 표시할 준비가 되면 리액트는 가장 가까운 서스펜스 경계로 전환해서 게시물 목록을 표시하는 대신 로딩 인디케이터(`<Loading/>`)를 표시한다.

```
import { Suspense } from 'react'
import Posts from './posts.js'

export default function Author({ author }) {
  return (
    <>
      <h1>{author.name}</h1>
      <span>{author.age}</span>
      <Suspense fallback={<Loading />}>
        <Posts authorId={author.id} />
      </Suspense>
    </>
  )
}

function Loading() {
  return <h2>Loading...</h2>
}
```

블로그 게시글 데이터를 가져오면 리액트가 실제 블로그 게시물 데이터를 표시하도록 다시 전환한다.

새로운 결과가 준비될 때까지 목록을 업데이트하고 state 내용을 표시하도록 정의할 수도 있다. 이 대체 UI 패턴은 useDeferredValue 훅에 쿼리를 전달하면 된다.

```
const deferredAuthorDetails = useDeferredValue(author)
```

전통적인 애플리케이션에서는 데이터를 불러오는 것이 끝났는지 확인하고 화면에 대체 내용을 표시하기 위해서 isLoading 데이터 플래그 변수를 사용해야 했다. 하지만 서스펜스 기능을 활용하면 리액트가 별도의 플래그에 의존하지 않고 대체 UI를 표시할지, 컴포넌트 데이터를 표시할지를 자동으로 결정한다.

📄 참고

서스펜스 기능을 통해 로딩 상태를 리액트에 전달하는 것은 서스펜스 기능을 지원하는 프레임워크에서만 가능하다.

모든 데이터 불러오기에서 서스펜스 컴포넌트를 사용할 수 있는가?

서스펜스 컴포넌트는 effect나 이벤트 핸들러 내부에서 데이터를 가져올 때는 감지할 수 없다. 서스펜스 기능을 사용할 수 있는 데이터 소스는 다음과 같다.

- 릴레이(Relay), Next.js, 리믹스(Remix), 하이드로겐(Hydrogen) 등의 서스펜스 기능을 지원하는 프레임 워크를 활용한 데이터 불러오기
- lazy API를 사용한 컴포넌트 코드의 지연 로딩

현재는 프레임워크 없이 서스펜스 기능을 사용하는 것은 지원되지 않는다. 그러나 리액트 팀은 향후 버전에서 데이터 소스를 서스펜스 컴포넌트와 통합하기 위한 공식 API를 제공할 계획이다.

업데이트 중 불필요한 폴백을 방지하는 방법은 무엇인가?

만약 현재 사용자가 보고 있는 UI가 대체 UI로 교체된다면 사용자는 화면이 깜빡이는 경험을 하게 될 것이며, 이는 좋지 않은 사용자 경험이 될 것이다. 이 상황은 state 업데이트로 인해 컴포넌트가 중단됐는데, 가장 가까운 서스펜스 경계가 이미 사용자에게 어떤 대체 콘텐츠를 보여주고 있는 경우에 발생한다. startTransition API를 사용해 state 업데이트를 '급하지 않은 것'(non-urgent)으로 표시한다면 이러한 불필요한 폴백(fallback)을 피할 수 있다.

애플리케이션에서 페이지를 탐색하고 페이지 업데이트에 전환을 적용해 불필요한 폴백을 방지하는 예제를 보자.

```
function navigate(url) {
  startTransition(() => {
    setPage(url)
  })
}
```

전환 중에 리액트는 콘텐츠가 로드될 때까지 기다리며, 이미 나타난 콘텐츠를 감추기 위해 서스펜스 대체 UI를 다시 실행하지 않는다.

📄 **참고**

리액트는 긴급하지 않은 업데이트에 대해서만 불필요한 폴백을 방지한다. 긴급 업데이트의 경우 렌더링을 지연시키지 않는다.

과거에는 리액트가 한 번에 한 작업만 처리할 수 있었으며, 렌더링 프로세스가 동기적이었다. 한 번 작업이 시작되면 중단할 수 없었으며, 이를 블로킹 렌더링이라고 한다. 이 문제는 후에 도입된 동시성 모드(concurrent mode)로 해결됐으며, 이를 통해 다른 긴급한 작업이 있는 경우 작업을 중단할 수 있게 됐다. 동시성 모드는 실험적인 기능으로 도입됐으며 리액트 18 버전에서 동시성 렌더링 기능으로 대체됐다.

동시성 렌더링을 활용한 렌더링 성능 최적화

리액트 18은 렌더링 과정을 비동기적으로 만들고 중간에 중단, 일시 중지, 재개, 포기하는 것을 보장하는 동시성 렌더링을 도입했다. 결과적으로 리액트는 무거운 렌더링 업무를 처리하는 중에도 사용자 상호 작용에 빠르게 반응할 수 있게 됐다.

서스펜스, 스트리밍 서버 렌더링, 전환과 같은 새로운 기능은 동시 렌더링을 통해 구현된다.

리액트에서 어떻게 동시성 렌더링을 가능하게 하는가?

리액트에서 동시성 렌더링을 활성화하려면 먼저 react 및 react-dom 패키지를 18 버전으로 업데이트해야 한다. 그다음 더 이상 사용되지 않는 ReactDOM.render 메서드를 ReactDOM.createRoot 메서드로 교체해야 한다. 동시성 렌더링은 서스펜스, 스트리밍 서버 렌더링, 전환과 같은 동시성 기능을 사용하는 애플리케이션의 해당 부분에서 자동으로 활성화된다.

애플리케이션이 복잡해지면 애플리케이션 성능을 분석하는 데 상당한 시간을 투자해야 한다. 특히 고객에게 전달하기 전에 애플리케이션의 성능 특성을 측정하는 것이 중요하다. 컴포넌트의 렌더링 비용을 측정하려면 브라우저의 User Timing API(Web API)를 사용할 수 있지만 리액트 팀에서 만든 더 나은 대안이 있다. 예를 들어, Profiler API는 리액트 애플리케이션에서 성능 병목 현상을 식별하는 데 도움이 된다.

Profiler API를 활용한 리액트 애플리케이션 디버깅

리액트 애플리케이션 성능을 벤치마킹하고 있다면 컴포넌트가 얼마나 자주 리렌더링되는지와 각각의 리렌더링 비용을 추적하는 것이 애플리케이션 내의 문제 영역이나 부분을 파악하는 데 도움이 될 것이다. 리액트는 애플리케이션의 렌더링 성능을 측정할 수 있는 두 가지 방법, 즉 **React Profiler API**와 **리액트 개발자 도구**를 제공한다. 서스펜스 기능을 지원하는 React Profiler API를 사용하는 것을 고려해볼 필요가 있다.

렌더링 성능을 어떻게 측정하는가?

리액트는 컴포넌트 트리의 렌더링 성능을 프로그래밍 방식으로 측정하기 위한 Profiler API를 제공한다. 이 컴포넌트에는 UI 일부를 식별하는 데 사용되는 `id` prop과 트리가 업데이트될 때마다 호출되는 `onRender` 콜백이라는 두 가지 prop이 있다.

이 콜백은 `id`, `phase`, `actualDuration`, `baseDuration`, `startTime`, `commitTime` 같은 인수를 받아 렌더링 시간을 기록하는 데 사용된다.

온라인 서점 애플리케이션 내에 존재하는 저자 약력 컴포넌트의 렌더링 성능이 의심스러워서 이 컴포넌트를 프로파일링하고 싶다고 가정해 보자. 이 경우 `AuthorBio` 컴포넌트를 `Profiler` 컴포넌트로 래핑하고 `onRender` 콜백과 함께 사용해야 한다. 코드는 다음과 같다.

```
<App>
  <Profiler id="bio" onRender={onRender}>
    <AuthorBio />
  </Profiler>
  <Posts />
</App>
```

다수의 `Profiler` 컴포넌트를 사용해 애플리케이션의 여러 부분을 측정할 수도 있다.

ECMAScript5의 새로운 기능으로 자바스크립트는 제한된 버전의 자바스크립트를 강제하기 위해 엄격 모드를 제공한다. 이 기능은 코드를 작성할 때 더 엄격한 규칙을 가져와 이 규칙을 위반하면 오류를 발생시킨다. 엄격 모드는 파일 상단에 `use strict`를 추가해서 활성화할 수 있다. 마찬가지로 리액트는 더 엄격한 경고와 검사를 적용하기 위한 개발 전용 도구로서 `StrictMode` 컴포넌트를 제공하며, 이는 리액트 코드를 작성할 때 사용된다.

엄격 모드

리액트 팀은 웹 애플리케이션에서 잠재적인 버그와 이슈를 식별하기 위한 디버깅 도구로 엄격 모드(strict mode)를 도입했다. 이 도구는 리액트 API의 `StrictMode` 컴포넌트로 사용할 수 있으며, `Fragment` 컴포넌트와 비슷하게 어떤 UI도 렌더링하지 않는다. 이 기능은 개발 모드에서만 적용되며, 프로덕션 환경에서는 동작에 영향을 미치지 않는다. 이번 절에서는 엄격 모드의 주요 개념과 면접에서 물어볼 수 있는 질문에 중점을 두겠다.

어떻게 엄격 모드를 활성화하는가?

다음과 같이 루트 컴포넌트를 감싸서 전체 앱에 엄격 모드를 활성화할 수 있다.

```
import { StrictMode } from 'react'
import { createRoot } from 'react-dom/client'

const root = createRoot(document.getElementById('root'))
root.render(
  <StrictMode>
    <App />
  </StrictMode>,
)
```

버그가 발생할 가능성이 높다고 생각하는 애플리케이션의 특정 부분(앱 전체가 아닌 일부)에서만 엄격 모드를 사용할 수 있다. 애플리케이션 페이지의 본문 부분에 엄격 모드를 적용하는 것이 좋다. 코드는 다음과 같다.

```
<>
  <Navigation>
    <Details>
      <StrictMode>
        <Services />
        <Support />
      </StrictMode>
    </Details>
    <Footer />
  </Navigation>
</>
```

대부분의 경우 리액트 개발자들은 렌더링 영역에서의 부적절한 로직 및 effect 훅 내부의 정리 코드 부재와 같은 문제에 직면한다. 이러한 종류의 버그는 엄격 모드를 통해 손쉽게 파악할 수 있다.

엄격 모드를 통해 활성화되는 개발 전용 점검 항목들을 나열할 수 있는가?

엄격 모드는 초기 개발 단계에서 자주 발생하는 버그를 찾기 위한 다음과 같은 개발 전용 점검 항목들을 활성화한다.

- 순수하지 않은 렌더링으로 인한 버그를 찾기 위해 컴포넌트를 한 번 더 리렌더링한다.
- 이펙트에 대한 cleanup 함수 누락에 의한 버그를 찾기 위해 컴포넌트가 한 번 더 effect를 실행한다.
- 컴포넌트에서 사용되는 API 중 더 이상 사용되지 않는 API를 확인하고 사용자에게 경고한다.

이러한 점검 항목은 개발 목적으로만 적용되며, 프로덕션 빌드에는 영향을 미치지 않는다.

엄격 모드의 이중 렌더링 프로세스에서 두 번 호출되는 함수는 무엇인가?

개발 모드에서 엄격 모드는 다음과 같은 함수를 두 번 호출한다.

- 함수 컴포넌트의 내부(이벤트 핸들러 내부 코드 제외)
- 훅에 전달된 함수. 예를 들어 useState, useReducer, useMemo 등

- state updater 함수
- constructor, render, shouldComponentUpdate, getDerivedStateFromProps 같은 클래스 컴포넌트 메서드

순수하지 않은 함수라면 개발 모드에서 두 번 실행되어 원래 예상한 결괏값에 영향을 미칠 것이다. 그 결과, 코드의 버그를 가능한 한 빨리 식별하는 데 도움이 된다.

엄격 모드 외에도 리액트 애플리케이션에서 버그와 오류를 방지하기 위해 정적 타입 검사를 사용할 수 있다. 애플리케이션이 성장함에 따라 타입 검사를 활용해 많은 버그를 잡을 수 있다.

정적 타입 검사

리액트는 자바스크립트를 기반으로 하며 자바스크립트는 느슨한 타입의 언어다. 따라서 리액트에서는 기본적인 정적 타입 검사 기능이 없다.

리액트 이전 버전(〈15.5)에서는 PropTypes 검증이 제공되어 간단한 타입 검사를 수행할 수 있었다. 그 후에는 이 라이브러리가 리액트 코어 모듈에서 분리되어 별도의 라이브러리인 prop-types[10]로 만들어졌다.

요즘의 모던 리액트 애플리케이션에서는 PropTypes가 그다지 사용되지는 않는다. 리액트에서 정적 타입 검사는 필수가 아니지만 인터뷰에서 정적 타입 검사와 관련된 몇 가지 질문을 만날 수도 있다.

정적 타입 검사의 장점은 무엇인가?

자바스크립트 애플리케이션에서 정적 타입 검사를 수행하면 여러 가지 이점이 있다. 그중 일부는 다음과 같다.

---

[10] https://www.npmjs.com/package/prop-types

- 런타임 이전에(컴파일 타임에서의 에러) 타입 오류를 식별
- 초기 단계에서 버그와 오류를 감지
- 최적화와 코드 가독성 향상
- IDE 지원 향상
- 문서 생성

가능한 한 빨리 버그를 식별해서 버그를 수정하는 것이 더 효율적이다.

리액트 애플리케이션에서 정적 타입 검사를 어떻게 구현하는가?

리액트에서 정적 타입 검사를 구현하는 데는 여러 가지 방법이 있지만 다음의 두 가지 방법이 가장 좋다.

- 타입스크립트
- Flow

이 두 정적 타입 검사기는 코드를 실행하기 전에 특정 유형의 오류를 식별하는 데 도움을 준다. 타입스크립트가 현재 가장 강력하고 가장 많은 커뮤니티 지원을 받고 있으므로 이를 리액트에서 어떻게 구현할 수 있는지 알아보자.

타입스크립트는 마이크로소프트에서 만들었으며 자바스크립트의 타입이 지정된 슈퍼셋으로 알려져 있다. 자체 컴파일러를 제공하며, 빌드 시점에 오류와 버그를 잡을 수 있다. JSX를 지원하며, 리액트 훅을 문제없이 사용할 수 있다. 요즘에는 다음과 같은 여러 옵션을 추가해서 주요 프레임워크에서 타입스크립트를 지원할 수 있다.

- Next.js

```
npx create-next-app@latest --ts
```

- 리믹스

```
npx create-remix@latest
```

- **개츠비**

```
npm init gatsby -ts
```

- **엑스포(Expo)**

```
npx create-expo-app -t expo-template-blank-typescript
```

만약 위와 같은 프레임워크를 사용하지 않는다면 리액트 애플리케이션에 타입스크립트를 설정하기 위해 다음과 같은 단계를 수동으로 거쳐야 한다.

1. **타입스크립트를 프로젝트의 의존성으로 추가**: npm이나 yarn 패키지 매니저를 활용해 최신 버전의 타입스크립트를 설치한다.

```
npm install --save-dev typescript
```

이 의존성을 추가하면 tsc 컴파일러(타입스크립트 컴파일러)에 접근해서 애플리케이션을 빌드할 수 있게 된다.

2. **타입스크립트 컴파일러의 옵션 구성**: tsconfig.json에 규칙 세트를 정의할 수 있으며, 다음 명령을 사용해 파일을 생성할 수 있다.

```
npx tsc --init
```

자주 사용되는 옵션은 타입스크립트 파일의 소스 디렉터리와 생성된 자바스크립트 파일의 출력 폴더다. 구성은 다음과 같다.

```
//tsconfig.json
{
  "compilerOptions": {
    // ...
    "rootDir": "src",
    "outDir": "dist"
    // ...
  }
}
```

타입스크립트 공식 문서[11]를 참고해서 더 많은 구성 옵션을 추가할 수 있다. 타입스크립트의 리액트 스타터는 훌륭한 규칙 세트를 제공하는 구성 파일을 제공한다.

3. **파일 확장자 선택**: .ts 확장자 또는 JSX 코드를 포함하는 파일에 .tsx 확장자를 사용할 수 있다.

4. **라이브러리에 대한 타입 정의 추가**: 번들로 구성된 선언 파일을 포함하거나 DefinitelyTyped[12] 리포지터리를 가져오거나 로컬 선언 파일을 생성해서 타입스크립트에서 외부 자바스크립트 패키지를 사용할 수 있다.

이제 타입스크립트 패키지를 통해 사용할 수 있는 **tsc** 명령어를 통해 타입스크립트 프로젝트를 생성할 수 있다.

초기에 리액트는 주로 웹 개발에 사용됐다. 요즘에는 모바일, 데스크톱, VR 앱에도 사용할 수 있다. 리액트 네이티브는 모바일 기기를 지원하기 위해 만들어진 별도의 라이브러리다. 리액트와 동일한 개념을 기반으로 하지만 화면에 렌더링하기 위해 웹 컴포넌트 대신 네이티브 컴포넌트를 사용한다.

리액트의 모바일 환경 및 기능

페이스북은 초기에 서비스를 모바일 기기에서도 지원하기로 했을 때 많은 기술 기업들이 선호했던 네이티브 앱을 구축하는 대신 HTML5 기반의 모바일 페이지를 실행하기로 결정했다. 그러나 이로 인해 사용자 경험과 성능에 부담을 주는 문제가 발생했다.

2013년에 페이스북 팀은 자바스크립트를 사용해 iOS 앱의 UI 요소를 생성하는 방법을 찾았다. 이 아이디어는 모바일 애플리케이션에 대해 성공적이었으며, 추후 리액트 네이티브는 안드로이드 기기도 지원하게 되었다.

이번 절에서는 리액트 네이티브에 초점을 맞춰 리액트 개념을 넘어서서 아키텍처, 내비게이션, 리액트와의 차이점과 관련된 중요한 주제를 다룰 것이다. 이는 리액트 면접에서 다뤄질 것으로 예상할 수 있는 주제다.

---

11 https://www.typescriptlang.org/docs/handbook/tsconfig-json.html
12 https://github.com/DefinitelyTyped/DefinitelyTyped

리액트 네이티브란 무엇인가?

리액트 네이티브는 iOS, 안드로이드, 윈도우를 대상으로 네이티브로 렌더링된 모바일 애플리케이션을 구축하기 위한 인기 있는 자바스크립트 기반의 모바일 앱 프레임워크다. 이 라이브러리의 주요 장점은 여러 플랫폼에서 실행되는 하나의 코드 베이스를 사용할 수 있다는 것이다.

페이스북 팀은 리액트 네이티브를 2015년에 오픈소스로 공개했다. 몇 년 만에 이 라이브러리는 모바일 개발의 최상위 솔루션 중 하나가 됐으며, 현재는 페이스북, 인스타그램, 스카이프, 우버 등의 인기 있는 모바일 앱에서 사용되고 있다.

리액트와 리액트 네이티브의 차이점은 무엇인가?

리액트 네이티브는 리액트 라이브러리를 기반으로 하며, 많은 개념을 공유한다. 그러나 다음과 같은 몇 가지 주요한 차이점이 있다.

표 5.1 리액트 vs. 리액트 네이티브

리액트	리액트 네이티브
웹 애플리케이션 개발에 사용된다.	모바일 애플리케이션을 개발하는 데 사용된다.
페이지 이동에 react-router 라이브러리를 사용한다.	페이지 이동에 내장된 내비게이터 라이브러리를 사용한다.
가상 DOM을 사용해 웹 페이지를 렌더링한다.	네이티브 API를 사용해 페이지를 렌더링한다.
사용자 인터페이스를 만들기 위해 HTML, CSS 및 자바스크립트를 사용한다.	네이티브 컴포넌트 및 API를 사용해 앱을 구축한다.
애니메이션에 자바스크립트 및 CSS 라이브러리를 사용한다.	내장된 애니메이션 라이브러리를 제공한다.

따라서 리액트 네이티브는 리액트 라이브러리를 기반으로 구축된 별도의 라이브러리로, 네이티브 앱을 만들기 위한 것이며, 이 네이티브 라이브러리는 고유한 아키텍처를 갖는다.

스레딩 모델을 기반으로 하는 리액트 네이티브 아키텍처를 설명할 수 있는가?

패브릭(Fabric)은 새로운 렌더링 아키텍처로, 페이스북 팀에 의해 만들어졌으며 심지어 페이스북 앱도 이 렌더러를 기반으로 하고 있다. 이 아키텍처의 핵심 원칙은 C++에서 렌더러 로직을 통합하고 호스트 플랫폼 간의 상호 운용성을 최적화하는 것이다. 이는 예전 아키텍처와 유사한 스레딩 모델을 기반으로 하지만 네이티브 앱보다 사용자 경험을 더 최적화하기 위해 다르게 작동한다.

과거 아키텍처에서는 리액트 네이티브 브리지가 자바스크립트와 네이티브 모듈 간의 통신에 사용됐다. 그러나 이 방법에는 제한 사항이 있었는데, 예를 들어 통신은 비동기 작업을 통해서만 이뤄져야 했으며 데이터를 JSON으로 직렬화하거나 역직렬화해야 했다. 새로운 아키텍처에서는 이 브리지 컴포넌트가 **자바스크립트 인터페이스(JavaScript Interface; JSI)**로 대체됐다.

새로운 렌더링 아키텍처에서 다양한 컴포넌트가 어떻게 통신하는지 살펴보자.

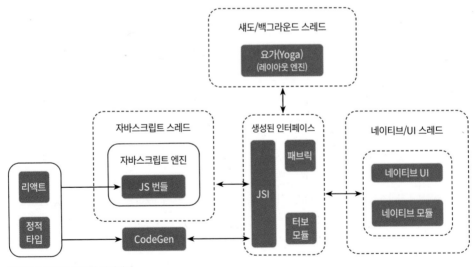

그림 5.1 패브릭 렌더링 아키텍처

모든 리액트 앱에서 예전 렌더러를 사용하든, 새로운 렌더러를 사용하든 다음과 같은 세 개의 병렬 스레드가 실행된다.

- **UI 스레드 또는 메인 스레드**: 이 스레드는 iOS 및 안드로이드 호스트 뷰를 처리할 책임이 있다. 버튼을 탭하거나 사용자 제스처 이벤트, 스크롤링 등과 같은 일부 네이티브 상호 작용을 처리한다.

- **JS 스레드**: 이 스레드는 리액트 네이티브 애플리케이션의 모든 로직을 처리한다. 코드에서 작성한 모든 DOM 계층 구조 작업을 처리하고 실행한다. 그런 다음, 코드는 최적화를 위해 네이티브 모듈 스레드로 전송된다.

- **섀도 또는 백그라운드 스레드**: 이 스레드는 요소의 위치, 높이, 너비와 같은 레이아웃 계산을 처리한 후 이를 네이티브 요소로 변환한다.

예전 아키텍처에서는 JS 스레드와 UI 스레드 간에 데이터를 직렬화하고 역직렬화해서 비동기적으로 통신하는 데 브리지 컴포넌트가 사용됐다. 이로 인해 메모리 관리와 애플리케이션 성능 측면에서 과부하가 발생했다. 새로운 아키텍처에서는 JS 스레드와 네이티브 코드 간의 효율적인 통신을 위해 브리지 컴포넌트가 JSI로 대체됐다. JSI는 C++로 작성된 메서드가 자바스크립트 엔진, 예를 들어 **JavaScript Core(JSC)**나 Hermes에 의해 네이티브 코드의 메서드를 직접 호출하거나 사용할 수 있도록 하는 경량 레이어다.

새로운 아키텍처의 워크플로는 다음과 같다.

1. 사용자가 모바일 애플리케이션의 앱 아이콘을 클릭하면 패브릭 렌더링 시스템이 네이티브 모듈을 열지 않고 직접 네이티브를 로드한다.

2. 렌더링 시스템은 준비가 완료되면 JS 스레드에 알린다. 그후 JS 스레드는 자바스크립트 코드, 리액트 로직 및 그 컴포넌트로 구성된 main.bundle.js라는 최종 번들을 불러온다.

3. JS 코드는 JSI API를 통해 패브릭에 객체로 노출된 ref 네이티브 함수를 통해 호출된다.

4. 섀도 스레드 내부의 요가 엔진은 레이아웃 계산을 수행해서 Flexbox 기반 스타일을 호스트 레이아웃으로 변환하는 등의 작업을 한다.

5. 마지막으로 컴포넌트가 화면에 렌더링된다.

또한 새로운 아키텍처에는 터보 모듈(Turbo module)과 CodeGen이라는 두 가지 새로운 컴포넌트가 추가됐다.

터보 모듈은 기존 아키텍처에 존재하는 네이티브 모듈의 개선된 버전으로, 모듈을 지연 로딩해서 시작 성능을 향상시키면서 자바스크립트와 플랫폼 네이티브 코드 사이의 통신을 담당한다. CodeGen 정적 타입 검사기는 동적 자바스크립트 코드와 정적 타입 C++로 작성된 JSI 코드 사이의 통신을 돕는다.

리액트 네이티브에서 어떻게 내비게이션을 구현하는가?

리액트 네이티브에서 내비게이션은 react-navigation 라이브러리를 사용해 네이티브 애플리케이션의 페이지 간 이동을 처리한다. 여러 화면 간의 전환은 스택(stack) 내비게이터, 드로어(drawer) 내비게이터, 탭(tab) 내비게이터 등과 같은 다양한 종류의 내비게이터에 의해 관리된다. 여러 화면 간의 전환 중 데이터를 전달할 수도 있다.

리액트 내비게이션은 앱에서 내비게이터가 내비게이션 구조를 생성하는 데 사용하는 핵심 유틸리티로 구성된다. 이 패키지는 다음 명령을 사용해 설치할 수 있다.

```
npm install @react-navigation/native
```

리액트 내비게이션의 각 내비게이터는 각기 별도의 라이브러리에 존재한다. 예를 들어, 네이티브 스택 내비게이터를 사용하려면 다음 명령을 사용해 별도로 설치해야 한다.

```
npm install @react-navigation/native-stack
```

스택 내비게이터는 앱이 화면 간 전환을 처리하고 내비게이션 기록을 관리하는 방법을 제공한다. 이 동작은 웹 브라우저가 내비게이션 기록을 처리하는 방식과 유사하다. 또한 스택 내에서 페이지를 탐색하는 동안 안드로이드 및 iOS 디바이스에서 기대할 수 있는 제스처와 애니메이션을 제공한다.

다음은 스택 내비게이터를 기반으로 조직의 웹사이트의 내비게이션 메뉴 항목을 만든 예다.

```
import * as React from 'react'
import { View, Text } from 'react-native'
import { NavigationContainer } from '@react-navigation/native'
```

```
import { createNativeStackNavigator } from '@react-navigation/native-stack'
import HomeScreen from 'components/HomeScreen'
import ServicesScreen from 'components/ServicesScreen'

const Stack = createNativeStackNavigator()

function App() {
  return (
    <NavigationContainer>
      <Stack.Navigator>
        <Stack.Screen name="Home" component={HomeScreen} />
        <Stack.Screen name="Services" component={ServicesScreen} />
      </Stack.Navigator>
    </NavigationContainer>
  )
}

export default App
```

이 코드에서는 웹사이트의 중요한 화면으로 사용자를 리디렉션하는 스택 내비게이션 메뉴를 생성했다.

또한 Navigation API를 사용해 내비게이터를 중첩시킬 수도 있다.

새로운 아키텍처의 장점은 무엇인가?

리액트 네이티브의 새로운 아키텍처는 사용자 경험, 코드 품질, 성능, 확장성 측면에서 여러 장점을 갖고 있다. 그중 몇 가지를 정리해보자.

- **더 나은 상호 운용성**: 이전 아키텍처에서는 리액트 뷰를 호스트 뷰에 포함하려고 할 때 레이아웃이 이동하는 문제가 있었다. 이는 리액트 네이티브 레이아웃이 비동기적이기 때문이었다. 새로운 렌더러는 리액트 페이지를 동기적으로 렌더링해서 상호 운용성을 향상시켰다.

- **더 나은 데이터 불러오기 동작**: 리액트의 서스펜스 기능을 통합함으로써 데이터 불러오기 사용자 경험이 향상됐다.

- **타입 안전성**: JS와 플랫폼 레이어 사이의 타입 안전성을 보장한다. 자바스크립트 컴포넌트 선언을 사용해 props를 보유할 C++ 구조체를 생성한다. 자바스크립트 스펙으로 생성된 코드는 Flow나 타입스크립트를 통해 타입이 지정돼야 한다.

- **동기적 실행**: 이는 사용자 경험을 향상시킨다. 이제 함수를 비동기적으로 실행하는 대신 동기적으로 실행할 수 있다.

- **동시성**: 자바스크립트는 다른 스레드에서 실행되는 함수를 호출할 수 있다.

- **공유 C++ 코드**: 새로운 렌더러는 C++로 구현됐다. 따라서 플랫폼에 구애받지 않는 코드를 작성하고 플랫폼 간에 공유할 수 있다.

- **성능 향상**: 새로운 렌더링 아키텍처에서는 특정 플랫폼의 모든 제한 사항을 식별할 수 있으며, iOS와 안드로이드 모두에서 동작할 수 있는 해결책을 제공한다. 초기에는 뷰 평탄화(flattening) 솔루션이 안드로이드 전용으로 제공됐었지만 이제는 기본적으로 양 플랫폼에서 모두 사용 가능하다.

- **빠른 시작**: 호스트 컴포넌트가 기본적으로 지연 초기화되므로 시작 시간이 빨라진다.

- **일관성**: 새로운 렌더 시스템이 크로스 플랫폼이므로 컴포넌트의 동작이 플랫폼 간에 일관되게 유지된다.

- **적은 오버헤드**: 이제 자바스크립트와 UI 레이어 간에 직렬화 또는 역직렬화를 수행할 필요가 없다.

이러한 이점은 이전 아키텍처로는 얻을 수 없다.

뷰 평탄화란 무엇인가?

리액트 API의 선언적 및 구성 특성 때문에 개발자는 깊은 리액트 엘리먼트 트리를 생성할 수 있는데, 이때 대부분의 노드는 화면 렌더링이 아닌 화면 레이아웃에만 영향을 준다. 이러한 노드를 **레이아웃 전용** 노드(layout-only nodes)라고 한다. 레이아웃 전용 노드가 많아지면 렌더링 중 성능 저하가 발생할 수 있다.

렌더러는 성능을 향상시키기 위해 뷰 평탄화(view flattening) 알고리즘을 구현한다. 뷰 평탄화는 리액트 네이티브 렌더러에서 깊은 레이아웃 트리를 피하기 위한 최적화 알고리즘이다. 이 메커니즘은 레이아웃 전용 노드를 병합하거나 평평하게 만들어 화면에 표시되는 호스트 뷰 계층의 깊이를 줄인다.

이 과정은 `margin` 및 `padding` 스타일이 적용된 뷰 컨테이너 컴포넌트를 포함하는 다음과 같은 `MyLogoComponent`를 통해 설명할 수 있다.

```
function MyLogoComponent() {
  return (
    <View>
      <View style={{ margin: 10 }}>
        <View style={{ padding: 20 }}>
          <Image {...} />
          <Text {...} >This is a caption</Text>
        </View>
      </View>
    </View>
  )
}
```

이 코드에서는 컨테이너와 컴포넌트의 실제 내용 사이에 두 개의 호스트 뷰(`<View style={..}>`)가 추가되어 내부 콘텐츠에 대한 구조적 스타일링을 적용했다.

뷰 평탄화 알고리즘은 렌더러의 **비교(diffing)** 단계의 일부로 통합되어 두 번째 및 세 번째 뷰의 스타일링을 첫 번째 뷰로 병합한다. 이렇게 함으로써 두 개의 추가 호스트 뷰를 생성하고 렌더링할 필요가 없어진다.

다음 다이어그램은 이 메커니즘을 사용해 깊은 레이아웃 트리 없이 어떻게 네이티브 화면이 나타나는지 보여준다.

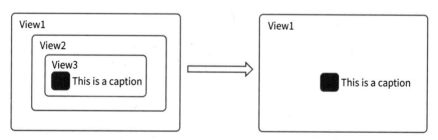

그림 5.2 병합된 뷰의 네이티브 화면

이 뷰 평탄화 알고리즘을 적용한 후에는 어떠한 시각적인 변화도 발생하지 않을 것이다.

이번 절에서는 리액트 면접에서 대면할 수 있는 리액트 네이티브의 중요한 기본 개념 중 일부를 다뤘다. 면접 과정에서는 리액트 기술 스택에 대한 지식을 테스트하기 위해 이러한 내용에 관해 질문받을 수 있다. 또한 이번 절은 리액트 생태계의 다양한 고급 주제를 다룬 이번 장의 마지막 절이기도 하다.

정리

이번 장에서는 리액트 면접에서 만날 수 있는 여러 고급 개념들을 다뤘다. 모달 창을 처리하는 포털, 에러가 발생할 때 앱 충돌을 방지하는 에러 바운더리, 그리고 많은 시간이 소요되는 백그라운드 작업에 대한 대체 UI를 표시하는 서스펜스 기능과 같은 새로운 기능을 다루며 시작했다. 다음으로 렌더링 성능을 향상시키는 기능을 지원하는 동시성 렌더링과 특정 부분의 렌더링 비용을 감지하는 데 사용할 수 있는 Profiler API에 관련된 주제를 다뤘다.

다음으로 코드에서 발생할 수 있는 버그와 오류를 피하는 데 도움이 되는 엄격 모드나 정적 타입과 같은 개발 전용 기능을 살펴봤다. 마지막으로 모바일 환경에서의 리액트를 소개하고, 리액트 네이티브와 리액트의 차이점, 내부 및 렌더링 아키텍처에 대해 논의했다.

이번 장 전체에서 리액트 개발에서의 고급 개념, 그 중요성, 그리고 모범 사례를 살펴봤다. 결과적으로 이 책은 경쟁이 치열한 취업 시장에서 여러분의 리액트 기술을 향상시킬 것이다.

다음 장에서는 리액트의 인기 있는 상태 관리 솔루션을 알아본다. 리덕스 패턴 및 리덕스 아키텍처를 살펴보고 리덕스의 기초를 이해하는 것으로 시작해서 핵심 원칙, 다양한 컴포넌트, 비동기 요청 처리, 미들웨어, 리덕스 애플리케이션 디버깅과 같은 중요한 주제를 다룬다.

03

리액트 그 너머,
그리고 심화 주제

3부에서는 인기 있는 리액트 상태 관리 라이브러리인 리덕스와 왜 프로젝트에서 지역 상태를 갖는 것보다 전역 상태를 갖는 것이 훨씬 더 유익한지에 대해 알아본다. 또한 리액트 애플리케이션에서 CSS를 사용하는 다양한 방법과 각 방법의 장단점에 대해서도 살펴볼 것이다.

그다음으로 테스트와 디버깅에 대해 알아보면서 코드를 더 신뢰할 수 있게 만드는 다양한 테스팅 방법을 살펴본다. 마지막으로 리액트 라이브러리인 Next.js, 개츠비(Gatsby), 리믹스(Remix)에 대해 배워보면서 이것들이 어떻게 리액트 애플리케이션을 구축하는 데 도움이 될 수 있는지 알아본다.

3부에서는 다음과 같은 내용을 다룬다.

- 6장 '리덕스: 최고의 상태 관리 솔루션'
- 7장 '리액트에서 CSS를 다루는 다양한 방법'
- 8장 '리액트 애플리케이션 테스팅과 디버깅'
- 9장 'Next.js, 개츠비, 리믹스 프레임워크를 활용한 빠른 개발'

06장

리덕스: 최고의 상태 관리 솔루션

자바스크립트로 구현된 싱글 페이지 애플리케이션의 요구사항이 점차 복잡해짐에 따라 애플리케이션 상태를 유지하는 것은 더욱 까다로워졌다. 애플리케이션 상태는 서버 또는 API 응답, 로컬 컴포넌트의 상태 및 페이징, 활성화된 라우트, 선택된 탭과 같은 UI 상태로부터 생성될 수 있다. 이러한 애플리케이션의 상태값은 애플리케이션 내부에서 직접 혹은 간접적인 모델로, 또는 UI 상호 작용을 통해 변경될 수 있다. 이로 인해 어느 순간부터 상태가 언제, 왜, 어떻게 변경됐는지를 통제할 수 없게 될 수도 있다. 이러한 문제는 플럭스(Flux) 같은 상태 관리 디자인 패턴과 리덕스(Redux), Mobx, 리코일(Recoil), 리매치(Rematch), Vuex 같은 라이브러리로 해결됐다.

적절한 상태 관리 솔루션을 선택하는 것은 중대형급 리액트 애플리케이션에서 매우 중요하다. 이번 장을 읽고 나면 플럭스 패턴과 리덕스 아키텍처, 핵심 원칙, 주요 컴포넌트, 비동기 데이터 흐름의 처리, 사가(Saga)와 썽크(Thunk) 같은 미들웨어 및 디버깅을 위한 리덕스 개발자 도구(Redux DevTools)에 관한 질문에 유창하게 답할 수 있게 될 것이다.

이번 장에서 다루는 주요 주제는 다음과 같다.

- 플럭스 패턴과 리덕스의 이해
- 리덕스의 핵심 원칙, 컴포넌트, API
- 리덕스 미들웨어: 사가와 썽크

- 리덕스 로직을 RTK를 이용해 정규화하는 법
- 리덕스 개발자 도구로 애플리케이션 디버깅하기

처음에 리덕스는 리액트 애플리케이션을 위해 만들어졌으며, 현재 사용 가능한 상태 관리 라이브러리 가운데 꽤 많은 인기를 누리고 있다. 다음 절에서 플럭스 패턴, 리덕스의 기초 및 핵심 개념에 대해서 더 자세히 알게 되면 리덕스 라이브러리에 대한 이해가 더욱 깊어 질 것이다.

플럭스 패턴과 리덕스 이해하기

플럭스는 리액트 애플리케이션의 데이터 흐름을 관리하기 위한 디자인 패턴이다. 이 패턴 은 옵저버 패턴[13]을 약간 수정한 것으로, 한 객체의 상태 변경이 다른 모든 객체에 알림을 주고 이를 구독해서 확인하는 일련의 메커니즘을 의미한다.

리덕스 라이브러리는 2015년에 처음 소개됐다. 리덕스는 최초에 플럭스 아키텍처에 영감 을 받았지만 실제 구현에는 차이가 있다. 다음의 몇 가지 질문은 리덕스 상태 관리 라이브 러리를 위한 플럭스와 리덕스의 핵심 개념에 초점이 맞춰져 있다.

플럭스 패턴이란 무엇인가? 데이터 흐름에 대해 설명할 수 있는가?

플럭스란 애플리케이션에서 단방향 데이터 흐름을 관리하는 패턴으로, 전통적인 MVC 패 턴을 대체한다. 플럭스는 프레임워크나 라이브러리가 아니라 클라이언트 사이드 웹 애플 리케이션의 상태 관리 복잡성을 해결하기 위한 새로운 종류의 아키텍처다. 페이스북이 리 액트 애플리케이션을 작업하는 동안 내부적으로 개발해서 사용됐다.

플럭스의 데이터 흐름에는 다음과 같은 네 가지 주요 컴포넌트인 액션, 디스패처, 스토어, 뷰가 있다. 각각에 대한 자세한 설명은 다음과 같다.

---

13 https://en.wikipedia.org/wiki/Observer_pattern

- **액션(Action)**: 데이터 흐름을 트리거하는 디스패처로 보내지는 자바스크립트 객체를 의미한다.

- **디스패처(Dispatcher)**: 스토어를 업데이트하기 위한 콜백을 위한 싱글턴 레지스트리로, 플럭스 애플리케이션 내의 데이터 흐름의 중앙 허브 역할을 담당한다. 디스패처는 실제로 별도 로직이 존재하지 않으며, 단순히 액션에서 스토어로 페이로드만 전달하는 역할을 한다.

- **스토어(Store)**: 애플리케이션 상태와 로직을 보관하는 곳이다.

- **뷰(View)**: 스토어로부터 데이터를 받아 애플리케이션을 다시 렌더링한다. 뷰는 사용자 상호 작용에 따른 액션을 트리거하기도 한다.

앞서 언급된 컴포넌트를 기반으로 한 플럭스 아키텍처의 단계별 데이터 흐름은 다음과 같다.

1. 사용자가 UI 상호 작용을 수행하면 이벤트가 생성되고, 뷰는 디스패처에 액션을 보낸다.

2. 디스패처는 해당 액션을 각 스토어에 보낸다.

3. 스토어는 상태를 업데이트하고 뷰에 다시 렌더링하도록 알린다.

다음 다이어그램은 플럭스 기반 웹 애플리케이션에서 데이터 흐름이 어떻게 일어나는지 보여준다.

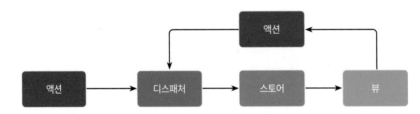

그림 6.1 플럭스 데이터 흐름

대부분의 애플리케이션에서는 액션 객체를 생성할 뿐만 아니라 액션을 디스패처에 전달하는, 이른바 액션 생성기(action creator)를 일종의 라이브러리로 생성해서 사용한다.

플럭스의 장점은 무엇인가?

플럭스 아키텍처에는 다음과 같은 장점이 있으며, 클라이언트 사이드 웹 애플리케이션에서 사용하기에 유용하다.

- 단방향 데이터 흐름으로 인해 이해하기가 쉽다.

- 플럭스 컴포넌트는 서로 분리되어 각 컴포넌트가 자체적인 책임을 지닌다.

- 프레임워크나 라이브러리가 아닌 오픈소스 아키텍처다.

- 설계로 인해 발생하는 런타임 오류가 감소한다.

- 유지보수가 용이하다.

플럭스 아키텍처는 API 통신, 캐싱, 지역화 코드를 뷰 또는 UI 계층에서 분리하는 데 도움이 된다.

MVC와 플럭스의 차이점은 무엇인가?

MVC(Model, View, Controller) 디자인 패턴은 1976년 스몰톡 프로그래밍 언어에서 처음 소개됐다. 애플리케이션의 규모가 점점 커짐에 따라 이 패턴은 다중 데이터 흐름으로 인해 복잡해진다. 페이스북 팀은 플럭스 아키텍처를 도입해서 이 문제를 해결했다. MVC와 플럭스 디자인 패턴 간의 주요 차이점은 다음과 같다.

표 6.1 MVC와 플럭스 비교

MVC	플럭스
데이터 흐름이 양방향이다.	데이터 흐름이 단방향이다.
컨트롤러가 로직을 다룬다.	스토어가 로직을 처리한다.
스토어와 같은 개념이 없다.	여러 개의 스토어가 존재할 수 있다.
동기적으로 이뤄진다.	비동기적으로 이뤄진다.
양방향이라 디버깅하는 데 어려움이 있다.	디스패처로 디버깅하기가 용이하다.
클라이언트 및 서버 사이드 프레임워크 모두에서 사용 가능하다.	클라이언트 사이드 프레임워크에서만 사용 가능하다.

플럭스가 MVC와 완전히 다른 접근법을 가지고 있는 것은 아니지만 MVC보다 한층 더 향상된 모습을 가지고 있다. 애플리케이션이 복잡하고, 복잡한 데이터 모델을 가지고 있다면 MVC보다 플럭스를 적용하는 것이 더 낫다.

리덕스란 무엇인가?

리덕스는 클라이언트, 서버, 네이티브 환경에서 일관되게 동작하는 자바스크립트 애플리케이션을 위해 설계된 예측 가능한 상태 관리 도구로 많은 인기를 누리고 있다. 또한 테스트하기도 용이하다. 리덕스는 페이스북의 플럭스 아키텍처에서 영감을 받았다. 게다가 플럭스 패턴에 존재했던 불필요한 복잡성을 제거했다.

애플리케이션에 컴포넌트가 많지 않을 때는 컴포넌트의 상태를 사용하기가 비교적 간단하다. 그러나 컴포넌트 수가 증가하고 애플리케이션이 점차 커짐에 따라 애플리케이션 내에 각 컴포넌트의 상태를 유지하는 것이 어려워진다. 이 경우 리덕스는 전역 스토어를 생성해서 대규모 애플리케이션의 상태를 관리하며, 상태가 필요한 모든 컴포넌트는 이 전역 스토어를 사용하고 컴포넌트 사이에 props를 내려주는 것이 불필요해진다.

📄 **참고**

리덕스는 모든 의존성을 포함하더라도 2KB밖에 되지 않는 가벼운 라이브러리다.

플럭스와 리덕스의 차이점은 무엇인가?

리덕스가 플럭스에 영감을 받았다고 하더라도 다음 표와 같은 몇 가지 주요 차이점이 있다.

표 6.2 플럭스와 리덕스 비교

플럭스	리덕스
페이스북이 개발	댄 아브라모프와 앤드류 클라크가 개발
애플리케이션 상태 관리를 위한 애플리케이션 아키텍처	상태를 관리하기 위한 오픈소스 자바스크립트 라이브러리
애플리케이션에 여러 스토어를 제공	리덕스 패턴 내에서는 애플리케이션 내부에 단 하나의 스토어만 존재
액션, 디스패처, 스토어, 뷰라는 4개의 주요 컴포넌트로 구성됨	액션, 리듀서, 스토어라는 3개의 주요 컴포넌트로 구성됨
스토어가 로직을 다룸	리듀서가 로직을 다룸
싱글턴 디스패처 존재	디스패처를 사용하지 않음
스토어 상태는 변할 수 있음(mutable)	스토어 상태는 변할 수 없음(immutable)

앞서 설명한 차이점 외에도 리덕스는 함수 합성(functional composition)을 통해 복잡성을 줄이는 반면, 플럭스는 콜백을 등록하는 방법을 사용한다.

언제 리덕스를 사용해야 하는가?

리덕스는 애플리케이션 전반에 걸쳐 데이터를 유지하고 업데이트하기 위해 사용되며, 여러 컴포넌트에 상태를 공유할 수 있다. 그러나 모든 종류의 애플리케이션에 필요한 것은 아니다. 리덕스의 학습 곡선은 가파른 편이며, 작성해야 하는 코드의 양 또한 늘어난다.

다음은 리덕스를 사용하기에 유용한 경우를 정리한 것이다.

- 애플리케이션에 포함된 수많은 상태를 앱 내부의 여러 컴포넌트에서 공유해야 하는 경우
- 애플리케이션의 상태가 단일 진실 공급원을 따라야 하는 경우
- 애플리케이션의 상태가 자주 업데이트되는 경우
- 일정 기간 동안 상태 업데이트가 어떻게 일어나는지 모니터링해야 하는 경우
- 애플리케이션 코드가 소규모가 아니며 많은 팀 구성원이 함께 작업해야 하는 경우

또한 리액트나 다른 프런트엔드 프레임워크 자체에서 상태를 관리할 수 있다면 리덕스를 사용할 필요가 없다.

리덕스는 단순히 작은 라이브러리가 아니다. 핵심 원칙에 기반한 패턴으로도 볼 수 있으며, 세 가지 주요 컴포넌트를 기반으로 동작하며, 리덕스 애플리케이션에서 일반적인 사용 사례를 다루기 위해 여러 가지 추가 기능과 광범위한 API를 제공한다. 다음 절에서 이러한 모든 주제에 대해 깊이 파고 들어 보자.

리덕스의 핵심 원칙, 컴포넌트, API

리덕스는 플럭스 아키텍처의 주요 특징에 영감을 받아 만들어졌지만, 그 자체의 기반 원칙과 다양한 컴포넌트를 가지고 대규모 애플리케이션에서 상태 관리를 처리한다. 이번 절에

서 리덕스의 내부 구조와 사용법을 명확하게 이해하고 나면 중급에서 고급 수준의 질문에 답할 수 있게 될 것이다.

리덕스의 핵심 원칙은 무엇인가?

리덕스는 다음과 같은 세 가지 주요 원칙을 가지고 있다. 이 원칙은 라이브러리를 더 잘 이해하는 데 도움을 준다.

- **단일 진실 공급원**: 애플리케이션 전역 상태는 단일 스토어에 객체 트리 형태로 저장된다. 모든 상태가 한곳에 존재하기 때문에 단일 진실 공급원이라고 한다. 이 단일 트리 구조는 애플리케이션을 디버깅하고 검사하는 것을 더 쉽게 만들어준다. 결과적으로 이전에는 구현하기 어려웠던 실행 취소(Undo)나 다시 실행(Redo) 기능을 더 쉽게 구현할 수 있다. 애플리케이션의 전체 상태는 다음과 같이 getState()로 가져올 수 있다.

```
console.log(store.getState())
```

이 단일 트리는 개발 중에도 상태를 유지하는데 도움이 되어 더 빠른 개발 주기를 꾀할 수 있다.

📄 **참고**

리덕스의 이러한 단일 스토어 접근법은 플럭스의 여러 스토어와 구별되는 가장 큰 차이점 중 하나다.

- **상태는 읽기 전용**: 상태를 변경할 수 있는 유일한 방법은 어떠한 일이 발생했는지를 설명하는 객체 형태의 액션을 내보내는 것뿐이다. 즉, 애플리케이션의 상태를 직접 변경할 수 없으며, 대신 액션을 전달해서 상태 변경 의도를 나타낸다. 다음 코드는 액션을 디스패치해서 cities 상태에 새로운 도시를 추가하는 방법이다.

```
store.dispatch({
  type: 'ADD_CITY',
  payload: 'London',
})
```

이 액션은 순수 자바스크립트 객체이기 때문에 직렬화, 저장, 로깅할 수 있으며, 디버깅 목적으로 재현할 수 있다.

- **변경은 순수 함수로만 일어난다**: 상태가 액션에 의해 어떻게 변경되는지 지정하려면 리듀서(Reducer)를 작성해야 한다. 리듀서는 이전 상태와 액션을 인수로 받아 새로운 상태를 반환하는 순수 함수다. 새로운 상태 객체가 반환되며, 기존 상태를 수정하지 않는다는 점을 명심해야 한다. 다음 예제의 리듀서는 새로운 도시를 추가하며, cities 상태 변수를 업데이트해서 반환한다.

```
function cities(cities = [], action) {
  switch (action.type) {
    case 'ADD_CITY':
      return [
        ...cities,
        {
          name: action.payload,
          position: 1,
        },
      ]
    default:
      return cities
  }
}
```

처음에는 애플리케이션을 단일 리듀서로 작성하는 것으로 시작할 수 있다. 애플리케이션의 규모가 커지면 크기가 큰 리듀서를 상태 트리의 특정 부분을 관리하는 여러 작은 리듀서로 나눌 수 있다. 또한 리듀서가 호출되는 순서를 제어하고 추가 데이터를 전달해서 애플리케이션에서의 공통 작업에 재사용할 수 있다.

리덕스는 어떻게 동작하는가? 리덕스의 메인 컴포넌트는 무엇인가?

리덕스 시스템은 애플리케이션의 전체 상태를 중앙 스토어에 보관하는 방식으로 동작한다. 리덕스 프로바이더(provider)의 자식인 각 UI 컴포넌트는 한 컴포넌트에서 다른 컴포넌트로 props를 전달하지 않고도 이 중앙 스토어에 접근할 수 있다. 리덕스 워크플로의 전체 과정은 액션, 리듀서, 스토어라는 세 가지 주요 핵심 컴포넌트를 기반으로 한다.

이러한 핵심 컴포넌트를 활용한 리덕스의 워크플로를 다음 코드의 간단한 할 일 에세 애플리케이션을 통해 이해해 보자. 예제에서는 먹기와 달리기 같은 일상활동을 할 일로 간주하고, 리덕스 워크플로를 사용해 스토어에 추가한다.

- **액션(Action)**: 액션은 단순 자바스크립트 객체로, 어떠한 종류의 작업을 수행할지를 나타내는 타입 필드와 상태를 변경하는 데 사용되는 기타 데이터를 포함하고 있다. 액션은 애플리케이션 데이터(예: 폼 데이

터, 사용자 상호 작용, API 요청 등)를 리덕스 스토어로 보내는 유일한 방법이다. 이러한 모든 액션은 액션 생성기를 통해 만들어지며, 액션 생성기는 액션을 반환하는 함수일 뿐이다. 다음 코드는 todo 액션을 반환 하는 addTodo라는 액션 생성기다.

```
function addTodo(todo) {
  return {
    type: 'ADD_TODO',
    payload: todo,
  }
}
```

앞서 언급한 액션은 할 일(todo) 인수도 포함하고 있다. 이 액션은 스토어의 dispatch(addTodo)에 의 해 실행되며, 이 메서드는 액션을 스토어로 보낸다.

- **리듀서(Reducer)**: 액션은 무엇을 해야 할지 설명하지만, 어떻게 해야 할지는 알려주지 않는다. 따라서 리 듀서는 액션에 대한 응답으로 스토어의 상태가 어떻게 변경될지 처리하는 데 사용된다. 리듀서는 받는 액 션 타입에 따라 이벤트를 처리하는 이벤트 리스너와 유사하다. 리듀서에는 새로운 할 일(todo)을 추가하 는 로직이 포함돼 있으며, 다음과 같은 코드로 나타낼 수 있다.

```
const todoReducer = (state = initialState, action) => {
  switch (action.type) {
    case 'ADD_TODO':
      const { name, priority } = action.payload
      return [...state.todos, { name, priority }]
    default:
      return state
  }
}
```

앞서 언급된 리듀서는 초기 상태와 액션을 인수를 받는다. 만약 switch 조건문이 ADD_TODO 액션 타입과 일치하면 기존 상태에서 todos를 복사해서 새로운 todo 값으로 todos를 업데이트하고, 새로운 할 일 목 록을 반환한다. 그렇지 않으면 변경되지 않은 todos가 포함된 기존 상태가 반환된다. 애플리케이션에서 todo를 수정, 삭제, 필터링하는 등 가능한 액션에 따라 더 많은 기능 케이스를 추가할 수 있다.

📄 **참고**

새로운 상태가 무엇인지 결정하기 위해서 꼭 switch 문을 사용해야 하는 것은 아니다. if/else 등 다른 프로 그래밍 요소도 가능하다.

- **스토어(Store):** 스토어는 애플리케이션 상태와 리액트 컴포넌트가 스토어에 액션을 디스패치해서 수정한 동일한 상태를 유지하는 데 사용된다. 리덕스는 스토어를 생성하고, 스토어에 접근하며, 스토어에 액션을 디스패치하기 위한 다음과 같은 헬퍼 메서드를 제공한다.

  - createStore 또는 configureStore
  - dispatch()
  - getState()

이러한 헬퍼 메서드는 스토어에서 할 일(todo) 상태를 생성하거나 수정하는 데 사용된다. 다음 코드를 살펴보자.

```
import { createStore } from 'redux'
import todoReducer from 'reducers/todoReducer'

const store = createStore(todoReducer) // 스토어를 생성
const firstTodo = addTodo({ name: 'Running', priority: 2 })
console.log(firstTodo)

store.dispatch(firstTodo) // todo를 디스패치

const secondTodo = addTodo({ name: 'Eating', priority: 1 })
console.log(secondTodo)
store.dispatch(secondTodo)
console.log(store.getState()) // 할 일 목록을 반환
```

이 코드에서는 새로운 할 일인 todo 액션을 생성해서 기존 할 일 목록을 업데이트하기 위해 스토어에 디스패치했다. 업데이트된 todos 상태에도 접근 가능하다.

createStore 메서드는 지원 중단(deprecated)됐으며, 대신 리덕스 팀은 RTK의 configureStore 메서드를 사용하도록 권장한다. configureStore 메서드는 스토어 설정에 대한 추가적인 기본값을 제공하고, 리덕스 개발자 도구 확장 기능노 사통으로 포함한다. 앞의 코드에서는 리덕스의 createStore를 사용했는데, RTK를 소개할 때 configureStore 메서드의 사용법을 볼 수 있을 것이다.

📄 **참고**

애플리케이션의 규모가 커지면 스토어의 상태 중 특정 부분의 상태 정보에는 셀렉터(selector)라는 함수를 사용해 접근할 수 있다. 메모이제이션된 셀렉터 함수를 제공하는 reselect 라이브러리가 유명하다.

스토어 기능을 확장하기 위해 스토어 강화자(store enhancer)나 미들웨어를 추가하는 것도 가능하다. 이 주제는 이번 장의 질문에서 다룰 것이다.

리덕스를 비 리액트 UI 라이브러리와 함께 사용할 수 있는가?

리덕스는 주로 리액트 및 리액트 네이티브 라이브러리와 함께 사용되지만 다른 UI 라이브러리와 함께 사용할 수도 있다(즉, 리덕스는 다양한 UI 라이브러리의 데이터 스토어로 작동한다). 하지만 UI 프레임워크나 라이브러리와 리덕스를 통합하기 위해서는 UI 바인딩 라이브러리를 사용해야 한다. 예를 들어, react-redux는 리액트와 리덕스 라이브러리를 결합하기 위한 공식 바인딩 라이브러리다. 마찬가지로 AngularJS, Angular, Vue, Mithril, Ember 등과 같은 다른 여러 라이브러리를 위한 바인딩 라이브러리도 사용할 수 있다. 리덕스는 다른 코드에서 사용할 수 있는 구독 메커니즘이 있지만 주로 리액트 또는 유사한 라이브러리를 통해 생성된 선언적인 뷰나 UI와 통합할 때 유용하다.

리듀서가 따라야 하는 규칙은 무엇인가?

리덕스에서 리듀서 컴포넌트는 몇 가지 특정 규칙을 따라야 한다. 이 규칙들은 다음과 같다.

- 리듀서는 현재 상태와 액션 인수를 기반으로 새로운 상태 값을 파생시켜야 한다.
- 리듀서는 기존 상태를 수정해서는 안 된다. 그러나 기존 상태를 복사해서 복사된 값에 변경을 가하는 불변 업데이트 방식은 실행 가능하다.
- 리듀서는 비동기 로직을 수행하거나 무작위 값을 계산하거나 부수 효과를 일으키는 것이 허용되지 않는다.

이 규칙을 따르는 함수를 순수 함수라고도 한다. 따라서 리듀서는 단순히 순수 함수라고 볼 수 있다. 이러한 규칙을 따름으로써 리듀서는 버그 없이 리덕스 코드와 상태를 예측 가능하게 만든다.

mapStateToProps()와 mapDispatchToProps() 메서드의 차이점은 무엇인가?

mapStateToProps() 메서드는 연결된 컴포넌트가 필요로 하는 스토어 데이터의 일부분을 선택하는 데 사용되는 유틸리티 함수다. 선택된 상태는 connect()가 적용된 컴포넌트에 props 형태로 전달된다. 이 방법을 통해 메서드는 전체 애플리케이션 상태를 컴포넌트에 전달하는 것을 피할 수 있게 도움을 준다.

다음 예제에서는 WeatherReport 컴포넌트에 city 값을 props로 전달해서 날씨 정보를 찾는다.

```
const mapStateToProps = (state) => {
  return {
    city: state.user.address.city,
  }
}
connect(mapStateToProps)(WeatherReport)
```

이제 WeatherReport 컴포넌트는 city만을 prop으로 받을 수 있게 된다. 리덕스 코드를 리액트 컴포넌트에서 분리함으로써 이 컴포넌트를 애플리케이션의 다른 곳에서 쉽게 사용할 수 있게 된다.

```
<WeatherReport city={city} />
```

이 함수의 축약 표현은 mapState이며, 스토어의 상태가 변경될 때마다 함수가 호출된다.

mapDispatchToProps() 메서드는 컴포넌트가 디스패치할 필요가 있는 액션을 지정하는 데 사용되는 유틸리티 함수다. 이 함수는 액션 디스패치 함수를 props로 제공한다. 다음 함수는 리액트 컴포넌트인 WeatherReport에 필요한 액션을 지정한다.

```
const mapDispatchToProps = (dispatch) => {
  return {
    changeCity: (city) => {
```

```
    dispatch(changeCity(city))
  },
  }
}
```

위 코드는 city를 변경하는 액션을 수행한다. 이는 컴포넌트에서 props.dispatch(changeCity(city))와 같은 장황한 표현 대신 props.changeCity(city) 액션을 직접 호출함으로써 이뤄진다.

mapDispatchToProps 함수에 대한 객체 축약 표현을 사용해도 된다. 이 접근 방식에서 리덕스는 (...args) => dispatch(changeCity(...args)) 같은 또 다른 함수로 감싸고, 그 래퍼 함수를 컴포넌트에 prop으로 전달한다.

앞의 코드는 다음과 같이 간소화될 수 있다.

```
const mapDispatchToProps = {
  toggleCity,
}
```

요약하자면 mapStateToProps 함수는 저장된 데이터를 컴포넌트에 렌더링하는 데 사용하며, mapDispatchToProps는 액션 생성기를 컴포넌트의 prop으로 제공하는 데 사용된다.

스토어 강화자란 무엇인가?

스토어 강화자(store enhancer)는 스토어 생성 함수(예: createStore)를 인수로 받아 새로운 향상된 스토어 생성 함수를 반환하는 고차 함수다. 이것은 리덕스 스토어를 맞춤 설정하는 데 도움이 되며, dispatch, getState, subscribe 같은 스토어 메서드를 오버라이드한다.

다음 코드를 살펴보면 스토어 강화자 구현을 어떻게 구성하는지 확인할 수 있다.

```
const ourCustomEnhancer = (createStore) => (reducer, initialState, enhancer) => {
    const customReducer = (state, action) => {
```

```
    // 새로운 상태를 반환하는 로직
  }
  const store = createStore(customReducer, initialState, enhancer)
  // 강화자 로직을 추가
  return {
    ...store,
    // 스토어 속성을 오버라이드 또는 새로운 속성 값을 추가
  }
}
```

스토어 강화자는 리액트 **고차 컴포넌트**(Higher-Order Component; HOC) 개념과 매우 유사하다. 따라서 HOC를 **컴포넌트 강화자**(Component Enhancer)라고 부를 수도 있다.

📑 **참고**

> 미들웨어는 리덕스의 디스패치 함수에 추가 기능을 제공하며, 강화자는 리덕스 스토어에 추가 기능을 제공한다.

실시간 애플리케이션은 외부 API 호출, 랜덤 값 생성, 파일 저장, 로컬 스토리지 업데이트와 같은 부수 효과를 포함하는 로직을 포함한다. 기본적으로 리덕스는 이러한 종류의 부수 효과를 실행하는 것을 지원하지 않는다. 그러나 리덕스 미들웨어를 사용하면 디스패치된 액션을 가로채고, 부수 효과를 포함한 추가적인 복잡한 동작을 주입할 수 있다. 이어서 이에 대해 더 자세히 알아보자.

리덕스 미들웨어: 사가와 썽크

기본 리덕스 스토어는 오직 액션을 디스패치해서 간단한 동기 상태를 업데이트하는 것만 가능하다. 리덕스 썽크 및 리덕스 사가 같은 미들웨어는 스토어와 상호 작용하기 위한 비동기 로직을 작성해서 스토어의 기능을 확장하는 데 도움을 줄 수 있다. 이러한 미들웨어는 액션이나 액션 생성기, 컴포넌트에서 직접 부수 효과를 일으키는 것을 막는 데 유용하다.

리덕스 미들웨어란 무엇인가? 어떻게 미들웨어를 만드는가?

리덕스 미들웨어는 서드파티 확장 기능으로, 액션을 수정하거나 취소하는 방식으로 리듀서로 전송되는 모든 액션을 가로채는 기능을 제공한다. 로깅, 오류 보고, 라우팅, 비동기 API를 호출할 때 유용하다. 리덕스 미들웨어는 Node.js 미들웨어(예: Express, Koa)와 유사하지만 다른 문제를 해결한다고 볼 수 있다.

다음 예제에서는 `loggerMiddleware`라는 사용자 정의 미들웨어를 생성해서 콘솔에서 다양한 액션을 로깅하는 방법을 단계별로 설명한다.

1. 먼저 리덕스 라이브러리에서 applyMiddleware를 불러와야 한다.

```
import { applyMiddleware } from 'redux'
```

2. 로그를 기록하는 목적으로 액션을 가로채기 위한 loggerMiddleware라는 이름의 미들웨어를 다음과 같은 구조의 문법으로 만든다.

```
const loggerMiddleware = (store) => (next) => (action) => {
  console.log('action', action)
  return next(action)
}
```

3. loggerMiddleware 함수가 생성된 이후에는 이를 applyMiddleware 함수로 넘겨야 한다.

```
const middleware = applyMiddleware(loggerMiddleware)
```

4. 마지막으로, 이렇게 생성한 사용자 정의 미들웨어를 createStore 함수에 전달해야 한다. 미들웨어가 스토어의 세 번째 인수로 할당돼 있지만 createStore 함수는 타입에 따라 자동으로 미들웨어를 식별한다.

```
const store = createStore(reducer, middleware)
```

액션이 스토어에 디스패치되기 전에, 미들웨어는 콘솔에 세부사항을 기록하기 시작한다. 미들웨어 내에서 **next** 함수가 호출됐으므로 리듀서도 실행되어 스토어의 상태를 업데이트한다.

다음과 같이 여러 미들웨어를 **applyMiddleware** 함수에 전달해서 여러 개의 미들웨어를 생성하는 것도 가능하다.

```
const middleware = applyMiddleware(
  loggerMiddleware,
  firstMiddleware,
  secondMiddleware,
  thirdMiddleware,
)
```

이 코드에서 각 미들웨어는 이전 미들웨어가 실행된 이후에 순차적으로 실행된다.

리덕스에서 비동기 작업은 어떻게 다루는가?

대부분의 모던 웹 애플리케이션은 비동기 작업을 처리해야 한다. 리액트에는 이를 처리하기 위해 **리덕스 썽크**와 **리덕스 사가**라는 인기 있는 두가지 라이브러리가 있다.

리덕스 썽크 미들웨어는 단순한 액션 객체 대신 함수를 반환하는 액션 생성기를 작성하는 데 사용된다. 이 액션 생성기에서 반환된 함수를 썽크 함수(thunk function)라고 하며, 연산을 지연시키는 데 사용된다. 이러한 함수는 `dispatch`와 `getState` 메서드로 총 두개의 인수를 받는다.

```
const thunkFunction = (dispatch, getState) => {
  // 여기에 다른 액션을 디스패치하거나 상태를 읽는 로직을 작성할 수 있다.
}
store.dispatch(thunkFunction)
```

모든 썽크 함수는 애플리케이션 코드가 아닌 스토어의 `dispatch` 메서드를 통해 호출된다. 이전 코드에서도 이와 동일한 동작을 볼 수 있다.

액션 생성기가 디스패치를 위한 액션을 생성하는 것과 마찬가지로, 썽크 액션 생성기를 사용해 썽크 함수를 생성할 수 있다. 예를 들어, 특정 사용자가 작성한 게시물 목록은 `getPostsByAuthor`라는 썽크 액션 생성기를 사용해 익명 썽크 함수를 생성함으로써 데이터를 가져올 수 있다.

```
export const getPostsByAuthor = (authorId) => async (dispatch) => {
  const response = await client.get(`/api/posts/${authorId}`)
  dispatch(postsLoaded(response.posts))
}
```

그다음, UI 컴포넌트 내에서 발생하는 모든 상호 작용을 기반으로 액션 생성기에 접근할
수 있다. 다음 `AuthorComponent` 컴포넌트는 지연 로딩으로 불러온 모든 게시글 목록에
접근한다.

```
function AuthorComponent({ authorId }) {
  //...
  const onLazyLoading = () => {
    dispatch(getPostsByAuthor(authorId))
  }
}
```

마지막으로 중요한 단계는 리덕스 스토어에 `redux-thunk` 미들웨어를 구성해서 썽크 함
수를 디스패치하는 것이다. 이때 가능한 방법은 두 가지가 있다. 스토어에 썽크 미들웨어
를 수동으로 추가하기 위해 `applyMiddleware()` 메서드에 인수로 전달해야 한다. 그러나
RTK를 사용하는 경우에는 `configureStore` API가 스토어 생성 과정에 자동으로 썽크 미들
웨어를 추가한다. 즉, 추가적인 설정이 필요하지 않다.

리덕스 썽크 활용 사례에는 어떤 것이 있는가?

리덕스 썽크는 임의의 로직을 가질 수 있으며, 다양한 용도로 사용될 수 있다. 리덕스 썽크
의 가장 일반적인 활용 사례는 다음과 같다.

- 리액트 컴포넌트에 있는 복잡한 로직을 밖으로 옮기려고 할 때
- Ajax 호출 같은 비동기 요청 및 기타 비동기 로직을 수행할 때
- 연속으로 여러 가지로 구별된 액션을 디스패치해야 하는 로직을 작성할 때
- `getState`나 다른 상태 값에 접근해서 결정을 내려야 하는 로직을 작성할 때

요약하자면, 리덕스 썽크 미들웨어의 주요 활용 사례는 동기적으로 처리되지 않는 액션을 처리하기 위한 것이다.

리덕스 사가란 무엇인가?

리덕스 사가는 비동기 부수 효과를 처리하기 위한 리덕스 썽크의 경쟁 라이브러리다. 리덕스 사가는 ES6 기능 중 비동기 코드 작성에 도움이 되는 **제너레이터(generator)**를 사용한다. 이 제너레이터는 함수를 일시 중지, 재개, 실행 중단, 재진입 등을 할 수 있는 기능을 가지고 있다.

부수 효과는 redux-saga 패키지의 특별한 헬퍼 함수를 사용해서 생성된다. 자주 사용되는 함수는 다음과 같다.

- Call: 미들웨어에 사가 내의 다른 함수를 호출하도록 지시하는 부수 효과
- Put: 스토어에서 액션을 디스패치하는 데 사용
- Yield: 제너레이터 함수를 순차적으로 사용하도록 해주는 내장 함수
- takeLatest: 최신 데이터로 다시 실행해서 이전 작업을 취소하고 함수 핸들러를 한 번에 한 번만 호출
- takeEvery: 액션이 발생할 때마다 무한히 동시에 함수 핸들러를 호출

사가 함수는 디스패치된 액션을 대기하며, 코드에 작성된 부수 효과를 트리거한다. 예를 들어, 다음 postSaga 함수는 GET_POSTS 액션을 대기하고 Posts API를 호출해서 작성자의 게시물을 검색한다.

```
import { takeLatest, put, call } from 'redux-saga/effects'
import { GET_POSTS } from './actionTypes'
import { getPostsSuccess, getPostsFail } from './actions'
import { getPosts } from '../backend/api/posts '

function* fetchAuthorPosts() {
  try {
    const response = yield call(getPosts)
```

```
    yield put(getPostsSuccess(response))
  } catch (error) {
    yield put(getPostsFail(error.response))
  }
}

function* postsSaga() {
  yield takeLatest(GET_POSTS, fetchAuthorPosts)
}

export default postsSaga
```

이 코드에서 성공 응답과 실패 응답 모두 스토어로 디스패치된다. 이 응답은 call 헬퍼 함수를 통해 이뤄진 API 호출에 따라 달라진다.

리덕스 사가와 리덕스 썽크 사이의 선택 기준은 무엇인가?

리덕스 썽크와 리덕스 사가 미들웨어 모두 리덕스 스토어가 외부 API 호출(또는 부수 효과)과 비동기적으로 상호 작용할 수 있게 도와준다. 하지만 이 둘 중 하나를 선택하는 결정은 전적으로 프로젝트 요구사항과 개인적인 선호에 좌우된다. 리액트 또는 리덕스 생태계에 익숙하지 않거나 프로젝트 규모가 작은 경우 리덕스 썽크가 좋은 선택이 될 수 있다. 또한 리덕스 썽크는 필요한 보일러플레이트 코드의 양이 비교적 적고 이해하기가 쉽다.

반면 리덕스 사가는 여러 파일로 로직을 분할해야 하는 대규모 프로젝트에 적합하다. 그러나 리덕스 사가가 리덕스 썽크에 비해 나은 장점 중 하나는 비동기 코드에 대한 깨끗하고 읽기 쉬운 테스트 코드를 작성할 수 있다는 것이다.

일반적인 리덕스는 상태 관리 요구사항을 충족하기 위해 많은 보일러플레이트 코드를 필요로 한다. 개발자는 직접 스토어 설정, 리듀서 및 액션 작성 등과 같은 일반적인 작업을 구현해야 한다. 또한 필요에 따라 다른 패키지의 API를 가져와야 할 수도 있다. 따라서 이 전체적인 과정은 개발자가 리덕스 솔루션을 배우고 구현하기 어렵게 만든다. RTK는 이 과정을 표준화하고 헬퍼 함수를 통해 간소화한다.

RTK를 활용한 리덕스 로직 표준화

RTK 패키지는 리덕스 개발을 쉽게 만들어주는 여러 가지 도구를 제공한다. 이 패키지는 단순히 개발을 쉽게 만들어줄뿐만 아니라 일반적으로 저지를 수 있는 실수도 방지해주며, 모범사례를 제안하는 등 다양한 기능을 가지고 있다.

RTK란 무엇인가?

리덕스 툴킷(Redux Toolkit; 이하 **RTK**)은 리덕스 개발을 단순화하는 도구 모음으로, 리덕스 로직을 작성하는 데 있어 공식적으로 권장되는 접근 방식이다. 이전에는 React Smarter Kit로도 알려져 있었다. 이 툴킷의 노드 패키지는 **@reduxjs/toolkit**이라는 이름으로 사용할 수 있으며, 이는 핵심 **redux** 패키지를 둘러싸고 있다. 요약하자면, 이 패키지는 리덕스 애플리케이션을 구축하는 데 필요한 유틸리티와 공통 의존성을 제공한다.

이 도구에는 스토어 설정, 리듀서와 액션 생성, 불변 업데이트 로직 작성, 상태의 전체 슬라이스를 한 번에 생성하는 것과 같은 일반적인 사용 사례를 다루는 데 도움이 된다.

기본적으로 RTK는 대부분의 사용 사례를 다루기 위해 다음과 같이 공식적으로 권장되는 도구 또는 라이브러리 세트를 자동으로 지원한다.

- 리덕스 개발자 도구
- 이머(Immer)
- 리덕스 썽크(Redux Thunk)
- 리셀렉트(Reselect)

RTK는 타입스크립트를 지원함으로써 API의 탁월한 타입 안전성을 보장하며, 코드에서 사용되는 타입의 수를 줄인다.

RTK로 어떤 문제를 해결할 수 있는가?

RTK는 개발 과정을 가속화하고 권장되는 모범사례를 자동으로 적용하는 데 도움이 된다. 이는 리덕스 라이브러리에서 발견되는 다음 세 가지 주요 이슈를 해결한다.

- 리덕스 스토어 구성이 너무 복잡함
- 대규모 애플리케이션을 구축하기 위해 리덕스 라이브러리가 너무 많은 의존성을 요구함
- 리덕스는 효율성과 코드 품질에 영향을 미치는 많은 보일러플레이트 코드가 필요함

툴킷은 글로벌 스토어를 구성하는 특정 옵션을 제공하며, 리덕스 API를 추상화해서 개발을 간소화하는 액션과 리듀서를 생성한다.

RTK Query란 무엇인가? 어떻게 사용하는가?

RTK Query는 리덕스 애플리케이션에서 일반적인 사용 사례를 단순화하는 강력한 데이터 호출 및 클라이언트 사이드 캐싱 도구다. 예를 들어, 웹 애플리케이션에서 데이터 호출을 구현하는 경우, 수동으로 데이터 호출 캐싱 로직 등을 일일이 작성하지 않아도 사용할 수 있게 하는 등의 사용 사례를 지원한다. RTK 패키지를 사용하는 경우 이러한 쿼리 기능은 선택적인 추가 기능으로 제공된다. 또한 이 기능은 createSlice 및 createAsyncThunk 같은 RTK API 메서드를 기반으로 한다.

웹 애플리케이션 내에서 수행하는 데이터 호출을 하는 사용 사례를 바탕으로 RTK Query의 사용법을 알아보자.

먼저 RTK Query 패키지에서 createAPI 및 fetchBaseQuery API 메서드를 불러와야 한다. createAPI API 메서드는 fetchBaseQuery API로 생성된 baseQuery 구성과 서버와 상호 작용하는 API 엔드포인트 목록을 가지고 있는 객체를 인수로 받는다.

이 예제에서는 두 개의 엔드포인트가 생성된다. 하나는 user를 생성하는 용도이고, 다른 하나는 user의 목록을 불러오는 용도다.

```
import { createApi, fetchBaseQuery } from '@reduxjs/toolkit/query/react'

export const usersServerApi = createApi({
  reducerPath: 'api',
  baseQuery: fetchBaseQuery({
    baseUrl: 'https://jsonplaceholder.typicode.com/',
  }),
  endpoints: (builder) => ({
    users: builder.query({
      query: (page = 1) => `users?page=${page}&limit=10`,
    }),
    createUser: builder.mutation({
      query: (name) => ({
        url: 'users',
        method: 'POST',
        body: { name },
      }),
    }),
  }),
})
export const { useUsersQuery, useCreateUserMutation } = usersServerApi
```

위 코드에서 볼 수 있듯이 RTK Query는 각 엔드포인트에 대한 리액트 훅을 자동으로 생성해서 함수 컴포넌트에서 export 선언을 통해 사용할 수 있게 한다.

다음으로, 데이터 호출을 처리하는 사용자 정의 미들웨어와 함께 RTK Query가 생성한 슬라이스 리듀서를 루트 리듀서에 매핑해서 스토어를 구성해야 한다. setupListeners API는 refreshOnFocus와 refreshOnReconnect 동작을 활성화하기 위한 선택적인 유틸리티다.

```
import { configureStore } from '@reduxjs/toolkit'
import { setupListeners } from '@reduxjs/toolkit/query'
import { usersServerApi } from './services/usersAPI'

export const store = configureStore({
  reducer: {
    [usersServerApi.reducerPath]: usersServerApi.reducer,
```

```
  },
  middleware: (getDefaultMiddleware) =>
    getDefaultMiddleware().concat(usersServerApi.middleware),
})

setupListeners(store.dispatch)
```

그다음, 다른 리덕스 애플리케이션과 마찬가지로 react-redux 패키지가 제공하는 Provider 컴포넌트로 전체 애플리케이션을 감싸서 스토어를 prop 형태로 자식 컴포넌트에 전달해야 한다.

```
const rootElement = document.getElementById('root')

render(
  <Provider store={store}>
    <App />
  </Provider>,
  rootElement,
)
```

이 작업이 모두 끝났다면 컴포넌트 내에서 쿼리를 통해 요청을 보낼 수 있다. user 목록의 두 번째 페이지를 요청하고 싶다면 다음과 같은 코드로 호출하면 된다.

```
const { data, error, isLoading } = useUsersQuery(2)
```

사용자의 data뿐만 아니라 error, isLoading 필드 외에도 앞의 쿼리는 기능 요구사항에 따라 유용하게 사용할 수 있는 isFetching, isError, isSuccess 등의 다른 불리언 유틸리티도 제공한다.

리덕스는 대규모 애플리케이션을 위한 최고의 상태 관리 솔루션이다. 그러나 이러한 종류의 애플리케이션에서 발생하는 버그를 디버깅하기란 꽤나 어려운 일이 될 수 있다. 리덕스 개발자 도구는 애플리케이션의 상태가 언제, 어디서, 어떻게 변경됐는지 추적함으로써 개발과 디버깅을 수월하게 만들어 준다.

리덕스 개발자 도구로 애플리케이션 디버깅하기

크롬 개발자 도구를 사용해 웹 페이지 내용을 바로 조작하는 것처럼 리덕스 개발자 도구를 사용하면 웹 애플리케이션에서 리덕스 작업을 직접 조작할 수 있다. 오늘날 이 도구는 모든 종류의 리덕스 애플리케이션을 개발하는 데 사용되는 표준 개발 도구로 자리 잡았다.

리덕스 개발자 도구란 무엇인가?

리덕스 개발자 도구(Redux DevTools)는 애플리케이션의 상태 변경을 디버깅하기 위한 개발 전용 도구다. 핫 리로딩, 액션 히스토리, 실행 취소, 재현 기능을 사용해 리덕스에 대한 시간 이동 디버깅(time travel debugging) 및 실시간 편집을 수행하는 데 사용된다. 리덕스 개발자 도구를 별도의 애플리케이션으로 설치하거나 클라이언트 애플리케이션에서 리액트 컴포넌트로 통합하고 싶지 않다면 크롬, 파이어폭스, 엣지 브라우저의 브라우저 확장 기능으로도 사용할 수 있다.

다음은 순차적으로 발생한 todos 가져오기, 완료, 삭제 작업을 나타내는 개발 도구 스냅숏의 예다.

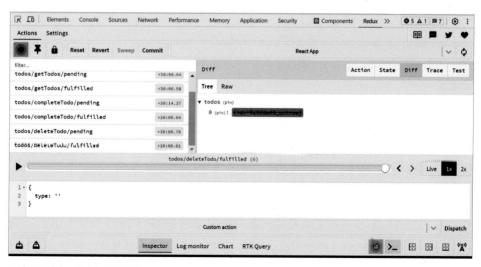

그림 6.2 리덕스 개발자 도구의 UI

위 화면에서 왼쪽 패널에는 특정 액션을 선택할 때 필요한 **Skip** 및 **Jump** 옵션이 있고, 오른쪽 패널에는 현재 상태, 이전 상태와의 차이 및 다른 유용한 기능이 있다.

📄 **참고**

RTK의 configureStore API는 자동으로 리덕스 개발자 도구와 통합 설정된다.

리덕스 개발자 도구의 주요 기능은 무엇인가?

리덕스 개발자 도구의 주요 기능은 다음과 같다.

- 모든 상태와 액션 페이로드를 검사할 수 있는 기능을 제공

- 액션을 취소하고 이전으로 되돌아갈 수 있음

- 리듀서 코드가 변경되면 대기 중인 각 액션이 다시 평가됨

- 리듀서 내부에서 에러가 발생하면 어떤 액션이 에러를 일으켰는지, 그리고 무슨 에러인지 확인할 수 있음

- persistState() 스토어 강화자를 사용해 페이지가 새로고침되더라도 디버그 세션을 계속 유지할 수 있음

리덕스 개발자 도구의 디스패치 액션을 사용해 애플리케이션에서 코드를 직접 작성하지 않고도 액션을 디스패치할 수 있다.

정리

이번 장에서는 리액트 애플리케이션을 위한 리덕스 상태 관리 솔루션에 대한 포괄적인 지식을 다뤘다. 플럭스를 간단하게 소개하는 것으로 이번 장을 시작했으며, 플럭스 아키텍처, MVC 패턴과의 차이점, 사용 사례를 다룬 뒤에 리덕스 기초, 플럭스와의 차이점, 상태 관리 솔루션으로서의 장점에 대해서도 다뤘다. 또한 리덕스의 핵심 원칙, 컴포넌트, 다양한 추가 기능, 데이터 흐름과 관련된 주제를 다뤘다. 그다음으로 비동기 작업에 대한 이해, 리덕스에서 인기 있는 미들웨어 라이브러리, 리액트 애플리케이션에서 그것을 사용하는 방법 및 사용 사례를 살펴봤다. 마지막으로 상태 변경을 추적하는 리덕스 개발자 도구와 디버깅 기법을 다뤘다.

다음 장에서는 리액트 애플리케이션에서 CSS를 적용하는 다양한 접근 방법을 알아본다. 먼저 인라인 스타일과 외부 스타일을 이용한 리액트의 일반적인 CSS 스타일링 방법을 다룬다. 그다음, CSS 모듈을 이용한 로컬 스코프 CSS 및 CSS-in-JS 솔루션 기반의 styled-components 라이브러리 같은 고급 기법을 살펴볼 것이다.

07장

리액트에서 CSS를 다루는
다양한 방법

모던 웹 개발에서 매력적이고 효과적인 애플리케이션을 구축하려면 미적으로 아름다우며 사용자 친화적인 인터페이스를 만드는 것이 중요하다. 리액트는 사용자 인터페이스를 만드는 데 널리 사용되는 인기 있는 프런트엔드 프레임워크로 온라인 콘텐츠의 스타일을 담당하는 CSS(Cascading Style Sheets)를 구현하기 위한 다양한 방법을 제공한다. 이번 장에서는 면접 대상자가 질문받을 수 있는 CSS 주제에 관한 여러 중요한 질문에 답해보고자 한다. 리액트에서 CSS를 적용할 수 있는 다양한 접근 방식을 설명함으로써 이 주제에 대한 면접 질문에 더 잘 대응할 수 있게끔 지식이 확장될 것이다.

이번 장에서는 CSS를 구현하기 위한 다섯 가지 방법인 **외부 스타일 시트 불러오기, 인라인 스타일, CSS 모듈**, styled-components, **아토믹 CSS**(Tailwind CSS 프레임워크를 활용한)를 살펴볼 것이다. 각 방법은 프로젝트의 목표와 선호도에 따라 장단점을 지닌다. 이러한 방법들을 살펴봄으로써 면접에서 이와 관련된 질문에 답하는 데 필요한 지식과 자신감을 얻을 수 있을 것이다. 특히 리액트 애플리케이션을 만들 때 이 지식이 매우 유용할 것이다. 깔끔하고 관리 가능하며 확장 가능한 코드를 작성하고 유지하는 원칙을 배움으로써 면접에서 양질의 답변을 해내는 것이 훨씬 더 간단해질 것이다.

이번 장에서는 CSS와 관련된 다음과 같은 주제에 대해 자세히 알아본다.

- CSS를 적용하는 다양한 방법
- CSS 전처리기와 CSS 모듈 알아보기
- CSS-in-JS 접근법과 styled-components의 사용법
- 리액트 애플리케이션에서 styled-components를 사용하는 법

기술 요구사항

컴퓨터에 Node와 npm이 설치돼 있고, Create React App[14]과 Next.js[15]를 위한 자바스크립트 노드 패키지가 설치돼 있고 잘 작동하는지 확인하자. 프로젝트 작업을 위해 선호하는 IDE와 **명령줄 인터페이스(command-line interface; CLI)**를 사용하자.

CSS를 적용하는 다양한 방법

이번 절에서는 리액트 프로젝트 내에서 CSS를 적용하는 다양한 방법을 살펴본다. 여기서 얻은 지식은 이러한 일반적인 질문에 대한 중요한 면접 준비용 답변을 제시하고, 예제들은 차이점과 동작 방식을 자세히 설명하는 데 도움이 될 것이다. 이제 CSS 솔루션에 대해 자세히 살펴보면서 학습을 계속해보자.

리액트는 사용자 인터페이스를 만들기 위한 자바스크립트 라이브러리이며, CSS는 HTML 또는 XML 문서의 외형과 형식을 설계하는 스타일 시트 언어다. CSS를 리액트와 결합하면 개발자들이 효율적으로 컴포넌트를 스타일링할 수 있으며, 이는 미적으로 매력적이며 일관된 인터페이스를 만드는 데 도움이 된다. 리액트와 함께 CSS를 사용하는 방법에는 몇 가지가 있으며, 여기서 이 방법에 대해 알아본다.

---

14 https://create-react-app.dev/
15 https://nextjs.org/

이어지는 절에서는 CSS 불러오기, CSS 모듈, CSS 전처리기, 아토믹 CSS, 인라인 스타일링에 대해 배울 것이다. 여기서 인라인 스타일링은 자바스크립트 객체를 활용해 리액트 컴포넌트에 직접 스타일을 추가하는 것을 말한다. 인라인 스타일은 크기가 작은 컴포넌트 또는 동적인 스타일에서는 유용하지만 상대적으로 큰 애플리케이션에서는 코드 중복 및 유지보수 문제를 일으킬 수 있으며, 이에 대해서도 다룬다. 먼저 스타일 시트 불러오기부터 알아보자.

어떻게 외부 스타일시트를 불러오는가?

리액트에서 CSS를 사용하는 표준 기법은 별도의 CSS 파일을 생성하고 클래스 이름으로 컴포넌트를 스타일링하는 것이다. 이 방법은 스타일과 로직을 분리해서 코드를 더 구조화하고 관리하기 쉽게 만든다. 공식 리액트 문서에서는 새로운 리액트 프로젝트를 시작할 때 프로덕트 수준에서 사용할 수 있는 리액트 프레임워크를 사용할 것을 권장한다. 여기에는 Next.js, 리믹스, 개츠비, 그리고 네이티브 애플리케이션을 만들기 위한 엑스포가 포함된다. 이 방법은 리액트 애플리케이션을 만드는 가장 모던한 방법이며, 이에 대한 자세한 내용은 https://react.dev/learn/start-a-new-react-project에서 확인할 수 있다.

Next.js와 Create React App을 각각 사용하는 두 가지 예제 코드를 살펴보면서 리액트 애플리케이션을 구축하는 데 있어서의 차이점(예전 방식과 새로운 방식)을 보여주겠다. Next.js는 리액트 애플리케이션을 구축하는 가장 모던하면서 권장되는 방법인 반면, Create React App은 이제 레거시 도구로 간주된다. 이는 Next.js가 프로덕션 수준에서 준비된 리액트 프레임워크로 여겨지기 때문이다.

Create React App을 사용해 리액트 애플리케이션을 구축하는 방법은 무엇인가?

전통적인 방법인 Create React App을 사용해 리액트 애플리케이션을 구축하는 방법은 다음과 같다.

먼저 리액트 프로젝트를 만들고 CSS 파일을 생성한다. CSS 규칙과 클래스 이름을 사용해 스타일을 지정하고 다음과 같이 `App.css`라는 별도의 CSS 파일에 저장한다.

```
/* App.css */
.container {
  text-align: center;
  margin: 0 auto;
  background-color: #bada55;
  padding: 1rem;
}

.title {
  font-size: 2rem;
  font-weight: bold;
}
```

그다음, 앞서 생성한 CSS 파일을 리액트 컴포넌트 파일인 App.js에 불러오자.

```
// App.js
import './App.css'

export default function App() {
  return (
    <div className="container">
      <h1 className="title">Hello, World!</h1>
    </div>
  )
}
```

📄 참고

className 속성은 임포트한 스타일 시트의 CSS 클래스를 JSX 요소에 적용하는 데 사용된다. class 대신 className을 시용한 이유는 class가 자바스크립트에서 예약어이기 때문이다. 이는 CSS 파일 내에서 CSS 를 작성하는 데는 문제가 되지 않지만 자바스크립트 내에서는 문제가 된다. 또한 JSX는 별도 명명법을 따르기 때문에 클래스 이름과 같은 요소 속성을 사용할 때는 카멜케이스 명명 규칙을 사용해야 한다.

콘솔에서 npm run start 명령을 실행하면 애플리케이션이 시작되고 실행될 것이다.

Next.js를 사용해 리액트 애플리케이션을 구축하는 방법은 무엇인가?

Next.js는 리액트를 기반으로 구축된 유명한 오픈소스 웹 개발 프레임워크다. Next. js는 개발자들이 서버 렌더링 리액트 애플리케이션을 쉽게 만들 수 있도록 도와주며, **SEO(Search Engine Optimization)**에 최적화된 고성능 웹 애플리케이션을 만들 수 있도록 지원한다.

Next.js의 프로젝트 구조는 살짝 다르지만 CSS 스타일을 불러오는 방식은 동일하다. 다행히도, Next.js의 최신 기능인 앱 라우터 기능을 사용할 때도 유사한 방식을 지원한다. 다음은 Next.js에서 CSS 스타일을 불러오는 방법이다.

먼저 Next.js를 사용해 리액트 프로젝트를 생성한 후, `app` 폴더 내에 `Home.css` 파일을 생성한다. CSS 파일은 다음과 같다.

```css
/* Home.css */
.container {
  margin: 0 auto;
  display: flex;
  flex-flow: column nowrap;
  background-color: #0384c8;
  padding: 2rem;
}

.main-content {
  display: flex;
  flex-flow: row nowrap;
  padding: 2rem 0;
}
```

`app` 폴더에 있는 `page.js` 파일을 다음 코드로 대체한다.

```js
import './Home.css'

export default function Home() {
  return (
    <div className="container">
```

```
    <h1>Heading 1</h1>
    <h2>Heading 2</h2>
    <h3>Heading 3</h3>
    <h4>Heading 4</h4>
    <h5>Heading 5</h5>
    <section className="main-content">
      <p>
        Lorem ipsum dolor sit amet, consectetur adipiscing elit. Nullam eu mi
        sit amet velit convallis tincidunt.
      </p>
      <p>
        Lorem ipsum dolor sit amet, consectetur adipiscing elit. Nullam eu mi
        sit amet velit convallis tincidunt.
      </p>
    </section>
  </div>
  )
}
```

npm run dev 명령어를 실행해 애플리케이션을 실행하면 이전과 같이 동작하는 것을 볼 수 있다.

이는 Create React App 시절부터 스타일 시트를 가져오는 기본적인 방법이다. 하지만 이 방법은 컴포넌트 수준의 격리까지는 지원하지 않으며, 전역 클래스 이름을 사용할 경우 이름이 충돌하거나 원치 않는 스타일로 덮어쓰는 등의 문제를 야기할 수 있다. CSS 모듈과 CSS-in-JS 프레임워크는 이러한 문제를 해결하고 리액트 컴포넌트를 꾸미기 위한 더 광범위한 도구를 제공한다. 인기 있는 CSS 프레임워크로는 Tailwind CSS, MUI, Chakra UI, Semantic UI, NextUI, React Bootstrap, Ant Design, Emotion 등이 있다. Tailwind CSS는 Next.js 애플리케이션을 처음 구성할 때 선택할 수 있는 옵션 중 하나다.

CSS 웹 레이아웃 모델에서 웹사이트의 구조를 구축하는 가장 인기 있는 두 가지 방법은 Flexbox와 CSS Grid를 사용하는 것이다. 웹사이트 디자인과 복잡성에 따라 둘 중 하나만 쓰거나 둘 다 함께 사용하는 것이 일반적이지만 Flexbox가 훨씬 더 많이 사용된다. 이러한 웹 레이아웃 모델을 CSS 프레임워크와 함께 쓸 수도 있고, 또는 단독으로 쓸 수도 있다. 또한 애니메이션도 언젠가 살펴볼 가치가 있다. 일반적인 CSS 라이브러리를 사용해 애니메이션을 만드는 방식 외에도 다양한 외부 라이브러리를 사용할 수 있다. 인기 있는 라이브러리로는 React Spring, Green Sock, Framer Motion, React Move 등이 있다.

이제 리액트 애플리케이션을 스타일링하는 또다른 방식인 인라인 스타일링에 대해 알아보자. 이것은 일반 HTML 및 리액트 애플리케이션에서 스타일을 입히는 일반적인 방법이다. HTML을 스타일링하는 기본적인 방법 중 하나로 오랫동안 사용돼 왔으며, JSX 기반인 리액트에서도 가능하다.

인라인 스타일링 역시 많은 이점을 제공하기 때문에 리액트 애플리케이션을 스타일링하기 위한 좋은 방법이다. 컴포넌트 상태나 속성에 따라 동적인 스타일링을 적용할 수 있고, 컴포넌트 수준으로 격리할 수도 있어 의도하지 않은 스타일 덮어쓰기나 다른 컴포넌트와의 불일치 가능성 또한 낮출 수 있다. 빠른 개발, 사용 용이성, CSS 클래스 이름이 필요하지 않다는 점은 이 방법을 사용할 때 더욱 진가를 발휘한다.

어떻게 인라인 스타일을 사용하는가?

리액트 애플리케이션에서 인라인 스타일을 사용하면 개발자들이 별도 스타일 시트나 클래스에서 CSS 스타일을 적용하지 않는 대신 자바스크립트 객체를 사용해 특정 요소나 컴포넌트에 직접 스타일을 적용할 수 있다. 이는 키-값 쌍을 포함하는 객체로 지정된다. 기본적으로 이러한 방식은 JSX 중괄호 안에 있는 형태로, `{{ backgroundColor: blue }}`처럼 작성한다. JSX 중괄호 안에서 CSS 속성과 값을 사용하면 된다. 객체의 키는 CSS 속성의 명칭이며, 값은 연관된 속성에 해당하는 값이다.

이제 실제 코드에서 어떻게 보이는지 예를 들어 살펴보자. `page.js` 파일의 모든 코드를 교체해서 외부 스타일 시트 대신 인라인 스타일을 사용하는 애플리케이션으로 바꿔보자.

```
const container = {
  display: 'flex',
  flexFlow: 'column nowrap',
  backgroundColor: '#7e7dd6',
```

```
    padding: '2rem',
}

const mainContent = {
  display: 'flex',
  flexFlow: 'row nowrap',
  padding: '2rem 0',
}

export default function Home() {
  return (
    <>
      <div style={container}>
        <h1>Heading 1</h1>
        <h2>Heading 2</h2>
        <h3>Heading 3</h3>
        <h4>Heading 4</h4>
        <h5>Heading 5</h5>
        <section style={mainContent}>
          <p>
            Lorem ipsum dolor sit amet, consectetur adipiscing elit. Nullam eu
            mi sit amet velit convallis tincidunt.
          </p>
          <p>
            Lorem ipsum dolor sit amet, consectetur adipiscing elit. Nullam eu
            mi sit amet velit convallis tincidunt.
          </p>
        </section>
      </div>
    </>
  )
}
```

리액트에서 컴포넌트의 상태나 속성에 따라 동적인 스타일을 적용해야 할 때 인라인 스타일이 유용할 수 있다. 예를 들어, 사용자 상호 작용이나 다른 이벤트에 기반해서 컴포넌트 상태 기반 속성으로 스타일 객체를 선언하고 동적으로 변경할 수도 있다.

인라인 스타일에 변수를 사용하는 것도 가능하다. 이는 상태에 할당하는 방식으로 동작하며, 그 모습은 다음과 같다.

```
'use client'
import { useState } from 'react'

export default function Home() {
  const [h1color, setH1Color] = useState('blue')
  return (
    <div>
      <h1 style={{ color: h1color }}>Hello World</h1>
    </div>
  )
}
```

그럼에도 인라인 스타일은 스타일 간 재사용이 불가능하고, 대규모 시스템에서 외부 스타일 시트에 비해 효과적이지 않으며, 신중하게 사용하지 않는다면 가독성에 안 좋은 영향을 줄 수 있다는 등의 단점이 있다.

이러한 문제를 해결하는 방법 중 하나는 CSS 모듈을 사용하는 것이다. CSS 모듈은 컴포넌트에 대한 모듈 방식으로 범위가 제한된 CSS를 작성하는 방식이다. 이는 전역 범위와 이름 충돌과 같은 전형적인 CSS 문제를 해결하는 데 도움이 된다.

리액트에서 CSS를 구현하는 또 다른 좋은 전략은 styled-components를 사용하는 것이다. styled-components는 자바스크립트 코드 내에서 CSS를 작성할 수 있게 도와주는 널리 알려진 CSS-in-JS 패키지다. 태그드 템플릿 리터럴(tagged template literal)을 사용해 CSS를 자바스크립트 코드 내에 작성할 수 있게 한다. styled-components는 고유의 클래스 이름을 생성해서 DOM에 스타일을 주입하고, 개별 컴포넌트에 이 범위를 지정한다. 이 방식은 개발자 경험과 컴포넌트 격리 수준을 모두 향상시킨다.

📄 **참고**

태그드 템플릿 리터럴을 이해하려면 먼저 템플릿 리터럴(template literal)에 대해 알아야 한다. 템플릿 리터럴이란 `(백틱)으로 구분된 리터럴로, 여러 줄이 포함된 문자열, 문자열 내 변수 주입 등 다양한 용도로 사용할 수 있다. 여기서 한 단계 더 발전한 태그드 템플릿 리터럴이란 이 템플릿 리터럴을 함수에서 사용할 수 있도록 도와주는 방법이다. 태그드 템플릿 리터럴을 활용하면 함수에 파싱된 템플릿 리터럴을 전달할 수 있다. 예제를 통해 살펴보자.

```
function myTag(strings, person, age) {
  const str0 = strings[0] // "That "
  const str1 = strings[1] // " is a "
  const str2 = strings[2] // "."
  const ageStr = ageExp < 100 ? 'youngster' : 'centenarian'
  return `${str0}${personExp}${str1}${ageStr}${str2}`
}

const person = 'Mike'
const age = 28

// myTag 함수를 호출하는 데 일반적인 괄호 방식이 아닌 태그드 템플릿 리터럴을 사용했다.
const output = myTag`That ${person} is a ${age}.`

console.log(output) // That Mike is a youngster.
```

이 방식을 사용하면 위와 같이 문자열에서 정적인 데이터와 동적인 데이터를 구분할 수 있다.

프로젝트에서 CSS를 사용할 수 있는 또 다른 방법은 아토믹 CSS를 사용하는 것이다. 아토믹 CSS 또는 함수형 CSS로도 알려진 이 방법은 복잡한 사용자 인터페이스 컴포넌트를 만들기 위해 단일 목적의 작은 CSS 클래스를 개발하는 데 중점을 두는 스타일 기법이다. 각 클래스는 하나의 규칙 또는 밀접하게 연관된 일련의 규칙 그룹을 제공하며, 일반적으로 그 목적이나 적용하는 속성을 정의하는 형식으로 이름이 지정된다.

이 방법의 장점은 기존 아토믹 클래스를 혼합하는 것만으로도 빠르게 프로토타입을 만들고 컴포넌트를 구축할 수 있다는 것이다. 일반적인 테마나 템플릿에 따라 개발자가 동일한 문서와 클래스 세트를 사용하게 된다. 이를 통해 디버깅이 매우 간단해지며, 모두가 동일한 프로세스를 사용하기 때문에 온보딩 과정도 빠르다.

어떻게 아토믹 CSS를 사용하는가?

아토믹 CSS는 간결하고 전문화된 클래스를 사용하는 CSS 코드 구조화 및 개발 전략이다. 이 클래스들은 복합적인 스타일링을 생성하기 위해 조합이 가능하다. 이 전략의 목표는 디자인을 관리 가능하고 재사용 가능한 부분으로 분해한 후 다양한 방법으로 결합함으로써 원하는 디자인을 생성하는 것이다.

아토믹 CSS 기법은 Tailwind CSS, Bootstrap CSS, Bulma 등과 같이 잘 알려진 여러 CSS 라이브러리를 이용해 구현한다. 이 라이브러리들은 복잡한 스타일링을 빠르게 생성할 수 있는 미리 정의된 아토믹 클래스 컬렉션을 제공한다. Tailwind CSS는 커뮤니티에서 많은 인기가 있고, Next.js 애플리케이션을 구축하기 위한 공식 프레임워크인 Create Next App 과 통합돼 있기 때문에 Next.js 애플리케이션에서 몇 가지 기본 스타일링을 입히기 위해 Tailwind CSS를 사용해볼 것이다. 기초적인 내용을 이해한다면 모든 CSS 라이브러리를 사용하는 것이 가능하다.

Tailwind CSS를 설치하는 것은 매우 쉽다. 설치에 필요한 가이드는 모두 https://tailwindcss.com/docs/guides/nextjs에 있다.

설치 작업을 모두 완료하면 다음 예제와 같은 코드를 볼 수 있다.

```
export default function Home() {
  return (
    <>
      <div class="flex flex-row">
        <div class="basis-1/4 bg-teal-600">01</div>
        <div class="basis-1/4 bg-teal-700">02</div>
        <div class="basis-1/2 bg-teal-800">03</div>
      </div>
    </>
  )
}
```

다음으로 전처리기와 CSS 모듈에 대해서 알아보자. CSS 전처리기란 전처리기만의 고유 구문을 사용해 CSS를 구축할 수 있는 프로그램이다. CSS 모듈 내에서는 모든 단일 클래스 이름과 애니메이션 이름이 로컬 내부에서만 할당된다. 효율성과 보안을 높이기 위해 CSS 모듈을 사용하면 CSS 파일에서 스타일을 생성할 수 있지만, 스타일을 자바스크립트 객체로 활용해야 한다.

전처리기와 CSS 모듈 알아보기

CSS를 이용해 웹사이트를 만드는 방법에는 크게 두 가지가 있다. 하나는 CSS 전처리기이고, 다른 하나는 CSS 모듈이다. CSS 전처리기는 꽤 오래 전부터 존재해온 방식이며, 기존의 CSS를 개선하기 위해 설계됐다. 이는 CSS 코드를 중첩시키는 것을 가능하게 했으며, 또한 그 코드를 일반적인 CSS로 컴파일해 준다. 이에 반해 CSS 모듈은 파일로 범위가 지정된 CSS 코드를 제공하므로 이름 충돌 문제를 피하기에 더 좋다. 이제 CSS 전처리기를 시작으로 두 가지 모두에 대해 살펴보자.

CSS 전처리기란 무엇인가?

CSS 전처리기(CSS processor, CSS preprocessor)는 변수, 믹스인, 중첩 규칙과 같은 추가 기능을 CSS에서 사용할 수 있도록 제공하는 도구다. 이는 반복을 줄이고 유지보수가 좀 더 간단하고 쉬운 모듈식으로 CSS를 작성할 수 있게 도와준다. Sass(Scss), Less, Stylus는 가장 널리 알려진 CSS 전처리기다. 이 방식으로 작성된 CSS를 웹 브라우저가 이해할 수 있는 전통적인 CSS로 번역하기 위해서는 빌드 단계가 필요하다. 웹팩과 같은 빌드 도구를 사용한다면 이 빌드 단계를 개발 과정에 포함시킬 수 있다.

CSS 전처리기를 어떻게 사용하는가?

Sass는 Next.js에서 기본적으로 지원하며, .scss 및 .sass 확장자를 모두 사용한다. CSS 모듈은 .module.scss, .module.sass 확장자를 통해 컴포넌트 레벨에서 Sass를 적용할 수 있다. 먼저 npm install --save-dev sass 명령어를 통해 Sass를 설치한다. 다음으로 새로운 .scss 파일에 Sass 구문으로 스타일을 작성한다. 다음과 같이 리액트 컴포넌트 파일에서 .scss 파일을 참조해서 생성된 CSS를 가져올 수 있다.

```
import './styles.scss'
const MyComponent = () => {
  return <div className="myComponent">Hello, World!</div>
}
export default MyComponent
```

일반적인 .css 파일을 불러오는 것과 마찬가지로 .scss도 동일하게 불러오면 된다.

CSS 모듈이란 무엇인가?

CSS 모듈은 모듈식 접근 방식으로 CSS를 로컬 범위에 두는 방법이다. 각 컴포넌트에 대한 클래스의 고유한 이름을 자동으로 생성해서 전역 스타일 간의 충돌을 방지하고 스타일이 프로그램 내부의 다른 영역으로 전파되지 않게 한다. CSS 모듈 작동 방식은 독립된 파일 (대개 module.css)에 CSS 스타일을 작성하고, 이를 자바스크립트로 가져온다. 가져온 스타일은 객체로 처리되며, 생성된 고유한 클래스 이름이 값으로, 기본 클래스 이름이 키로 사용된다.

CSS 모듈은 어떻게 사용하는가?

CSS 모듈을 사용해 컴포넌트에서 로컬 범위의 CSS를 사용할 수 있다. CSS 모듈을 사용하면 클래스 이름이 기본적으로 로컬 범위로 설정되어 이름이 충돌하는 일을 방지한다. 이는 Next.js 애플리케이션에서 사용되는 기본 스타일링 방식이기도 하다. 다음 코드에서 이를 확인할 수 있다.

다음 CSS는 Home.module.css다.

```
/* Home.module.css */
.main {
  display: flex;
  padding: 2rem;
  color: #ffffff;
}
```

```
.box {
  background-color: rgb(241, 255, 240);
  color: #000;
  padding: 1rem;
  margin: 1rem;
}
```

그리고 다음은 page.js 자바스크립트 파일이다.

```
// page.js
import styles from './Home.module.css'

export default function Home() {
  return (
    <>
      <div className={styles.main}>
        <h1>Hello World!</h1>
      </div>
      <div className={styles.box}>
        <p>
          Lorem ipsum dolor sit amet, consectetur adipiscing elit. Etiam
          convallis, nulla non laoreet condimentum, turpis felis finibus
          metus,ut molestie risus enim id neque. Integer tristique purus non
          gravida sodales. Maecenas ultricies feugiat dolor lobortis commodo.
          Sed maximus vitae neque quis mollis.
        </p>
      </div>
      <div className={styles.box}>
        <p>
          Lorem ipsum dolor sit amet, consectetur adipiscing elit. Etiam
          convallis, nulla non laoreet condimentum, turpis felis finibus
          metus,ut molestie risus enim id neque. Integer tristique purus non
          gravida sodales. Maecenas ultricies feugiat dolor lobortis commodo.
          Sed maximus vitae neque quis mollis.
        </p>
      </div>
    </>
  )
}
```

보다시피 인라인 스타일을 사용하는 것과 유사하지만 여전히 외부 스타일 시트를 가지고 있기 때문에 두 가지 방식의 장점을 모두 가지고 있다. CSS를 구현하는 다른 방법은 styled-components 같은 CSS-in-JS 방식을 사용하는 것이다. 이 방법은 프로젝트를 또 다른 방식으로 설정해야 하지만 다른 접근 방식과 비교했을 때 많은 장점을 가지고 있다. 이제 이 구현 방식을 자세히 알아보자.

CSS-in-JS 접근법과 styled-components의 사용법

CSS-in-JS 방법론은 리액트 프레임워크 전체에 적용되므로 기본적으로 학습해야 할 주제다. 따라서 여기서는 이 CSS-in-JS 접근법에 대해 배우고, styled-components 같은 서드파티 라이브러리를 활용해 이전에 배운 다른 CSS 기법의 대안으로 사용할 수 있는 방법을 알아보겠다.

CSS-in-JS란 무엇인가?

CSS-in-JS는 CSS를 자바스크립트 코드 내에 통합하는 혁신적인 웹 개발용 스타일 솔루션이다. 별도의 CSS 파일을 사용하는 대신, 개발자들은 이 방법으로 자바스크립트 또는 타입스크립트 내에서 컴포넌트의 스타일을 정의하고 관리할 수 있다. CSS-in-JS는 컴포넌트를 캡슐화하고, 스타일의 범위를 제한할 수 있으며, 동적인 스타일을 간소화할 수 있다. 또한 컴포넌트의 상태에 따라 스타일을 동적으로 사용하거나 자바스크립트 변수를 사용해 스타일을 계산하는 등 자바스크립트 전체를 스타일에 사용할 수 있다.

styled-components란 무엇이고 리액트 프로젝트에서 어떻게 사용하는가?

리액트에서 사용할 수 있는 인기 있는 서드파티 라이브러리인 styled-components를 이용하면 개발자들이 외부 CSS 파일 대신 자바스크립트 컴포넌트 스타일을 지정할 수 있다. 이 도구는 특정 컴포넌트에 중점을 둔 CSS 코드를 작성할 수 있는 방법을 제공함으로써 애플리케이션 전체에 걸쳐 스타일의 관리와 재사용성을 단순화한다.

styled-components는 CSS-in-JS 방법론을 채택하며, 이는 자바스크립트 함수와 변수를 사용해 컴포넌트의 CSS 스타일을 정의하는 것을 의미한다. 이를 통해 개발자는 자바스크립트의 모든 기능, 예를 들어 함수나 변수, 다른 문법 등을 활용해 동적 스타일을 만들 수 있다. styled-components를 사용할 때 **서버 사이드 렌더링**을 사용할 수 있으며, 이는 스타일이 서버에서 적절하게 렌더링되도록 보장한다. 인라인 스타일과 같은 다른 CSS에 비해 SSR을 지원하기 위한 추가적인 노력이 필요하지 않다는 장점이 있다. styled-components는 대부분의 코드 편집기에서 구문 강조, 린트, 자동 완성을 지원하므로 개발 경험도 향상된다.

그 결과, 개발 경험을 더욱 긍정적으로 만들고 생산성을 높인다. 왜냐하면 styled-components는 컴포넌트의 JSX로부터 스타일을 분리할 수 있게 해주므로 코드가 더 깔끔하고 유지보수하기가 쉬워지기 때문이다. 또한 styled-components를 사용해 각 컴포넌트에 대해 고유한 클래스 이름을 지정할 수 있어 스타일이 적절한 컴포넌트에만 영향을 끼치도록 만들면서 동시에 의도치 않은 스타일 유출이나 충돌을 방지한다.

styled-components를 사용하면 리액트 Context API를 통해 내장된 테마 지원도 가능하다. 이는 다른 CSS 기술로는 불가능한 애플리케이션 전체에 통일된 테마를 구축하고 관리하기 쉽게 만든다. 가상 선택자, 미디어 쿼리, 키프레임 같은 모든 CSS 기능을 지원하는 것 또한 큰 장점이다.

리액트 애플리케이션에서 styled-components를 사용하는 법

심화 학습을 위해 구문이 어떻게 구성되는지 예제를 통해 살펴보자. 간단하고 이해하기 쉬운 기본적인 설정을 토대로 명확하게 이해해보자.

styled-components를 어떻게 사용하는가?

styled-components가 적용된 컴포넌트를 만드는 것은 네 단계를 거친다. 먼저 styled-components 라이브러리를 위한 패키지를 설치해야 한다. 이는 https://styled-components.com/에서 찾을 수 있다. 다음으로, 파일 상단에 이 패키지를 불러온다. 이어서 HTML에 대한 자바스크립트 타입의 객체를 생성한다. 이 객체는 CSS 스타일링을 가지고 있다. styled 메서드를 사용한 다음, 사용하고자 하는 div, section, p 같은 HTML 요소를 뒤에 붙인다.

마지막으로, 코드에서 해당 객체를 반환해서 화면에 객체를 렌더링한다. 다음 코드는 실제로 동작하는 예제다.

```
import styled from 'styled-components'

const ContainerDiv = styled.div`
  color: blue;
  font-size: 30px;
`


export default function Home() {
  return <ContainerDiv>Hello World!</ContainerDiv>
}
```

이렇게 해서 이번 절을 성공적으로 마무리했고 다양한 CSS 관련 면접 질문에 대해 배웠으며, 이를 통해 면접에서 CSS 주제에 대해 더욱 나은 답변을 할 수 있게 됐다.

정리

리액트 애플리케이션에서 CSS를 적용할 수 있는 몇 가지 방법을 살펴봤으며, 그 과정에서 아름답고 매력적인 사용자 인터페이스를 만드는 데 있어 디자인과 스타일링의 중요성을 강조했다. 이번 장에서는 이를 위한 5가지 방법인 외부 스타일 가져오기, 인라인 CSS, CSS 모듈, styled-components, Tailwind CSS 같은 아토믹 CSS 프레임워크를 살펴봤다.

그리고 외부 CSS 파일을 리액트 컴포넌트에 연결하고 가져오는 방법을 알아봤다. 이를 통해 스타일과 컴포넌트 로직의 관심사를 중앙 집중적으로 관리하고 분리할 수도 있었다. 이 방법은 리액트 애플리케이션에서 전통적인 CSS를 사용하는 데 적합하다.

또한 아토믹 CSS와 유틸리티를 기반으로 한 접근법을 알아보고, 특히 인기 있는 Tailwind CSS 프레임워크에 초점을 맞춰 살펴봤다. 이 방법은 개발자가 별도의 CSS를 만들 필요성을 줄이기 위해 사용할 수 있는 다양한 유틸리티 클래스 컬렉션을 제공한다.

다음으로 CSS 모듈이 모듈식으로 컴포넌트별 스타일을 처리하는 데 어떻게 도움이 될 수 있는지 살펴봤다. CSS 모듈은 로컬 범위의 클래스 이름을 사용해 전역 스타일이 충돌하는 위험성을 제거하고 컴포넌트의 재사용성을 촉진한다. 또한 태그드 템플릿 리터럴을 사용해 스타일이 적용된 컴포넌트를 만들 수 있는 styled-components 패키지에 대해서도 알아봤다. 이 방법은 컴포넌트의 캡슐화, 테마 지원, 속성 기반의 동적인 스타일을 가능하게 한다.

이처럼 다양한 CSS 방법론을 리액트 애플리케이션에서 적용하는 방법을 알고 사용함으로써 깔끔하고 관리가 용이하며 확장 가능한 코드 베이스를 유지하면서도 애플리케이션 컴포넌트를 쉽게 설계하고 스타일링할 수 있을 것이다.

다음 장에서는 리액트 애플리케이션을 테스트하고 디버깅하는 방법을 배운다.

08장

~~~

리액트 애플리케이션 테스팅과 디버깅

리액트는 웹 개발 분야에서 가장 인기 있는 프런트엔드 라이브러리가 됐으며, 이를 통해 프로그래머는 효과적이고 확장 가능하며 유지 관리 가능한 앱을 구축할 수 있게 됐다. 프로젝트의 규모가 커지고 복잡해지면서 애플리케이션의 안정성과 신뢰성을 보장하기 위해 포괄적인 테스트와 효율적인 디버깅이 점점 더 중요해지고 있다. 이번 장에서는 리액트 애플리케이션의 테스팅과 디버깅을 마스터하는 데 필요한 도구와 방법을 철저하게 검토함으로써 면접자의 능력을 갈고닦을 수 있는 기반을 마련한다.

먼저 테스트를 용이하게 하고 생산성을 높이는 리액트 테스트 헬퍼에 대한 이야기로 시작하겠다. 그런 다음, 엔자임(Enzyme), 제스트(Jest), **리액트 테스팅 라이브러리(React Testing Library)**를 포함한 자바스크립트 및 리액트 생태계에서 현재 사용할 수 있는 가장 인기 있고 적용하기 쉬우면서도 좋은 테스트 도구에 대해 알아본다. 이를 통해 독자는 각자의 필요 및 요구사항에 맞는 도구를 선택할 수 있게 될 것이다. 그런 다음 테스트 생명 주기의 설정 및 해제 단계에 대해 자세히 설명할 것이다.

테스트 내에서 데이터 불러오기 및 모킹 문제들은 애플리케이션의 필수 구성 요소이기 때문에 이 문제들을 해결하기 위한 모범 사례를 논의하는 절을 마련했다. 사용자 이벤트 테스트, 타이머 제어, 실제 인터랙션 모델링의 세부사항에 대해 자세히 다룰 것이며, 이를 통해 애플리케이션의 반응성과 성능을 확인하는 데 필요한 도구를 제공할 것이다.

마지막으로 리액트 앱의 문제 해결 및 검증에 필수적인 도구인 리액트 개발자 도구를 소개할 것이다.

이번 장이 끝나면 리액트 앱을 성공적으로 테스트하고 디버깅하는 데 필요한 지식, 능력, 자신감을 모두 습득하게 될 것이다. 이번 장에서 이야기한 도구와 방법들을 제대로 이해했다면 계속해서 변화하는 환경 속에서도 신뢰할 수 있고 견고한 애플리케이션을 개발할 준비가 될 것이다. 프로젝트가 오래 유지될 수 있도록 리액트 앱 테스트 및 디버깅의 고수가 되는 길로 들어서 보자.

이번 장에서는 테스트 및 디버깅 주제를 소프트웨어 관점에서 깊게 파고 드는 동시에 리액트 애플리케이션을 테스트하는 데 필요한 기초, 사상, 개념을 배워볼 것이다. 짚고 넘어갈 주제들은 다음과 같다.

- 리액트 테스트 헬퍼 소개
- 소프트웨어 테스트
- 애플리케이션 속 데이터 관리
- 이벤트 및 타이머를 활용한 코드 실행
- 리액트 개발자 도구를 활용한 디버깅과 분석

기술 요구사항

이번 장의 프로젝트와 코드는 다음 URL에서 내려받을 수 있다.

- https://github.com/wikibook/react-interview-guide/tree/main/Chapter08

리액트 테스트 헬퍼 소개

이번 절에서는 리액트 테스팅 라이브러리(이하 RTL)의 기초를 배울 것이다. 하지만 그 전에 우선 프로그래밍에서 테스팅이 어떤 의미가 있는지 이해함으로써 그 중심 개념과 방법론에 대해 배워보자.

소프트웨어 개발에서의 테스트란 무엇인가?

소프트웨어 프로그램이나 시스템이 기능 및 비기능 기준을 충족시키는지 확인하기 위해 검토하고 소프트웨어 프로그램이나 시스템의 전체적인 품질, 성능, 신뢰성을 보장하는 것을 테스팅이라고 한다. 이는 제품이 최종 사용자에게 전달되기 전에 프로그램을 통제된 환경에서 실행해 오류나 결함, 잠재적인 문제를 찾는 것을 포함한다. 테스팅은 일반적으로 개별 컴포넌트 수준부터 완전히 통합된 시스템까지 여러 수준에서 수행되며, 소프트웨어 개발 생명 주기의 중요한 부분이다.

프로젝트에 따라 다양한 테스팅 단계가 존재할 수 있다. 테스팅 단계들은 어떤 모습을 띠고 있는지 다음 표를 통해 살펴보자.

표 8.1 소프트웨어 개발의 테스트 단계

테스트 단계	설명
단위 테스트(Unit tests)	격리된 코드나 그 일부를 테스트하는 것을 단위 테스트라고 한다. 이를 통해 각 단위가 명세에 따라 의도한 대로 작동하는지 확인할 수 있다.
통합 테스트 (Integration tests)	여러 소프트웨어 단위나 모듈, 컴포넌트 간의 통합 및 관계를 테스트하는 것을 통합 테스트라고 한다. 이는 컴포넌트가 서로 효과적으로 통신하고 결합된 시스템이 전체적으로 작동하는지를 보장한다.
회귀 테스트 (Regression tests)	회귀 테스트는 새로운 코드 수정 또는 개선 사항이 기존 기능에 부정적인 영향을 끼치지 않는지 확인하기 위해 수행된다. 이는 소프트웨어 수정 후 이전 테스트를 재실행하는 것을 포함한다.
보안 테스트 (Security tests)	보안 테스트 중에는 제품의 보안 기능과 취약점을 평가한다. 데이터 유출, 무단 접근, 코드 결함 등의 보안 문제를 파악한다.
기능 테스트 (Functional tests)	기능 테스트를 통해 소프트웨어가 명시된 요구사항에 따라 작동하는지 비교한다. 다양한 기능, 사용 사례, 상황을 테스트해서 프로그램을 최종 사용자의 관점에서 평가한다.
알파 및 베타 테스트 (Alpha and beta tests)	내부 테스터는 제한된 환경에서 알파 테스트를 수행해서 프로그램을 선택된 외부 사용자 그룹에게 배포하기 전에 테스트한다. 베타 테스트는 프로그램을 실제 사용자에게 제공해서 실제 사용자의 피드백을 받고 문제를 발견하는 것을 포함한다.
성능 테스트 (Performance tests)	성능 테스트 중에는 소프트웨어의 적응성, 속도, 확장 가능성, 다양한 부하 수준에서의 안정성을 평가한다. 응답 속도, 자원 사용, 시스템 제약조건과 같은 변수를 테스트한다.

보다시피 프로젝트의 생명 주기 동안에는 다양한 유형의 테스팅을 수행할 수 있다. 다음으로 리액트 애플리케이션에서 어떻게 테스트를 할 수 있는지 배워보자.

리액트 애플리케이션에서는 테스트를 어떻게 하는가?

리액트에서는 테스팅을 통해 각 컴포넌트와 전체 애플리케이션이 의도한 대로 작동하고 설정된 기준을 준수하는지 확인하고 검증한다. 여기에는 일반적으로 각 개별 리액트 컴포넌트, 사용자 상호 작용, 애플리케이션 상태에 대한 잠재적인 변경 사항을 테스트하는 것이 포함된다. 리액트 애플리케이션에서 테스팅을 수행하는 몇 가지 방법이 있으며, 주로 단위 테스트, 통합 테스트, **엔드 투 엔드(end-to-end; E2E)** 테스트가 있다.

리액트 애플리케이션을 위한 테스트 환경은 어떻게 구성하는가?

리액트 애플리케이션이 신뢰할 수 있고, 유지보수가 용이하며, 최상의 품질을 갖추기 위해서는 테스팅 환경을 구축해야 한다. 테스트 환경을 올바르게 설정하면 실제 운영 환경을 밀접하게 반영하는 통제되고 격리된 환경에서 테스트를 수행할 수 있다. 이는 최종 사용자에게 영향을 주기 전에 발생 가능한 문제를 찾아 해결하는 데 도움이 된다. 모든 테스트 환경은 개발자들이 테스트를 작성하도록 요구하는데, 이를 **테스트 주도 개발(test-driven development; TDD)**이라고 한다.

다음 그림은 소프트웨어 개발 작업 흐름에서의 TDD(테스트 주도 개발) 사이클을 설명한다. 이 프로그래밍 접근 방식에서 코딩, 테스팅, 설계는 밀접하게 연결돼 있다. 여러 변형이 있지만 근본적인 원칙은 동일하다.

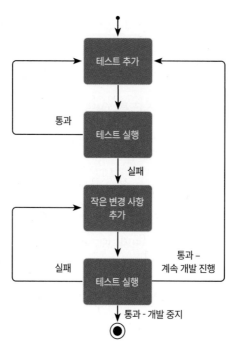

그림 8.1 소프트웨어 개발에서의 TDD 사이클

이제 소프트웨어 개발에서의 TDD 사이클에 대해 배웠으니 다음으로 테스팅 프레임워크/라이브러리로 넘어가서 애플리케이션에서 이를 활용할 수 있는 가장 좋은 방법을 알아보자.

테스팅 프레임워크나 라이브러리를 어떻게 선택해야 하는가?

리액트 애플리케이션을 만들 때는 좋은 테스팅 라이브러리를 선정하는 것이 좋다. 좋은 테스팅 구조를 갖춘다는 것은 소프트웨어가 의도한 대로 작동하고 사용자의 기대에 부응하리라는 것을 의미한다. 몇 가지 널리 알려진 테스팅 라이브러리를 살펴보자.

- **리액트 테스팅 라이브러리(React Testing Library, 이하 RTL)**: 가벼운 라이브러리인 RTL은 컴포넌트의 기능을 테스트하는 데 초점이 맞춰져 있다. 다른 테스팅 프레임워크에 비해 RTL은 더 간단한 API를 제공한다.

- **제스트(Jest)**: 인기 있는 테스팅 프레임워크인 제스트는 리액트에서 동작하기 위한 설정이 이미 구축돼 있다. 제스트는 리액트 앱 테스트를 위해 내장된 모킹 및 스냅숏 테스트와 같은 기능들을 갖추고 있다.

- **엔자임(Enzyme):** 얕은 렌더링, 완전한 DOM 렌더링, 스냅숏 테스팅은 강력한 테스팅 프레임워크인 엔자임이 리액트를 위해 제공하는 테스팅 도구 중 일부일 뿐이다.

- **비트(Vite):** 프런트엔드 빌드 도구인 비트에는 Vitest라는 단위 테스트 프레임워크가 있다. 이는 타입스크립트, JSX, 리액트 컴포넌트 테스팅을 포함한 다양한 현대적 기능을 지원하는 우수한 단위 테스트 프레임워크다.

- **사이프레스(Cypress):** 사이프레스는 자바스크립트 기반으로 고급 웹 테스트 자동화에 대한 E2E 솔루션이다. 프런트엔드 개발자들과 QA 엔지니어들은 개발자들을 위해 설계되고 브라우저에서 곧바로 실행되는 도구의 도움을 받아 자동화된 웹 테스트를 만들 수 있다.

테스팅에 관해서는 리액트 프로젝트 내에서 여러 가지 방법으로 설정할 수 있다. 모든 개발자는 저마다 개인적인 취향을 갖고 있다. 어떤 개발자는 모든 테스트 파일을 주요 컴포넌트와는 분리된 특정 폴더에 저장하기도 한다. 또 어떤 개발자는 테스트 파일을 컴포넌트와 동일한 폴더에 두는 방식을 선호하기도 한다. 두 경우 모두 테스트 파일은 각 컴포넌트와 동일한 명명 관례를 따른다. 예를 들자면, `index.js`라는 파일에 대한 테스트 파일은 `index.test.js`로 명명할 수 있다.

다음 그림은 두 가지 경우를 모두 보여준다. Jest와 RTL 프로젝트에 대한 기본 설정을 갖춘 Next.js 프로젝트로서 Next.js 프로젝트에는 `index.test.tsx`라는 이름의 테스트가 들어 있는 `__tests__`라는 이름의 폴더가 있다. 또 다른 `index.test.tsx` 파일은 pages 폴더 안의 `index.tsx` 컴포넌트 옆에 위치하고 있다. 두 테스트 모두 `npm test` 명령어를 통해 실행 가능하다.

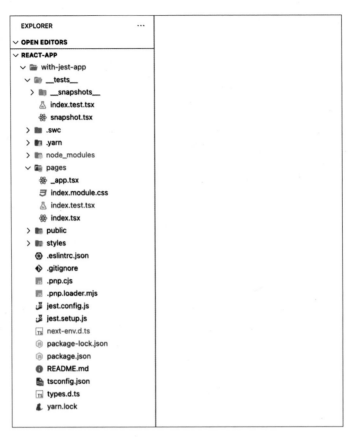

그림 8.2 리액트 프로젝트의 테스팅 파일 구조

이제 일반적인 테스팅 관례에 대해 살펴봤으니, 다음 주제로 RTL의 기본 원칙들을 알아보자.

리액트 테스팅 라이브러리의 기본 원칙은 무엇인가?

인기 있는 테스팅 도구인 RTL의 도움을 받아 개발자들은 소비자가 애플리케이션과 상호 작용하는 방식과 매우 유사한 방식으로 컴포넌트를 테스트하도록 권장된다. RTL은 구현 세부 사항이 아닌 사용자가 관찰하고 수행하는 바에 따라 컴포넌트를 테스트하도록 장려함으로써 프로그램이 접근 가능하고, 관리 가능하며, 사용자 친화적으로 유지되게 한다. RTL은 패키지의 모음이며, 리액트 및 리액트 네이티브 프로젝트 모두에 사용할 수 있다. 즉, 웹과 모바일 애플리케이션을 테스트하는 데 동일한 패키지를 사용할 수 있다는 의미다.

RTL에는 알아야 할 여러 핵심 원칙이 있다.

- **이벤트(Event)**: RTL은 fireEvent 메서드를 제공하는데, 이 메서드를 이용하면 클릭, 변경, 제출과 같은 다양한 DOM 이벤트를 시작해서 사용자 상호 작용을 모방할 수 있다. 이를 통해 컴포넌트가 사용자 상호 작용에 어떻게 반응하는지를 테스트해서 예상된 동작이 나타나는지 확인할 수 있다.

- **쿼리(Query)**: 렌더링된 컴포넌트 내에서 특정 요소를 찾기 위해 쿼리 옵션을 활용할 수 있다. 이러한 쿼리는 텍스트, 레이블, 역할과 같은 사용자가 볼 수 있거나 상호 작용할 수 있는 요소에 집중한다. 자주 사용되는 쿼리로는 GetByText, GetByRole, GetByTestId가 있다.

- **커스텀 렌더링(Custom render)**: 기본 렌더링 메서드가 제공되지만 컴포넌트를 특정 컨텍스트나 프로바이더로 감싸기 위해 고유한 렌더링 메서드를 만들 수 있다. 특히, 컴포넌트가 테마 또는 지역화 같은 고유한 컨텍스트 설정을 따라야 할 때 커스텀 렌더링은 굉장히 유용하다.

- **스크린(Screen)**: screen 객체를 이용하면 실제 화면에 표시된 부분과 쿼리 메서드를 직접 일일이 쪼개볼 필요 없이 쉽게 접근할 수 있다. screen을 사용하면 테스트를 간소화하고 가독성 있게 만들 수 있다.

- **비동기 유틸리티(Asynchronous utilities)**: 데이터를 가져오거나 비동기 작업이 필요한 컴포넌트에 대한 작업을 할 때 waitFor, waitForElementToBeRemoved, find* 쿼리와 같은 유틸리티들을 사용할 수 있다. 이러한 유틸리티를 활용하면 테스트가 필요한 컴포넌트나 작업이 완료될 때까지 기다리게 해서 컴포넌트의 비동기적 작업을 관리할 수 있다.

- **사용자 이벤트(UserEvent)**: 사용자 상호 작용을 더 정확하게 모킹하기 위해 fireEvent와 더불어 @testing-library/user-event 패키지를 사용하는 것이 좋다. 이 패키지의 고급 이벤트 모킹 함수는 fireEvent 메서드보다 실제 사용자의 동작에 더 가깝다.

이제 리액트 테스트 헬퍼를 사용해 견고한 테스트 환경을 설정하는 것에 대한 감을 잡았으니 여기서 배운 내용을 토대로 이러한 도구를 사용할 때 어떻게 최상의 테스트 환경을 설정할 수 있는지 살펴보자. 그 과정에서 몇 가지 테스트 케이스 예제 또한 살펴볼 수 있을 것이다.

소프트웨어 테스트하기

이제 테스트의 영향을 분리하기 위해 프로젝트와 코드 베이스를 설정하고 정리하는 방법, 즉 설정(setup)과 해제(teardown)를 배우는 데 초점을 맞추겠다. 설정과 해제는 프로그래밍의 맥락에서, 특히 소프트웨어 테스트에서 각 테스트 또는 테스트 모음 전후에 수행되는 작업이다. 이를 통해 적절한 테스트 커버리지를 갖게 되고 테스트를 신뢰할 수 있음을 보장한다. 테스트의 영향도를 격리하기 위해 테스트 설정과 해제를 진행할 때는 체계적으로 접근하는 것이 중요하다. 이는 각 테스트가 서로 독립적이며 영향을 미치지 않도록 보장함으로써 정확하고 신뢰할 수 있는 결과를 만든다.

자동화된 테스트에서 설정 및 해제 단계는 특정 테스트의 영향을 분리하는 데 중요하다. 설정 프로세스는 각 테스트 전에 일관된 상태를 설정하는 데 도움이 된다. 이 단계에는 필요한 객체 생성, 데이터베이스 연결, 특정 설정 초기화와 같은 작업들이 포함된다. 이러한 프로세스를 각 테스트 전에 수행함으로써 이전 테스트 중에 발생한 결과와 상관없이 동일한 출발점에서 시작되도록 보장한다. 이는 각 테스트의 동작이 이전 테스트의 부수 효과에 영향을 받지 않는 것을 의미하며, 정확하고 신뢰할 수 있는 테스트에 중요한 부분이다.

테스트 중에 수행된 변경 사항은 무엇이든 해제 단계에서 취소할 수 있다. 이 단계에는 데이터베이스 접근 차단, 테스트 데이터 제거, 테스트 중에 생성된 객체 삭제와 같은 작업이 포함될 수 있다. 각 테스트 이후에 정리를 수행함으로써 하나의 테스트에서 이뤄진 변경이 후속 테스트에 영향을 미치지 않게 할 수 있다. 해제 단계가 없으면 테스트가 결국 어떤 변경 사항을 남길 수 있으며 이는 후속 테스트의 동작에 영향을 미칠 수 있다.

설정 및 해제 단계는 각 테스트가 격리되고 재현 가능하게 해서 모든 테스트가 동일한 시작 환경에서 실행되고 다른 테스트의 환경에 영향을 미치지 않도록 보장한다. 자동화된 테스팅의 원칙 중 하나는 테스트가 신뢰할 수 있고, 발견된 결함이 테스트 구성이나 테스트 간 상호 작용이 아닌 테스트 중인 코드에 기인한다는 것을 보장하는 것이다.

효과적인 테스트 계획을 생성하는 데 도움이 되는 몇 가지 규칙이 있다. 이러한 규칙을 따름으로써 어떻게 효과적인 전략을 구축할 수 있는지 살펴보자.

- **테스트 환경 설정**: 모든 테스트에 대해 테스트 환경이 동일한지 확인한다. 이는 테스트 수행에 필요한 모든 선행 조건 및 소프트웨어, 장치, 네트워크 설정을 포함한다.

- **버전 관리**: 코드 및 테스트에 대한 변경 사항을 추적하기 위해 Git이나 깃허브(GitHub) 같은 버전 관리 도구를 사용해 새로운 코드나 테스트가 일으킬 수 있는 문제를 확인한다.

- **효과적인 테스트 작성**: 실행할 특정 테스트를 선택하고 각각의 변수 및 테스트 조건을 나열한다.

- **테스트 격리 활용**: 다른 테스트에 대한 의존성이 없도록 테스트를 만든다. 이는 각 테스트가 자체적인 설정 및 해제를 갖춰야 하며, 다른 테스트의 결과나 상태에 의존해서는 안 된다는 것을 의미한다.

- **모니터링 사용**: 로깅 및 모니터링을 사용해 테스트 결과를 수집하고 테스트 데이터에서 이상 징후나 추세를 감지한다.

- **지속적인 개선**: 각 테스트 주기에서 얻은 결과 및 피드백을 기반으로 항상 테스트 및 테스트 환경을 개선한다.

- **메서드 사용**: 각 테스트 전후에 수행되는 설정 및 해제 절차를 구현한다. 이러한 기법은 임시 파일 또는 데이터베이스 연결과 같은 테스트에 필요한 리소스를 생성 및 제거하는 데 사용될 수 있다.

- **병렬 또는 순차적 테스트**: 테스트 간에 충돌이 없도록 테스트를 순차적으로 실행하거나 테스트 종류에 따라 병렬로 실행해 프로세스를 가속화한다.

- **외부 함수 모킹(mock)**: 평가받는 코드 단위를 외부 라이브러리, 서비스, 함수와 같은 의존성에서 격리하는 테스트 접근 방식은 외부 함수 모킹이다. 일반적으로 이렇게 함으로써 예측 가능하고 통제된 테스트 조건을 확보할 수 있다. 다양한 테스트 시나리오에 대해 모킹을 사용하면 외부 의존성을 실제로 호출하기 전에 그 동작을 모방할 수 있다.

이제 프로젝트를 테스트하기 위한 기초를 배웠으니 다음 단계로 리액트 프로젝트에 대한 테스트 작성에 대해 자세히 알아보자.

컴포넌트, props, 이벤트에 대한 테스트는 어떻게 작성하는가?

테스팅 프레임워크와 라이브러리를 선택하고 나면 리액트 애플리케이션에 대한 테스트 개발을 시작할 수 있다. 여러 다른 테스트를 만들 수 있으며, 각각은 서로 다른 목적과 범위를 가진다. 작성 가능한 테스트에는 여러 종류가 있는데, 이 중에는 컴포넌트 테스트, 단위 테스트, 통합 테스트, 이벤트 테스트, E2E 테스트 등이 있다. 목표는 모든 테스트를 통틀어 가능한 한 높은 테스트 커버리지를 확보해서 기준점을 설정하고 애플리케이션이 철저한 테스트를 통과했다는 신뢰성과 자신감을 얻는 것이다.

컴포넌트 테스트란?

리액트 컴포넌트 테스트는 개별 리액트 컴포넌트를 테스트하는 데 특화된 단위 테스트다. 리액트 컴포넌트는 리액트 애플리케이션의 빌딩 블록이며, UI를 정의하고 기능을 캡슐화하며 애플리케이션의 상태를 관리한다. 리액트 컴포넌트를 테스트하면 올바르게 작동하고 원하는 기능과 기준을 충족하는지 확인할 수 있다.

다음 코드 예제에서는 `Counter.tsx`라는 컴포넌트에 대한 컴포넌트 테스트를 확인할 수 있다. 이와 함께 제공되는 `Counter.test.tsx` 파일은 버튼의 증가 및 감소를 테스트한다.

다음은 `Counter.tsx` 파일의 코드다.

```tsx
import { useState } from 'react'

const Counter = () => {
  const [count, setCount] = useState(0)
  const increment = () => setCount(count + 1)
  const decrement = () => setCount(count - 1)

  return (
    <div>
      <h1>Counter: {count}</h1>
      <button onClick={increment}>Increment</button>
      <button onClick={decrement}>Decrement</button>
    </div>
  )
}

export default Counter
```

다음은 `Counter.test.tsx` 테스트 파일의 코드다.

```tsx
import { render, screen, fireEvent } from '@testing-library/react'

import '@testing-library/jest-dom/extend-expect'

import Counter from './Counter'

describe('Counter component', () => {
  test('renders Counter component', () => {
```

```
    render(<Counter />)

    expect(screen.getByText(/Counter:/i)).toBeInTheDocument()
  })

  test('increases the count when the Increment button is clicked', () => {
    render(<Counter />)

    fireEvent.click(screen.getByText(/Increment/i))

    expect(screen.getByText(/Counter: 1/i)).toBeInTheDocument()
  })

  test('decreases the count when the Decrement button is clicked', () => {
    render(<Counter />)

    fireEvent.click(screen.getByText(/Increment/i))

    fireEvent.click(screen.getByText(/Decrement/i))

    expect(screen.getByText(/Counter: 0/i)).toBeInTheDocument()
  })
})
```

이렇게 해서 컴포넌트와 컴포넌트 테스트 파일의 기초를 배웠다.

단위 테스트란?

리액트 단위 테스트는 개별적인 리액트 컴포넌트에 중점을 둔 테스팅 방법이다. 리액트 단위 테스트의 목적은 각 컴포넌트가 적절하게 동작하고 의도된 기능 및 요구사항을 따르며, 컴포넌트의 로직과 아웃풋을 테스트하는 것을 보장하는 데 있다. 단위 테스트는 개발자들이 가장 작은 단위에서 문제를 식별하고 해결하는 데 도움을 주기 때문에 테스트 프로세스의 중요한 부분이다. 이로써 애플리케이션의 각 컴포넌트가 적절하게 작동하는 것이 보장된다.

단위 테스트가 어떻게 생겼는지는 컴포넌트 테스트 예제에서 확인했다.

통합 테스트란?

리액트 통합 테스트는 여러 리액트 컴포넌트 간 또는 리액트 컴포넌트와 API 또는 외부 서비스와 같은 다른 시스템 컴포넌트 간의 상호 작용과 동작을 확인하는 테스트다. 단위 테스트와는 달리 통합 테스트는 프로그램 내에서 컴포넌트들이 서로 간에 얼마나 잘 상호 작용하는지를 분석해서 일반적인 기능성이 적절한지, 시스템의 다양한 영역 간에 데이터가 원활하게 흐르는지 확인한다.

통합 테스트는 앞선 컴포넌트 테스트 예제의 `describe()` 함수 블록 범위에서 실행되는 여러 개의 테스트로 구성된다.

이벤트 테스트란?

리액트 이벤트 테스트는 리액트 컴포넌트 이벤트 핸들러의 동작과 기능을 확인하는 데 초점을 맞춘 테스트다. 사용자 상호 작용이나 시스템 이벤트가 리액트 애플리케이션 내에서 지정된 작업을 트리거하는 것을 이벤트라고 한다. 버튼 클릭, 폼 제출, 마우스 이동, 키보드 입력 등이 모두 이벤트의 예다. 이벤트 핸들러를 테스트함으로써 애플리케이션이 사용자 상호 작용에 적절히 응답하고 이벤트가 트리거될 때 필요한 작업이 수행되도록 보장한다.

스냅숏 회귀 테스트란?

리액트에서는 UI가 변경되지 않고 이전과 동일하게 유지됐는지 확인하는 방법으로 스냅숏 테스트를 사용할 수 있다. 이를 통해 디자인이 화면에 렌더링되는 방식에 영향을 미칠 수 있는 예상치 못한 변경 사항이 없었는지 확인할 수 있다. 스냅숏 테스트에서는 코드 베이스의 스냅숏이 촬영되고 이를 테스트와 결합된 스냅숏 파일과 비교하는 것이 일반적이다. 스냅숏이 동일하지 않으면 테스트가 실패하며, 이 같은 방식으로 UI에 변경 사항이 없다는 것을 확인할 수 있다. 스냅숏은 언제든지 UI에 적용된 변경 사항과 일치하도록 최신 버전으로 업데이트할 수 있다.

엔드투엔드 테스트란?

E2E 테스트는 UI에서부터 백엔드 서비스 및 데이터베이스까지 전체 프로그램의 기능을 검증하는 테스트다. E2E 테스트는 원활한 사용자 경험과 정확한 기능을 제공하도록 현실 세계의 사용자 상황을 모델링하고 전반적인 구조가 계획대로 작동하는 것을 보장하기 위해 사용된다.

사이프레스는 리액트 프로젝트에 번들로 제공되지 않지만 별도의 패키지로 설치할 수 있는 인기 있는 E2E 테스트 라이브러리다. 더 자세한 내용은 사이프레스 홈페이지[16]에서 확인할 수 있다.

앞에서 살펴본 카운터 프로젝트 예제를 사용해 사이프레스로 E2E 테스트를 수행할 때의 코드가 어떻게 생겼는지 살펴볼 수 있다. 이는 제스트 및 RTL과 매우 유사하며, 이 세 가지 패키지는 서로 원활하게 함께 작동할 수 있다.

수정된 카운터 파일을 살펴보자.

```
import { useState } from 'react'
import './App.css'

function App() {
  const [count, setCount] = useState(0)

  return (
    <div className="App">
      <h1>Counter App</h1>
      <h2 data-testid="counter-display">Count: {count}</h2>
      <button
        onClick={() => setCount(count + 1)}
        data-testid="increment-button"
      >
        Increment
      </button>
```

```
    <button
      onClick={() => setCount(count - 1)}
      data-testid="decrement-button"
    >
      Decrement
    </button>
  </div>
  )
}

export default App
```

다음은 카운터 테스트 파일이다.

```
describe('Counter App', () => {
  beforeEach(() => {
    cy.visit('/')
  })

  it('increases the counter', () => {
    cy.get('[data-testid="increment-button"]').click()
    cy.get('[data-testid="counter-display"]').contains('Count: 1')
  })

  it('decreases the counter', () => {
    cy.get('[data-testid="decrement-button"]').click()
    cy.get('[data-testid="counter-display"]').contains('Count: -1')
  })

  it('increases and decreases the counter', () => {
    cy.get('[data-testid="increment-button"]').click().click()
    cy.get('[data-testid="decrement-button"]').click()
    cy.get('[data-testid="counter-display"]').contains('Count: 1')
  })
})
```

예제를 통해 E2E 테스트와 컴포넌트 테스트를 비교해볼 수 있다.

애플리케이션 속 데이터 관리하기

지금부터는 애플리케이션에서 데이터를 관리하는 방법에 대해 배우겠다. 이는 데이터 불러오기(data fetching)와 모킹(mocking)을 수행하는 것으로, 이 두 가지 중요한 개념을 이해하는 것이 중요하다. 테스트를 수행할 때는 데이터 불러오기 API의 작동 방식과 해당 데이터를 모방하는 방법에 대한 실제적인 지식이 필요하다. 이 같은 지식은 개발 효율성, 독립적인 테스트, 외부 시스템과의 통합 및 상호 작용, 비용 및 요금 제한과 같은 여러 이유로 필요하다.

개발자 효율성의 경우, 개발자는 API 응답을 모킹함으로써 애플리케이션의 일부를 테스트와 개발로 분리할 수 있다. 이는 어떤 기능의 백엔드 부분이 아직 완성되지 않았더라도 프런트엔드 개발자가 API 응답을 시뮬레이션함으로써 여전히 작업이 가능하다는 것을 의미한다. 독립적인 테스트의 경우 프로그래머는 API에서 제공하는 데이터를 모방함으로써 테스트가 다른 시스템의 상태나 동작에 영향을 받지 않는다는 것을 확인할 수 있어 더욱 신뢰할 수 있고 일관된 결과를 얻을 수 있다.

API 같은 외부 시스템을 사용하면 여러 소프트웨어 시스템 간의 데이터 교환 및 통신이 가능하다. 데이터베이스에서 데이터를 가져오거나 다른 앱과 통신하거나 사용자에게 서비스를 제공하기 위해 현재 많은 애플리케이션이 API를 기반으로 구축돼 있다. 그렇기 때문에 이러한 앱을 개발하고 유지보수하며 향상시키기 위해서는 이러한 API들이 어떻게 작동하는지에 대한 기능적 이해가 필요하다.

비용 및 요금 제한 측면에서 보면 대다수의 API는 사용량 제한이나 추가 호출 비용이 포함돼 있다. 이러한 제한에 도달하거나 불필요한 비용을 지출하지 않기 위해 개발 및 테스트 중에는 이 API 응답을 모킹할 수 있다.

애플리케이션이나 시스템에서 데이터를 사용하려면 데이터베이스, API 또는 파일 시스템과 같은 데이터 소스에서 데이터를 가져와야 한다. 온라인 애플리케이션 및 기타 소프트웨어 시스템에서는 데이터를 나타내고 분석하며 변경하는 데 사용하기 위해 데이터를 빈번하게 가져온다. 이는 일반적으로 로컬 저장소 위치 또는 원격 서버로 쿼리를 보내고 응답을 처리한 다음 애플리케이션에서 데이터를 사용하는 과정을 포함한다.

테스트, 개발, 디자인 과정에서 데이터 모킹은 실제 데이터의 동작을 모사하기 위해 가짜 또는 모킹 데이터를 생성하는 것을 뜻한다. 시스템의 기능을 만들거나 코드를 테스트하거나 UI를 디자인할 때 모킹 데이터는 실제 데이터의 대역으로 사용될 수 있다. 이는 잠재적으로 개인적이거나 불안정하거나 접근할 수 없는 외부 데이터 소스나 실시간 데이터에 의존하지 않고도 프로그래머가 자신의 프로그램과 앱을 테스트하는 것을 가능하게 한다.

테스트에서 데이터를 어떻게 모킹하는가?

리액트 애플리케이션을 테스트할 때는 현실 세계의 상황을 모방하고자 모킹 데이터가 필요할 가능성이 높다. 이는 특히 API나 타사 서비스에 의존하는 컴포넌트를 테스트할 때 유용하다. 다음과 같이 데이터를 모방하는 데 사용할 수 있는 다양한 라이브러리가 있다.

- **Axios Mock Adapter**: Axios Mock Adapter 라이브러리는 Axios 요청을 가로채고 모킹 데이터를 반환한다.
- **Nock**: Nock은 HTTP 요청 인터셉터로 가짜 데이터를 반환한다.
- **JSON Server**: JSON Server는 JSON 데이터를 사용해 REST API를 모방하는 패키지다.

테스트에서 왜 모킹 데이터를 사용해야 하는가?

테스트에서 실제 데이터 대신 모킹 데이터를 사용하는 것이 좋은 이유로는 여러 가지가 있다. 모킹 데이터를 사용하면 시스템의 일부를 분리해서 문제를 찾고 다른 의존성의 영향을 받지 않고 특정 컴포넌트를 테스트하는 것이 간편해진다. 또 다른 모킹 데이터 사용의 장점으로, 모킹 데이터는 테스트가 재현 가능하며 일관된 결과를 생성하도록 보장한다. 그리고 빠른 모킹 데이터 생성 덕분에 개발자는 실제 데이터에 대한 접근을 기다리지 않고도 자신의 코드와 애플리케이션을 검증할 수 있다. 또한 실제 데이터 사용 시에는 개발 및 테스트 중에 민감하거나 개인적인 데이터가 노출될 수 있기에 조직에 중대한 우려를 가져올 수 있다. 더미 데이터를 사용하면 이러한 문제를 방지할 수 있다.

다음 절에서는 프로그래밍에서 비동기 또는 시간 의존적인 작업과 관련이 있는 중요한 학습 주제인 이벤트와 타이머에 대해 알아보겠다. 비동기 프로그래밍은 프로그램이 다른 이벤트에 대응할 수 있으면서 잠재적으로 긴 작업을 시작하고 해당 작업이 완료되기를 기다릴 필요가 없도록 만들어주는 기법이다.

작업이 완료되면 결과가 프로그램에 표시된다. 자바스크립트 같은 매우 유연한 비동기 및 동시성 프로그래밍 언어는 매우 강력하다. 동기처럼 단일 스레드이지만, 비동기처럼 달리 코드 실행을 차단하지 않는 자바스크립트 같은 매우 유연한 비동기 및 동시성 프로그래밍 언어는 리액트 애플리케이션에 잘 어울린다.

이벤트 및 타이머를 활용한 코드 실행

이제 이벤트와 타이머에 관해 학습해보자. 소프트웨어 개발에서 이벤트와 타이머는 프로그램 외부에서 어떤 일이 발생한 정확한 시점을 추적할 목적으로 구현된다. 이벤트와 타이머는 프로그래밍에서 특히 비동기 또는 시간 의존적인 작업과 관련이 있을 때 중요한 개념이다. 또한 그러한 시스템을 테스트할 때 중요한 역할을 한다. 각 주제를 더 깊이 파고들어 이러한 개념을 자세히 살펴보자.

이벤트란 무엇인가?

이벤트는 프로그램 실행 중에 발생하는 활동 또는 사건으로, 사용자 입력이나 시스템 변경, 기타 소스에서 자주 발생한다. 이벤트 주도 프로그래밍에서 시스템 구성 요소는 이러한 이벤트에 대응하고자 이벤트 핸들러 또는 콜백이라고 하는 지정된 루틴을 실행한다.

테스트에서 이벤트를 시뮬레이션하는 것은 애플리케이션이 이벤트가 발생할 때 의도한 대로 응답하는지 보장하기 때문에 중요하다. 개발자는 웹 애플리케이션이 사용자의 활동(버튼 클릭, 폼 제출, 탐색 이벤트)에 어떻게 반응하는지 테스트하고 싶을 수 있다. 이러한 이벤트를 테스트에서 시뮬레이션하면 애플리케이션의 이벤트 핸들러가 제대로 작동하고 다양한 상황을 처리하는지 확인할 수 있다.

타이머란 무엇인가?

타이머는 프로그래밍에서 특정 기능이나 코드가 일정 시간이 지난 후 또는 정기적으로 실행할 수 있도록 계획하는 데 사용된다. 자바스크립트에서는 `setTimeout` 및 `setInterval` 같은 일반적인 타이머 함수가 있어 지연 후 함수를 곧바로 실행하거나 정의된 시간 간격마다 주기적으로 실행할 수 있다.

타이머는 비동기 작업을 필요로 하기 때문에 테스트를 복잡하게 만들 수 있다. 이는 예상치 못한 동작이나 경쟁 상황을 초래할 수 있다. 레이스 컨디션(race condition) 혹은 레이스 해저드(race hazard)는 소프트웨어 또는 다른 시스템의 실질적인 동작이 다른 통제되지 않은 사건의 순서나 타이밍에 의존하는 상황을 나타낸다. 애초에 기대했던 대안 동작 중 하나 이상이 바라지 않았던 동작인 경우 버그로 간주된다.

타이머에 의존하는 코드를 테스트할 때는 타이머를 적절하게 처리해서 정확하고 신뢰성 있는 테스트 결과를 생성하는 것이 중요하다. 이제 타이머에 대해 학습했으니, 다음 절에서는 지금까지 배운 내용을 더 발전시킬 겸 디버깅 및 타이머에 대한 지식을 최대한 활용하는 방법을 살펴보겠다.

리액트 개발자 도구를 활용한 디버깅과 분석

리액트 개발자 도구는 리액트 애플리케이션을 테스트하기 위한 다양한 도구를 제공하는 브라우저 플러그인이다. 이를 이용하면 컴포넌트 계층 구조를 조사하고, 리액트 컴포넌트 트리를 확인하며, 컴포넌트의 props 및 state를 검증할 수 있다. 이번 절에서는 사용 가능한 다양한 디버깅 기법과 그것들을 활용하는 것이 어떻게 개발자가 자신의 코드에 더 많은 자신감을 갖게 할 수 있는지에 대해 자세히 살펴볼 것이다.

리액트 개발자 도구는 다음 그림에서 확인할 수 있다. 이는 크롬 웹 스토어에서 이용 가능하다.

그림 8.3 리액트 개발자 도구

이로써 리액트 개발자 도구에 대한 학습은 끝났다. 다음으로는 디버깅 도구 중 또 다른 유용한 도구인 자동화된 테스트를 위한 CI/CD 파이프라인을 구성하는 방법을 알아보자.

CI/CD 파이프라인을 자동화해서 테스트하는 방법은 무엇인가?

코드 변경이 발생할 때마다 테스트가 실행되도록 보장하기 위해 **지속적 통합/지속적 배포**(continuous integration/continuous deployment; CI/CD) 파이프라인을 구성해서 테스트를 자동으로 실행시킬 수 있다. 이를 통해 문제를 조기에 파악하고 코드가 기대한 표준을 충족하는지 확인할 수 있다. 리액트 애플리케이션에서 CI/CD 파이프라인을 사용해 테스트를 자동화하면 코드 품질 향상, 빠른 피드백, 높은 협업 수준, 효율적인 배포 절차 등 여러 이점이 있다. 이러한 이점은 팀이 더 빠르고 일관되게 고품질 소프트웨어를 생성할 수 있도록 도와주기에 CI/CD 파이프라인은 현대 소프트웨어 개발에서 핵심 도구로 간주된다.

일반적으로 깃허브(GitHub), 깃랩(GitLab), 비트버킷(Bitbucket) 같은 코드 호스팅 플랫폼을 깃허브 액션(GitHub Actions), 젠킨스(Jenkins), 도커(Docker), 쿠버네티스(Kubernetes), 서클CI(CircleCI) 등과 같은 CI/CD 테스트 플랫폼과 결합해서 사용한다.

리액트 애플리케이션을 디버깅하는 방법은 무엇인가?

리액트 애플리케이션을 디버깅하는 것은 어려울 수 있지만 이는 리액트 개발자에게 필수적인 기술이다. 이번 절에서 리액트 애플리케이션을 올바르게 디버깅하는 데 사용할 수 있는 몇 가지 기본적인 전략과 트릭을 살펴볼 것이다.

IDE/코드 편집기 내부의 디버깅 도구를 어떻게 활용하는가?

비주얼 스튜디오 코드(Visual Studio Code) 같은 인기 있는 코드 편집기에는 자바스크립트 및 리액트 앱에 대한 디버깅 기능이 포함돼 있다. 실행 설정을 구성하면 에디터 내에서 리액트 애플리케이션을 직접 디버깅할 수 있다. 즉, 중단점을 생성하고, 코드를 차례로 실행하며, 변수를 검사하는 것이 가능해진다.

개발자 도구를 사용해 중단점을 설정하는 방법은 무엇인가?

리액트 애플리케이션 디버깅은 중단점 사용으로 시작되며, 이는 코드 실행을 특정 시점에서 중단시킨다. 브라우저의 내장 개발자 도구를 이용하면 중단점을 설정하고, 변수를 분석하며, 코드를 한 줄씩 실행할 수 있다. 프로그램에서 중단점을 설정하려면 개발자 도구를 열고 Sources 탭으로 이동한다. 그런 다음, 프로그램에서 중단점을 설정하고자 하는 파일을 찾아 해당 파일을 열고 중단점을 설정하려는 줄 번호를 클릭하면 된다.

중단점을 설정한 후 페이지를 다시 로드하면 코드가 중단점에서 정지한다.

애플리케이션 동작을 추적하기 위해 로깅을 사용하는 방법은 무엇인가?

리액트 애플리케이션의 문제를 해결하는 데 있어 중요한 또 한 가지 도구는 로깅이다. `console.log()` 명령어를 사용해 변수 값을 출력하고 코드 흐름을 추적하며 문제를 해결할 수 있다.

콘솔을 추가하려면 코드에 `console.log()`를 입력하고 그 뒤에 기록하고 싶은 값을 작성하면 된다.

에러 바운더리는 어떻게 생성하는가?

에러 바운더리는 컴포넌트 계층 구조에서 어디서든 자바스크립트 문제를 감지하고 보고하며 충돌한 컴포넌트를 대체 UI로 교체하는 리액트 컴포넌트다. 단일 컴포넌트의 미처리된 오류가 에러 바운더리 컴포넌트로 래핑되면 애플리케이션 충돌을 방지할 수 있다.

자바스크립트 오류 코드는 어떻게 이해할 수 있는가?

리액트 앱은 구문 실수부터 런타임 오류까지 다양한 문제를 겪을 수 있다. 이러한 문제와 관련된 오류 코드를 알고 이해하는 것은 효과적인 문제 해결에 중요하다. 예를 들어, 리액트 개발자가 자주 볼 수 있는 일반적인 문제 중 하나는 `TypeError: Cannot read property 'propName' of undefined`다. 정의되지 않은 객체의 속성에 접근하려고 하면 이 오류가 발생한다.

오류 코드와 그와 관련된 문제들을 이해하고 있다면 신속하게 문제를 정확히 찾아내고 복구할 수 있다.

디버거 확장 기능을 설치하는 방법은 무엇인가?

브라우저 디버거 플러그인도 리액트 애플리케이션을 디버깅하는 데 도움이 될 수 있다. 예를 들어, 리액트 개발자 도구에는 리액트 애플리케이션을 디버깅하기 위해 개발된 다양한 도구가 포함돼 있다. 이 도구들은 컴포넌트 계층 구조를 탐색하고 속성 및 state를 확인하며 브라우저에서 선택한 컴포넌트를 강조하는 기능 등을 제공한다. 마찬가지로 리덕스 개발자 도구를 이용해 애플리케이션의 state 변경을 디버깅할 수도 있다. 리덕스는 글로벌 state가 필요한 복잡한 애플리케이션에서 더 적합하다.

리액트용 ESLint 플러그인을 사용하는 방법은 무엇인가?

ESLint는 인기 있는 자바스크립트 린트 도구로서 구문 실수, 버그 및 코드 품질 관련 문제를 찾아 수정하는 데 도움을 줄 수 있다. 리액트에 특화된 ESLint 플러그인은 리액트 애플리케이션에 맞춤화된 추가 린팅 규칙을 추가해서 흔히 저지르는 실수 및 실제로 가장 범하기 쉬운 위반사항을 감지하는 데 도움을 준다.

에러 모니터링 도구는 무엇인가?

개발, 테스트, 배포 중에 발생하는 오류와 이상 징후를 추적, 식별, 보고하는 도구를 에러 모니터링 도구라고 한다. 이러한 도구는 프로그래머가 문제를 찾고 그 원인을 파악하며 신속하게 해결하는 데 도움을 준다. 개발자가 더 나은 소프트웨어를 만들 수 있도록 에러 모니터링 시스템에는 실시간 오류 추적, 경고, 철저한 오류 보고와 같은 기능을 포함할 때가 많다.

시중에 여러 에러 모니터링 도구가 있으며, 그중 몇 가지 뛰어난 도구로는 LogRocket, Sentry, Rollbar가 있다.

이제 이번 절과 이번 장의 끝에 다다랐다. 많은 회사가 개발자들에게 각 분야에서 뛰어난 능력을 갖추기를 기대하기 때문에 테스트 및 디버깅에 대한 지식은 면접에서 매우 중요하다.

정리

이번 장에서는 리액트 애플리케이션의 테스트 및 디버깅의 중요한 부분을 철저히 이해할 수 있는 기회를 제공했다. 먼저 소프트웨어 개발에서 테스트의 중요성과 리액트 앱을 위한 견고한 테스트 환경의 필요성을 논의했다. 다음으로 다양한 테스팅 프레임워크와 라이브러리를 살펴보고, 최적의 도구를 선택할 때 고려해야 할 고유한 특성과 기준을 강조했다. 또한 설정 및 해제의 중요성에 대해서도 다뤘다.

컴포넌트, props, 이벤트에 대한 테스트 작성을 다루면서 리액트 애플리케이션의 신뢰성과 유지보수성을 보장하기 위해 포괄적인 테스트 스위트를 작성해야 하는 필요성 또한 강조했다. 테스트 프로세스를 더 발전시키기 위해 외부 의존성에 의존하지 않고도 현실적인 시나리오를 시뮬레이션할 수 있게 해주는 테스트용 데이터 모킹에 대해 이야기했다. 또한 테스트 중 이벤트와 타이밍을 이해하는 것을 또 하나의 중요한 주제로 다뤘다.

그리고 테스트 단계에서 개발자가 애플리케이션의 내부 구조와 동작을 평가하고 이해하는 데 도움을 주는 리액트 개발자 도구를 CI/CD 파이프라인과 함께 소개했다. 이번 장에서 논의한 또 다른 중요한 주제는 리액트 앱 디버깅 및 에러 모니터링 도구의 활용이었다. 테스트 및 디버깅의 세계를 이해하는 것은 고품질의 오래 지속되는 애플리케이션을 개발하려는 리액트 개발자에게 중요하다. 왜냐하면 이러한 기술은 개발자를 더 발전시키기 때문이다. 문제 해결 능력은 프로그래밍 세계에서 매우 중요하게 여겨지는 특성이다.

다음 장에서는 가장 모던한 리액트 빌드 도구를 배울 것이다. Next.js, 개츠비, 리믹스는 리액트 개발에서 인기 있는 세 가지 선택지이므로 이러한 놀라운 라이브러리에 대한 지식을 확장하고 이해하는 시간을 가져보자.

09장

Next.js, 개츠비, 리믹스 프레임
워크를 활용한 빠른 개발

개발자들은 빠른 디지털 환경에서 애플리케이션의 유연성과 탄력성을 희생시키지 않으면서도 개발 프로세스를 가속화할 수 있는 도구와 프레임워크를 지속적으로 탐구해왔다. **Next.js, 개츠비, 리믹스** 같은 풀 스택 리액트 프레임워크는 매끄러운 사용자 경험과 동적이고 데이터 기반의 애플리케이션에 대한 증가하는 수요에 부응해서 모던 웹 개발 환경에서 중요한 역할을 하고 있다. 이번 장에서는 이 세 가지 강력한 프레임워크를 철저히 검토하며, 각각의 독특한 기능, 장점, 응용 사례에 중점을 두고 살펴본다.

각 프레임워크가 **서버 사이드 렌더링**(server-side rendering; SSR), SEO, 정적 사이트 생성과 같은 다양한 기술에 접근하는 방식을 살펴볼 것이다. 이러한 프레임워크들은 빠르고 확장 가능하며 높은 성능의 앱을 만드는 데 사용될 수 있으므로 이것들이 어떻게 동작하는지 살펴볼 것이다. 이러한 도구들의 차이를 안다면 면접에서 각각을 사용하는 이유를 타당하게 설명할 수 있을 것이다. 그럼 계속해서 Next.js, 개츠비, 리믹스가 웹 개발 접근 방식을 혁신하고 디지털 목표를 실현하는 데 어떻게 도움이 될 수 있는지 살펴보자. 이번 장이 끝날 때쯤에는 이 영역에 대한 면접 질문에 훌륭하게 답변할 수 있도록 풍부한 지식을 쌓게 될 것이다.

이번 장에서 다룰 주제는 다음과 같다.

- 리액트를 풀 스택 프레임워크로 사용하기
- 정적 사이트 생성
- 서버 사이드 렌더링
- 페이지 메타데이터 추가
- SEO 모범 사례

리액트를 풀 스택 프레임워크로 사용하기

Next.js, 개츠비, 리믹스로 여정을 시작해보자. 모던 개발자라면 이 세 가지 빌드 도구 중 하나를 사용해 리액트 애플리케이션을 개발할 것이다. 이 세 가지 도구는 리액트 공식 문서에서 추천하고 있으며, 각각이 어떻게 동작하는지와 언제 무엇을 선택해야 하는지 이해하는 것은 훌륭한 면접 답변을 준비하는 데 매우 중요하다. 첫 번째로 Next.js가 어떤 기능을 제공하는지 알아보자.

Next.js란 무엇인가?

Next.js는 리액트를 활용해 현대적이고 확장 가능하며 고성능의 온라인 앱을 만들기 위한 오픈소스 프레임워크다. **버셀(Vercel)**에서 개발 및 유지보수하는 Next.js는 **정적 사이트 생성(static site generation; SSG)**과 SSR에 사용하기에 적합하도록 다양한 기능과 최적화를 제공한다.

리액트 프로젝트에 Next.js를 선택하는 개발자들은 다양한 기능을 갖춘 여러 가지 도구를 사용할 수 있다. 이로 인해 Next.js는 리액트 프로젝트를 구축하기 위한 최고의 프레임워크로 자리매김했으며, 많은 사용자들이 선택한 **Create React App**을 대체하게 됐다. 다음 표는 Next.js의 주요 기능 중 일부다.

표 9.1 Next.js의 기능

기능	설명
코드 분할	자바스크립트 코드를 자동으로 더 작은 부분으로 나누어 화면에 필요한 코드만 로드되도록 보장한다. 웹 애플리케이션의 전체적인 속도와 로딩 시간을 향상시킨다.
다이내믹 임포트	Next.js는 다이내믹 임포트(dynamic import)를 활용해 자바스크립트 모듈과 컴포넌트를 필요에 따라 로드하므로 초기 번들 크기를 줄이고 속도를 향상시킬 수 있다.
API 라우팅	서버리스 API 엔드포인트를 구축하는 데 필요한 지원 기능이 포함돼 있기 때문에 RESTful 또는 **그래프QL API**를 온라인 애플리케이션 내에서 간단하게 구축할 수 있다.
파일 라우팅	페이지 폴더에 새 파일을 추가하는 것만으로도 새로운 경로 및 페이지를 간단히 추가할 수 있는 파일 기반의 라우팅 방법을 사용한다.
타입스크립트 내장	타입스크립트 지원 기능이 포함돼 있어서 개발자들은 타입 안전한 코드를 만들 수 있을 뿐만 아니라 향상된 도구 및 리팩터링의 혜택을 누릴 수 있다.
하이브리드 렌더링	Next.js를 사용하면 정적 사이트 생성 및 SSR을 활성화해서 개발자가 특정 상황에 가장 적합한 솔루션을 선택하거나 단일 애플리케이션 내에서 두 가지 방법을 결합할 수 있다.
핫 리로드	핫 리로드(Hot reload)는 리액트 애플리케이션의 프런트엔드 UI에 동적인 능력을 추가한다. 즉, 애플리케이션 코드를 변경할 때마다 사용자가 실시간으로 볼 수 있는 웹 애플리케이션 프런트엔드에 변경 사항이 즉시 반영된다.
CSS 지원 기능 내장	Next.js는 여러 CSS 라이브러리와 작동하며, 설치 시 **Tailwind CSS**와 함께 구성할 수 있는 옵션이 있다.

종합적으로 Next.js는 강력하고 유연한 프레임워크로, SSG에서 정적 웹사이트 구축까지 다양한 기능을 갖추고 다양한 웹 개발 요구사항을 처리할 수 있어 효율적인 온라인 애플리케이션을 만드는 프로그래머들에게 매력적인 선택지다.

이제 또 다른 인기 있는 선택지인 개츠비를 살펴보자.

개츠비란 무엇인가?

개츠비는 현대적이고 고성능의 웹 앱 및 정적 웹사이트를 만들기 위한 무료 오픈소스 정적 사이트 생성기다. 개츠비는 API 쿼리 언어(API query language)인 그래프QL을 사용해 여러 소스에서 데이터를 조회하고 빌드 프로세스 중에 리액트 컴포넌트와 통합해서 정적 HTML, CSS, 자바스크립트 파일을 생성한다. 최종 결과물은 빠르고 SEO 친화적이며 최적화된 웹사이트다.

Next.js와 일부 비슷한 점이 있지만 몇 가지 주요 영역에서 차이가 있다. 먼저 그래프QL을 기반으로 하고 있으며 헤드리스 **콘텐츠 관리 시스템**(content management system; CMS)으로도 사용할 수 있다. 헤드리스 CMS는 콘텐츠가 표시되는 프레젠테이션 레이어와 내부에서 콘텐츠가 유지되는 백엔드를 분리한다. 이를 통해 다양한 디지털 미디어 플랫폼 간에 자료를 재사용하고 재배치할 수 있다. 기본적으로 이는 워드프레스 웹사이트를 개발하는 것과 비슷하지만 자바스크립트 개발자를 위해 구축됐으므로 모든 기능을 이용할 수 있다.

다음은 개츠비를 훌륭한 리액트 빌드 툴로 만들어주는 독특한 기능이다.

표 9.2 개츠비의 기능

기능	설명
그래프QL 통합	개츠비는 그래프QL을 활용해 균일하고 유연한 데이터 레이어를 구축하며, 개발자들은 마크다운 파일, CMS, API, 데이터베이스 같은 다양한 소스에서 데이터를 조회하고 리액트 컴포넌트를 통해 활용할 수 있다.
플러그인 라이브러리	다양한 플러그인 라이브러리를 제공하므로 프로그래머들이 기능을 맞춤 설정하고 여러 서비스와 통합하며 개발 프로세스를 자체 요구에 맞게 조정할 수 있다.
프로그레시브 웹 앱 (Progressive Web Apps; PWA)	개츠비로 생성된 웹사이트에서 PWA를 간편하게 생성할 수 있어 오프라인 접근, 빠른 시작, 휴대전화 및 태블릿에서 앱과 유사한 성능과 같은 기능을 활성화할 수 있다.
성능 향상	빠른 로딩 시간과 원활한 사용자 경험을 보장하기 위해 개츠비는 코드 분할, CSS 내장, 이미지 지연 로딩과 같은 여러 속도 최적화를 자동으로 수행한다.
다양한 호스팅 옵션	프레임워크는 다양한 호스팅 플랫폼과 잘 작동하며, 지속적인 배포를 제공함으로써 웹사이트를 쉽게 설정하고 유지할 수 있다.

개츠비는 빠르고 SEO 친화적이며 완전히 최적화된 리액트 및 그래프QL 웹 앱 및 정적 웹 페이지를 만들기 위한 강력하고 유연한 프레임워크다. 속도, 개발자 만족도, 유연성에 중점을 둔 결과로 개발자 및 기업에서 선호하는 선택지다.

마지막으로 최종 옵션인 리믹스 프레임워크가 무엇을 할 수 있는지, 해당 기능이 앞의 두 선택지와 어떤 부분에서 일치하는지 살펴보자.

리믹스란 무엇인가?

리믹스는 리액트를 사용하는 혁신적인 웹 프레임워크다. **리액트 라우터**의 창시자들이 만든 리믹스는 개발자를 위한 환상적인 사용자 경험을 제공하면서 웹 기초와 모범 사례의 중요성을 강조한다. Next.js 및 개츠비와 마찬가지로 리믹스 프레임워크에는 리액트 프로젝트를 시작할 때 고려할 수 있는 다양한 특징이 있다. 리믹스는 다음 표에서 강조하는 기능들을 포함해서 꽤 많은 기능을 가지고 있다.

표 9.3 리믹스의 기능

기능	설명
유연성	리믹스는 다양한 백엔드 기술, 서버 시스템, 데이터 소스와 상호 작용하도록 만들어져 있어 다양한 애플리케이션을 구축하는 프로그래머에게 이상적인 선택지다.
중첩된 라우트	사용하기 쉽고 견고한 중첩 라우팅 프레임워크로, 복잡한 다단계 구조를 설계할 수 있으면서도 브라우징 동안 상태와 스크롤 위치를 유지할 수 있게 해준다.
렌더링 결과물	SSR, SSG, **클라이언트 사이드 렌더링(CSR)**을 특징으로 하며, 프로그래머가 특정 사용 사례에 가장 적합한 렌더링 기술을 선택하거나 하나의 애플리케이션 내에서 여러 가지 방법을 혼용할 수 있다.
웹 표준	인터넷 표준에 의존하고 브라우저에 기본적으로 내장된 기술을 활용하는 데 중점을 두어 빠른 속도와 사용 편의성을 갖추고 있다. Fetch API, 다른 HTML 메서드, 브라우저 탐색과 같은 기능을 사용할 때 향상된 속도를 보장하고 사용 편의성을 제공한다.
데이터 검색 개선	사용자는 독특한 정보 조회 전략을 제공하는 리믹스 '로더' 메서드에 접근할 수 있는데, 이를 통해 서버 또는 클라이언트 사이드에서 정보를 조회하고, 데이터를 신속하게 처리하며, 페이지 전환을 빠르게 할 수 있다.

한마디로, 리믹스는 고성능이며 다양한 기능을 갖춘 리액트 앱을 만들기 위한 강력하고 유연한 웹 프레임워크다. 웹 원칙, 모범 사례, 개발자 경험에 중점을 두기 때문에 다른 프레임워크와 차별화되어 모던 온라인 애플리케이션을 구축하려는 개발자에게 매력적이다. 이러한 기능은 개발자 친화적이며 문서도 이해하기 쉽다.

이제 다음 절로 넘어가 빠르고 효과적으로 웹사이트를 설계하는 데 있어 웹 개발자들에게 인기 있는 도구인 SSG에 대해 알아보자. 이 책에서 다루는 모든 프레임워크는 실제 빌드에 SSG를 사용한다.

정적 사이트 생성

이제 정적 사이트 생성(static site generation; 이하 SSG)에 대해 알아보고 그것이 왜 중요한지에 대해 살펴보자. 정적 사이트 생성의 개요와 작동 방식 및 전 세계 수백만 명의 개발자 사이에서 정작 사이트 생성의 인기가 왜 높아지고 있는지를 소개할 것이다. 이 기술을 사용하면 복잡한 서버 설정을 설치하거나 특별한 백엔드 작업을 처리할 필요 없이 빠르게 멋진 사이트를 개발할 수 있다. 시작해 보자.

왜 SSG에 관심을 가져야 하는가?

SSG는 웹사이트를 개발하는 인기 있는 접근 방식이며, 인기 있는 데는 그만한 이유가 있다. 사용자가 페이지를 요청할 때마다 서버가 사이트 콘텐츠를 동적으로 생성하는 대신 정적 사이트 생성은 모든 필요한 파일을 사전에 빌드하고 페이지를 요청할 때 해당 파일을 사용자 컴퓨터로 보낸다. 이로 인해 더 빠른 로드 타임과 전반적으로 더 나은 성능을 보여줄 수 있다. 정적 사이트는 동적 콘텐츠를 처리할 필요가 없기 때문에 호스팅하기가 더 쉽고 저렴하다. 따라서 워크플로를 간소화하려는 개발자이든 웹사이트의 성능과 접근성을 향상시키려는 기업 소유자이든 정적 사이트 생성은 고려할 만한 가치가 있다.

정적 사이트 생성기를 사용하는 것의 장점은 무엇인가?

정적 사이트 생성기는 프로세스를 단순화하고 개선하려는 개발자들에게 혁신적인 변화를 가져다준다. 데이터베이스나 서버 사이드 스크립팅에 의존하지 않는 정적 사이트 생성기는 많은 양의 트래픽에도 신뢰성 있게 작동하므로 기업과 개인 모두에게 탁월한 선택지가 된다. 또한 다양한 테마를 선택할 수 있는 유연성을 통해 개발자들은 웹사이트의 외관을 완전하게 통제하면서도 정적 사이트의 성능을 누릴 수 있다. 성능, 보안, 개인화 같은 이점들로 인해 정적 사이트 생성기가 인기를 얻고 있는 것은 결코 놀라운 일이 아니다.

정적 사이트 생성기를 사용하면 더 많은 이점을 가져올 수 있고, 유지보수 또한 더 용이하다. 이제 이러한 점들이 어떻게 애플리케이션을 더 안전하고 견고하게 만들 수 있는지 알아보자.

정적 사이트의 속도와 성능이 좋은 이유는 무엇인가?

정적 사이트 생성기는 소스 파일(마크다운 또는 템플릿과 같은)을 정적 HTML, CSS, 자바스크립트 파일로 변환해서 정적 웹사이트를 생성하는 데 도움을 주는 도구다. 이는 여러 가지 이유로 동적 웹사이트보다 속도와 성능 측면에서 우수하다고 알려져 있다. 여기서 몇 가지 다양한 이유를 살펴보자.

- **온디맨드 페이지 콘텐츠**: 동적 웹사이트는 각 요청에 따라 페이지를 현장에서 구성하는 반면, 정적 사이트 생성기는 빌드 과정에서 모든 페이지를 미리 빌드한다. 사용자가 페이지를 요청하면 웹사이트의 서버는 이미 생성된 HTML 파일을 보내므로 더 빨리 로드된다.
- **정적 파일 캐싱**: 콘텐츠 전송 네트워크(Content delivery network; CDN) 및 웹사이트는 정적 파일을 쉽게 캐싱할 수 있다. CDN은 전 세계의 호스트에 정적 파일의 복사본을 유지할 수 있어 사용자가 자신에게 가까운 위치에서 콘텐츠를 볼 수 있게 한다. 이는 지연 시간을 줄이고 로딩 시간을 더 빠르게 만든다.
- **데이터 압축**: 보통 정적 사이트 생성기에는 HTML, CSS, 자바스크립트 같은 리소스를 최소화하고 압축하는 도구가 포함돼 있다. 이는 파일 크기를 줄여 전송 및 로딩 시간을 빠르게 한다.
- **웹 페이지 로딩 시간 감소**: 웹 페이지가 미리 빌드되기 때문에 실행하는 컴퓨터는 서버 사이드 코드를 실행하거나 데이터베이스를 검색하는 데 시간을 낭비할 필요가 없다. 이는 시스템 부하를 줄이고 컴퓨터가 동시에 추가 요청을 처리할 수 있게 한다.
- **견고한 보안 설정**: 정적 인터넷 페이지에는 데이터베이스나 서버 사이드 프로그래밍이 없기 때문에 SQL 인젝션 및 크로스 사이트 스크립팅(cross-site scripting; XSS)과 같은 공격에 덜 취약하다. 이는 웹사이트가 해킹되어 범죄 활동으로 인해 다운되는 가능성을 낮추어 성능을 즉시 향상시킬 수 있다.

즉, 기본적으로 정적 사이트 생성기는 웹사이트 개발자에게 빠른 성능, 향상된 보안, 더 간편한 유지보수 및 업그레이드 같은 여러 이점을 제공한다. 현재 시장에서 가장 널리 사용되는 정적 사이트 생성기를 이해하고, 정적 사이트 생성기를 설치하는 단계별 지침을 숙지하는 것이 중요하다.

정적 사이트 생성기를 구성하는 모범 사례를 알아두면 브랜드 웹사이트를 처음부터 제대로 작동시키는 데 도움이 된다. 마지막으로 모든 컴퓨터 사용자와 마찬가지로 정적 웹사이트를 정기적으로 관리하면서 지속적으로 최고의 성능을 낼 수 있도록 유지하고 발생 가능한 위험을 감지하는 것이 중요하다. 정적 사이트 생성기를 사용하는 것은 웹사이트 구축 기술을 더욱 향상시키고자 하는 사람들에게 좋은 선택이다.

이제 SSR로 넘어가 이 주제에 대해 깊게 이야기해보자.

서버 사이드 렌더링

이번 절에서는 빠르게 로딩되는 웹 페이지를 만드는 데 가장 효과적이고 성공적인 방법 중 하나인 SSR(server-side rendering)에 대해 살펴본다. SSR 기술을 사용하면 웹사이트가 신속하게 로드되고 모든 기기에서 잘 보인다. 이번 절에서는 이것이 무엇을 의미하며, 어떻게 작동하는지, 왜 이것이 중요한지, 이 전략을 다른 전략보다 선호하는 이유가 무엇인지에 대해 논의할 것이다.

그런 다음, 앞에서 언급한 정보를 기반으로 사이트의 사용자 경험을 개선하고 로딩 시간을 더욱 효과적으로 제어해서 사용자가 중단 없이 빠르게 자료에 접근할 수 있게 하는 방법을 배울 것이다. 이번 장을 마치고 나면 SSR이 무엇인지 설명하는 데 필요한 모든 지식을 갖추게 될 것이다. 이제 SSR에 관한 가장 큰 질문 몇 가지에 답해보자.

SSR이란 무엇이며, 왜 중요한가?

웹사이트는 가능한 한 빠르게 로드돼야 한다. 이것이 SSR이 등장한 이유다. 클라이언트의 브라우저에 전달되기 전에 서버 사이드에서 웹 페이지를 생성하는 프로세스를 SSR(server side rendering)이라고 한다. 이는 브라우저가 필요로 하는 리소스를 요청하고 HTML 파일이 구성되기를 기다리는 대신 서버가 미리 생성된 HTML 파일을 브라우저에 제공할 수 있기 때문에 프로세스를 크게 가속화한다.

이것은 사용자 경험을 향상시킬 뿐만 아니라 검색 엔진이 클라이언트 사이드에서 생성된 콘텐츠보다 서버 사이드에서 렌더링된 콘텐츠를 더 쉽게 크롤링할 수 있기 때문에 SEO를 위한 큰 이점을 제공한다. 요약하면, SSR은 더 빠른 로드 시간과 향상된 검색 엔진 노출을 보장하기 위한 중요한 전략이다.

SSR은 어떻게 동작하는가? SSR 페이지 로딩의 기초

SSR은 웹사이트의 속도와 사용자 경험을 상당히 향상시키는 방법이다. SSR은 클라이언트 (브라우저)로 전달하기 전에 서버에서 웹 페이지를 렌더링한다는 의미다. 사용자가 페이지를 요청할 때 서버가 HTML을 생성하고, HTML에 기본적인 데이터를 배치하고, 미리 렌더링된(pre-rendered) 페이지를 클라이언트로 반환한다. 이 전략은 웹사이트를 로딩하는 데 필요한 시간을 현저히 줄이며, 더 빠른 CSR을 가능하게 한다. SSR은 서버에서 사전 준비된 콘텐츠를 사용해서 페이지를 생성함으로써 기본적으로 더 빠르고 더 효율적이며 더 직관적인 경험을 준다.

SSR의 장점은 무엇인가?

현재 웹사이트에서 가장 중요한 요소 중 하나는 로딩이다. 아무도 웹사이트가 로딩되기를 기다리는 것을 좋아하지 않으며, 이것이 바로 SSR이 등장한 이유다. SSR을 사용하면 서버가 웹사이트의 HTML 코드를 브라우저로 전송하기 전에 구축할 수 있어 더 빠른 로딩 시간, 향상된 SEO, 더 뛰어난 사용자 접근성을 가져온다. 또한 SSR은 콘텐츠가 준비되기 전에 로딩되는 문제(이로 인해 디자인이 깨지는 문제가 발생할 수 있음)나 콘텐츠가 화면에서 이동하는 문제를 방지하는 데 도움이 될 수 있다. 이는 더 매끄러운 사용자 경험으로 이어진다. 전반적으로 SSR의 장점은 SSR을 성공적이고 효율적인 웹사이트 개발의 필수적인 요소로 만든다.

웹 애플리케이션에서 SSR을 사용하면 다양한 이점을 얻을 수 있다. 여러 이점 중에서도 SSR이 요즘에 많이 사용되는 이유를 알아보자.

- **강력한 SEO**: 최종 파일이 클라이언트의 웹 브라우저로 전송되기 전에 서버에서 생성되므로 검색 엔진은 서버에서 렌더링된 콘텐츠를 간단히 스캔하고 인덱싱할 수 있다. 이는 검색 결과에서 웹사이트를 이해하고 평가하는 데 도움이 되어 웹사이트의 명성을 높일 수 있다.

- **동적 데이터**: SSR은 정기적인 업데이트가 필요한 앱이나 사용자 입력, 쿠키, 기타 요소에 따라 내용을 신속하게 변경하거나 사용자에 맞게 사용해야 하는 앱에 적합하다. 콘텐츠가 서버에서 생성되기 때문에 전체 웹사이트를 다시 빌드하지 않고도 사용자의 입력에 따라 내용을 쉽게 변경하거나 사용자에 맞게 사용할 수 있다.

- **빠른 로딩 시간**: CSR과 비교했을 때 SSR은 초기 페이지 로드 시간을 더 빠르게 만들 수 있다. 브라우저가 서버에서 완전히 렌더링된 HTML 콘텐츠를 받기 때문에 콘텐츠를 화면에 표시하기 전에 자바스크립트를 로드하고 실행해야 할 필요성이 없어진다. 이로 인해 웹사이트 성능에 대한 사용자 인식이 향상될 수 있다.

- **레거시 웹 브라우저 지원**: SSR을 사용하면 자바스크립트 기능이 제한된 오래된 브라우저 및 기기에 대한 지원을 향상시킬 수 있다. 데이터가 서버에서 표시되므로 특정 자바스크립트 기능이 있는지 여부에 관계없이 브라우저에서 볼 수 있다.

SSR을 통해 여러 이점을 얻을 수 있지만 SSR이 애플리케이션에 어떻게 부정적인 영향을 미치는지도 고려해야 한다. 다음으로는 SSR에 어떤 단점이 있는지 살펴보고 그것이 결정적인 문제인지 알아보자.

SSR의 단점은 무엇인가?

SSR의 이점으로는 SEO 향상 및 빠른 초기 로드 시간이 있지만 몇 가지 단점도 있다. 몇몇 단점을 살펴보자.

- **애플리케이션 구동을 위해 서버가 요구됨**: SSR은 콘텐츠를 표시하고 전송하기 위해 서버에 의존한다. 서버에 지연이 발생하거나 다운되면 전체 웹사이트가 접근 불가능하거나 느리게 로드될 수 있다.

- **더 복잡한 아키텍처**: SSR이 구현되면 애플리케이션 아키텍처가 더 복잡해진다. 서버 사이드 프로그래밍과 관리가 필요하므로 디버깅 및 유지 관리가 더 어려워질 수 있고 개발 시간이 증가할 수 있다.

- **캐싱 문제**: SSR로 생성된 동적 콘텐츠는 정적 파일보다 캐싱하기 어려울 수 있다. 결과적으로 캐싱의 성능 이점이 감소하고 서버의 작업 부하가 증가할 수 있다.
- **서버 성능 감소**: SSR은 트래픽이 많은 사이트에서 서버 부하와 CPU 사용량을 증가시킬 수 있다. 따라서 서버 및 처리 시간에 대한 더 강력하고 비싼 인프라 수요가 발생할 수 있다.

이러한 단점에도 불구하고 SEO가 필요하거나 동적 콘텐츠를 빠르게 표시해야 하는 경우와 같이 특정 상황에서는 SSR이 여전히 유용할 수 있다. 렌더링 전략을 선택하기 전에 SSR의 이점과 단점을 분석하고 프로젝트의 특정 요구사항을 고려하는 것이 중요하다.

계속해서 관련된 주제로 진행해서 페이지 메타데이터와 관련된 SEO 주제로 이동하자. 이는 애플리케이션 및 웹사이트의 SEO를 어떻게 개선할 수 있는지에 대한 면접 질문에 답할 수 있게 해줄 것이다.

페이지 메타데이터 추가

SEO를 향상시키기 위해 페이지 정보를 추가하는 것은 전혀 어렵지 않다. 이번 절을 읽고 나면 SSG 및 기타 기법을 사용해 웹사이트의 가시성을 높이는 기본 원리를 이해하고 토론할 수 있을 것이다. 원리를 파악하고 나면 페이지를 개발하는 것이 훨씬 쉬워지며, 더 나은 SEO를 생성하기 위한 질문의 답을 찾는 데 필요한 실제 경험을 얻을 수 있다.

페이지 메타데이터란 무엇이며, SEO에 왜 중요한가?

웹사이트의 트래픽을 증가시키기 위해서는 SEO가 필수적이다. 페이지 메타데이터는 훌륭한 SEO 전략의 핵심 구성 요소 중 하나이며, 이외에도 많은 요소가 있다. 타이틀 태그, 메타 설명문(meta description)과 키워드는 메타데이터의 예로, 웹 페이지의 콘텐츠를 특징짓는 정보다. 메타데이터를 최적화함으로써 검색 엔진은 웹사이트의 콘텐츠를 더 잘 이해하고 잠재적 방문자가 더 흥미롭게 여기도록 만들 수 있다. 간단히 말하면 페이지 메타데이터는 방문자와 검색 엔진 모두에게 길잡이 역할을 하므로 모든 SEO 전략에서 중요한 부분이다.

SSG에서 어떤 종류의 페이지 메타데이터를 사용하는가?

페이지 정보의 중요성을 이해하는 것은 정적인 웹사이트를 만드는 데 있어 필수적이다. 원칙적으로 메타데이터는 정보에 대한 정보이며, 검색 엔진이 웹사이트의 목적을 이해하는 데 도움이 된다. 타이틀 태그, 메타 설명문 및 대체 텍스트는 웹사이트에서 정기적으로 사용되는 여러 종류의 정보 중 몇 가지 예시에 불과하다. 웹 브라우저 탭에 표시되는 단어를 타이틀 태그라고 하며, 메타 설명문은 페이지의 내용을 한 문장으로 요약한 것이다. 이미지에 서술적인 대체 텍스트가 포함돼 있으면 검색 엔진이 이미지를 정확하게 분류하기도 한다. 이러한 다양한 유형의 메타데이터를 포함해서 웹사이트의 검색 엔진 순위를 높이고 게시하는 내용이 정확하게 색인화되게 할 수 있다.

메타데이터가 얼마나 중요한 영향을 미칠 수 있는지 명확히 보여주기 위해 몇 가지 자주 사용되는 유형을 배워보자. 이제부터 메타 타이틀(meta title), 메타 설명문(meta description), 메타 뷰포트(meta viewport), 메타 로봇(meta robot), 메타 저자(meta author), 메타 언어(meta language), 오픈 그래프 태그(open graph tag)에 대해 알아볼 것이다.

메타 타이틀이란 무엇인가?

모든 웹사이트의 SEO 계획에는 타이틀 태그가 포함돼 있어야 한다. 각 페이지의 내용을 적절하게 나타내는 데 있어 타이틀 태그는 구글과 같은 검색 엔진이 웹사이트를 크롤링할 때 가장 먼저 주목하는 부분이기 때문이다. 필수 키워드 외에도 타이틀 태그는 명료하고 이해하기 쉬우며 흥미로운 내용이어야 한다. 잘 작성된 타이틀 태그로 검색 엔진 순위를 향상시키고 클릭 수를 늘릴 수 있다. 따라서 새로운 웹사이트를 개발하거나 기존 웹사이트를 최적화할 때 타이틀 태그에 각별한 주의를 기울이고 웹사이트에 대한 관심을 끌 수 있도록 만드는 것이 중요하다.

예시를 통해 타이틀 태그가 어떤 식으로 사용되는지 확인해보자.

```
<title>Home page - Programming content</title>
```

`title` 태그는 기본적으로 웹사이트 페이지를 설명한다.

메타 설명문이란 무엇인가?

메타 설명문은 끊임없이 변화하는 SEO의 세계에서 웹사이트 최적화의 중요한 구성 요소로 자리 잡았다. 이 텍스트 단락은 잠재적인 고객을 웹사이트를 방문하도록 설득하는 이상적인 기회를 제공한다. 신중하게 선택한 키워드를 바탕으로 메타 설명문을 매력적으로 생성함으로써 다른 웹사이트 사이에서 눈에 띌 수 있다. 메타 설명문은 클릭을 얻는 것뿐만 아니라 웹사이트의 검색 엔진 순위를 향상시킬 수 있어 중요하다. 사이트의 내용을 적절하게 요약하고, 사이트가 제공할 수 있는 것을 찾아 방문자들을 끌어들이는 명확하고 직접적인 메타 설명문을 만드는 데 시간을 할애하자.

다음은 메타 설명문의 예다.

```
<meta name="description" content="This is a website about programming" />
```

meta 태그의 content 속성에서 웹 페이지 내용의 요약을 제공한다.

메타 뷰포트란 무엇인가?

메타 뷰포트는 웹 페이지의 HTML 코드에 사용되는 메타데이터 요소의 한 형태로, 특히 화면 크기와 해상도가 다양한 모바일 기기에서 웹사이트 콘텐츠의 레이아웃과 확대/축소 비율을 관리하는 데 사용된다. 메타 뷰포트 태그는 웹사이트를 반응형으로 만들고 휴대폰, 태블릿, 그 외 모바일 기기에서 사용하기 쉽게 만드는 데 아주 중요하다.

다음은 메타 뷰포트의 예다.

```
<meta name="viewport" content="width=device-width, initial-scale=1" />
```

이 코드는 브라우저에게 페이지의 너비를 어떻게 제어할지 지시하고, 초기 확대 비율을 1로 설정하도록 한다. 이것은 모바일 기기에서 볼 때 유용하며, 페이지가 모바일에서 더 잘 표시되도록 돕는다. 이러한 옵션들은 웹사이트가 조정되고 반응형이 될 수 있게 만든다.

메타 로봇이란 무엇인가?

메타 로봇은 검색 엔진 크롤러(로봇, 스파이더, 봇으로도 알려짐)가 웹사이트에서 링크를 따라가거나 인덱싱하는 방법을 안내하기 위해 웹 페이지의 HTML 코드에 사용되는 메타데이터 요소다. 웹사이트 관리자는 메타 로봇 태그를 사용해 검색 엔진 크롤러의 행동을 제어할 수 있으며, 이는 인덱싱을 최적화하고 잠재적인 SEO 문제를 방지하는 데 도움이 된다.

다음은 메타 로봇의 예다.

```
<meta name="robots" content="noindex, nofollow" />
```

이 예시에서 noindex 값은 크롤러에게 이 페이지를 인덱싱하지 말라고 지시하며, 결과적으로 검색 결과에 표시되지 않게 된다. nofollow 값은 이 페이지에서의 모든 링크를 따라가지 말라고 크롤러에게 지시한다.

메타 저자란 무엇인가?

메타 저자는 웹 페이지의 HTML 코드에 사용되는 메타데이터 요소로, 웹사이트의 콘텐츠를 작성한 작성자나 제작자를 나타낸다. 이 태그는 직접적으로 SEO와 관련돼 있지는 않지만 사용자나 검색 엔진에게 웹 페이지의 콘텐츠를 관리하는 개인 또는 조직에 대한 유용한 정보를 제공할 수 있다.

다음은 메타 저자의 예다.

```
<meta name="author" content="Sarah Thomas" />
```

HTML을 보는 모두에게 Sarah Thomas가 이 웹 페이지를 작성했다는 사실을 알려준다.

메타 언어란 무엇인가?

메타 언어는 일반적으로 Content-Language 메타 태그로 불리며, HTML 코드에서 홈페이지 정보의 주요 언어를 지정하는 메타데이터 요소다. 이 태그는 검색 엔진, 웹 브라우저,

기타 온라인 서비스가 콘텐츠의 언어를 이해하는 데 도움이 되며, 검색, 해석, 접근성에 중요하다.

다음은 메타 언어의 예다.

```
<html lang="en">
...
<meta http-equiv="Content-Language" content="en-us" />
```

이 예시의 HTML 요소는 lang="en" 속성을 사용해 전체 HTML 페이지가 영어로 작성됐음을 나타낸다. <meta http-equiv="Content-Language" content="en-us"> 태그는 추가로 내용이 미국 영어로 작성됐음을 나타낸다.

오픈 그래프 태그란 무엇인가?

오픈 그래프 태그는 소셜 미디어 플랫폼에서 다른 것보다 시각적으로 더 매력적인 링크를 만드는 역할을 한다. 오픈 그래프 태그는 HTML 코드로 페이스북, 트위터/X, 링크드인 등의 소셜 네트워킹 사이트에서 웹사이트에 대한 링크가 어떻게 나타날지를 결정할 수 있게 해준다. 오픈 그래프 태그를 사용해 웹사이트에서 링크를 공유할 때 나타나는 이미지, 제목, 설명을 맞춤 설정할 수 있다. 결과적으로 더 흥미롭고 시각적으로 매력적인 링크 미리보기를 제공함으로써 상호 작용 및 클릭률을 높일 수 있다. 따라서 소셜 네트워킹 사이트에서 더 흥미롭고 시각적으로 매력적인 웹사이트를 만들고 싶다면 오픈 그래프 태그를 사용하면 된다.

다음은 오픈 그래프 태그의 예다.

```
<!-- 트위터 예제 -->
<meta property="twitter:card" content="summary_large_image" />
<meta property="twitter:url" content="https://www.yoursite.com/page" />
<meta property="twitter:title" content="Your Website Title" />
<meta property="twitter:description" content="A description of your website." />
<meta property="twitter:image" content="https://www.yoursite.com/image.jpg" />
```

```
<!-- 페이스북 예제 -->
<meta property="og:type" content="website" />
<meta property="og:url" content="https://www.yoursite.com/page" />
<meta property="og:title" content="Your Website Title" />
<meta property="og:description" content="A description of your website." />
<meta property="og:image" content="https://www.yoursite.com/image.jpg" />
```

이 코드는 트위터/X와 페이스북에서 사용되는 오픈 그래프 태그의 사용법을 보여준다.

이 태그의 사용법을 더 잘 이해하게 됐으니, 또 다른 중요한 영역인 웹사이트 감사(audit)에 대해 알아보자. 웹 사이트 감사에서는 웹 페이지 테스트를 실시해 지금까지 배운 메타 태그를 활용한 SEO 기능을 테스트한다. 이를 통해 훨씬 더 높은 웹사이트 점수를 얻을 수 있을 것이다. **라이트하우스(Lighthouse)** 크롬 확장 프로그램은 웹사이트 감사를 위한 매우 인기 있는 선택지다.

라이트하우스 확장 프로그램을 사용해 어떻게 웹사이트를 감사할 수 있는가?

라이트하우스는 웹 앱 성능, 품질, 정확성을 향상시키기 위한 오픈소스 자동화 도구다. 라이트하우스는 페이지에 대한 일련의 테스트를 실행하고, 페이지의 성능을 얼마나 효과적으로 수행했는지에 대한 보고서를 생성해서 페이지를 감사한다. 감사 결과를 기반으로 실패한 테스트를 활용해 앱에서 향상시킬 부분을 확인할 수 있다.

다음 절에서는 SEO 모범 사례에 대해 학습할 것이며, 실제 애플리케이션을 온라인에 배포할 때 유용한 지식을 제공하겠다.

SEO 모범 사례

SEO는 웹사이트의 콘텐츠, 구조, 기타 측면을 최적화해서 검색 엔진 결과에서 웹사이트의 순위를 개선하는 프로세스다. 따라서 검색 엔진 결과에서 웹사이트의 순위를 높이는 데 도움이 되는 SEO 모범 사례를 구현해야 한다. 이를 통해 유기적인 방문자를 더 많이 유치하고, 전반적인 온라인 가시성을 향상시킬 수 있다. 이를 달성하는 방법 몇 가지는 다음과 같다.

표 9.4 SEO 모범 사례

전략	설명
메타 태그	각 페이지에 대해 독특하고 매력적인 타이틀과 설명을 지정한다. 이것들은 검색 엔진 결과에 나타나는 내용이므로 웹사이트 내용에 관해 정확한 대표성을 띠고 있어야 한다.
페이지 로딩 속도	웹사이트의 로딩 속도를 최적화해서 사용자 경험을 향상시키고 검색 엔진 결과를 개선한다. 이미지 압축, 코드 축소, 브라우저 캐싱을 활용한다.
URL 구조	항목의 주제를 나타내는 서술적이고 읽기 쉬운 URL을 사용한다. 길고 복잡한 인수가 포함된 URL은 피한다.
좋은 내용	대상 독자의 요구에 부합하는 관련성 있고 통찰력 있는 콘텐츠를 생성한다. 글은 올바르게 작성되고, 이해하기 쉬워야 하며, 주제 또는 키워드와 관련이 있어야 한다.
모바일 최적화	웹사이트는 데스크톱 사용자보다 모바일 사용자로부터 높은 트래픽을 받는 경향이 있다. 모바일 호환성은 검색 엔진의 순위 기준이므로 반응형이며 모바일 친화적인 사이트를 유지해야 한다. 훌륭한 모바일 경험은 사용자의 관심과 후속 방문을 증가시킨다.
훌륭한 UI/UX	내비게이션을 간단하게 만들고, CTA(call to action)를 명확하게 표시하며, 콘텐츠를 올바르게 구성해서 즐거운 사용자 경험을 제공하는 데 중점을 둔다.
보안 인증서	웹사이트에 SSL 인증서를 설치해서 데이터 암호화를 보장하고 검색 엔진 순위를 개선한다. HTTPS 지원 여부는 구글 검색 지표로 활용된다.

이렇게 해서 이번 장을 성공적으로 마쳤으며, 다양한 메타데이터 유형 간의 차이점에 대해 많은 것을 배웠다. 이제 리액트 프로젝트에서 이러한 지식을 활용하고 면접 상황에서도 활용할 수 있을 것이다.

정리

이번 장에서는 Next.js, 개츠비, 리믹스라는 세 가지 강력한 풀스택 리액트 프레임워크를 철저히 공부했다. 이러한 기술이 웹 개발 프로세스를 가속화하고 특수 기능과 사용 사례를 기반으로 동적이고 데이터 기반의 앱을 쉽게 구축하는 데 어떻게 활용될 수 있는지 더욱 깊이 있게 이해했을 것이다. 이어서 정적 사이트 생성, SSR, SEO를 위한 페이지 정보 추가와 같은 현대 웹 개발의 핵심 주제를 다뤘다. 각 프레임워크의 장단점을 분석함으로써 특정 프로젝트에 가장 적합한 도구를 선택할 때 현명한 결정을 내릴 수 있는 길을 열었다.

Next.js, 개츠비, 리믹스는 리액트 애플리케이션을 개발하기 위한 다양한 선택지를 제공한다. 여기서는 이 세 가지 프레임워크의 차이점을 살펴봄으로써 프로젝트에서 이 프레임워크 중 하나를 선택한 이유를 적절히 설명할 수 있을 것이며, 이는 좋은 면접 답변이 될 것이다.

이번 장을 통해 이러한 프레임워크와 각 프레임워크의 강점에 대해 더 많이 학습하고, 점점 더 혼잡해지는 시장에서 면접에서 눈에 띄고 돋보일 수 있게 하는 유용한 정보를 다뤘다. Next.js, 개츠비, 리믹스를 마스터하는 길은 시작에 불과하며, 발전과 창의성의 기회는 무궁무진하다. 이러한 기술의 궁극적인 잠재력은 여러분의 상상력, 창의성, 그리고 계속해서 공부하고 탐구하려는 의지에 있다.

다음 장에서는 실제 프로그래밍 과제를 해결하는 방법을 배우게 될 것이다.

**리액트
인터뷰 가이드**
면접 준비부터 실무까지
한 번에 챙기는
리액트 개발자 핵심 노트

04

프로그래밍 실습

4부에서는 지정된 시간 내에 면접 과정에서 고급 코딩 과제를 해결하는 방법을 배울 것이다. 또한 본격적으로 프로젝트에 깊게 들어가기 전에 필요한 유용한 팁과 권장 사항도 알아볼 것이다. 그다음에는 프로그래밍 기술을 보여주기 위해 두 개의 리액트 애플리케이션을 구축할 것이다. 하나는 파이어베이스(Firebase) 백엔드와 리덕스, styled-components를 기반으로 한 애플리케이션이며, 또 다른 하나는 Next.js 툴킷, 그래프QL, REST API를 활용한 SWR을 기반으로 한다.

이 부는 다음과 같은 장으로 구성돼 있다.

- 10장 '실제 프로그래밍 과제 깨부수기'
- 11장 '리액트, 리덕스, styled-components, 파이어베이스 백엔드 기반 애플리케이션 만들기'
- 12장 'Next.js 툴킷, 인증, SWR, 그래프QL, 배포를 기반으로 한 애플리케이션 만들기'

10장

실제 프로그래밍 과제 깨부수기

오늘날 급속히 확장되는 기술 환경에서 실제 프로그래밍 관련 문제를 효과적으로 해결하기 위해서 프로그래머들은 점점 더 많은 장애물과 복잡성을 관리할 수 있어야 한다. 이번 장에서는 모든 프로그래밍 프로젝트에 자신감을 가지고 참여할 수 있도록 유지보수가 용이한 고품질 소프트웨어를 개발할 수 있는 기본적인 방법, 도구, 모범 사례를 살펴볼 것이다. 이와 관련된 주제와 실제 사례에 대해 자신감 있게 말할 수 있다면 면접 준비가 한결 수월할 것이다. 이러한 준비를 반복하면 시간이 지남에 따라 점점 더 개인적인 경험을 바탕으로 이야기할 수 있게 되고, 이는 지원자를 면접에서 채용 기회를 얻을 수 있는 더 나은 후보로 만들어 줄 것이다.

이번 장에서는 개발 환경을 설정하는 것부터 코드 기반을 꾸리고 작업을 공유하기까지 마주치는 모든 프로그래밍 과제를 극복하는 데 필요한 지식과 자신감을 불어넣을 것이다. 애플리케이션의 훌륭한 기반을 구축하는 데 도움이 되는 올바른 스캐폴딩 도구와 템플릿을 선택하는 방법을 살펴볼 것이며, 이를 통해 시간과 노력을 절약할 수 있다. 또한 프로젝트의 필요에 맞는 최적의 애플리케이션 아키텍처를 탐구하고, 아키텍처의 다양성과 사용 용이성 사이에서 균형을 맞춰 볼 것이다.

이러한 과정들을 진행하다 보면 코드의 신뢰성, 확장성, 보안을 보장하기 위해 코드를 테스트하는 것이 얼마나 중요한지 깨닫게 될 것이다. 코딩에 필요한 실용적인 지침을 제공하고, **테스트 주도 개발(TDD)**을 사용해 처음부터 더 높은 품질의 코드를 생성하는 방법을 보여줄 것이다. 마지막으로, Git 저장소를 설정하고 관리하는 단계, 명확하고 유익한 README(리드미)를 작성하는 방법, 개발자의 작업 내용을 전 세계 사람들과 공유하는 방법을 안내한다. 이것은 프로그래밍 작업을 외부와 공유하고 영향력을 드높일 뿐만 아니라 협력과 지속적인 개발을 촉진시킨다.

이번 장을 다 읽고 나면 실제 프로그래밍 작업에 필요한 기술과 방법을 습득하고, 소프트웨어 개발 분야에서 귀중한 인재가 되는 길로 나아가게 될 것이다.

이번 장에서는 프로그래밍 과제를 해결하는 데 필요한 주제를 다룰 것이며, 이는 프로그래밍 분야에서 필요한 자신감을 심어줄 것이다. 문제를 해결하는 능력은 프로그래머로서 얼마나 뛰어난지를 결정하기 때문에 직장에서뿐만 아니라 면접에서도 도움을 주는 핵심적인 요소다. 개발자는 종종 개발 환경과 기술 스택에 대한 질문을 받게 된다. 개발자가 회사의 다른 팀 내에서 효과적으로 일하기 위해서는 우리가 사용하는 도구에 대해서 잘 알아야 한다. 면접에서 이러한 질문들에 대해 올바르게 답변할 수 있다면 우리가 어떤 주제로 이야기하는지 파악할 수 있고, 또 어떤 팀에 가더라도 잘 융합될 수 있다는 것을 보여줄 수 있다.

이번 장에서 다루는 주제는 다음과 같다.

- 개발 환경 준비
- 올바른 스캐폴딩 또는 템플릿 선택
- 애플리케이션 아키텍처 결정
- 코드 테스트
- README와 함께 Git 저장소를 만들고 공유하기

기술 요구사항

실습하고자 하는 기기에 Node.js와 npm 최신 버전이 설치돼 있는지 확인한다. 만약 설치돼 있지 않다면 https://nodejs.org/en에서 다운로드할 수 있다. 또한 비주얼 스튜디오 코드 같은 코드 에디터도 설치돼 있는지 확인해보자. 설치돼 있지 않다면 https://code.visualstudio.com/에서 다운로드할 수 있다.

개발 환경 준비

이제 훌륭한 리액트 애플리케이션을 만드는 법을 배워보자. 개발 환경을 구축하는 것은 가장 어려운 단계지만 이번 장에서 해당 과정을 쉽게 만들어 줄 것이다. 워크플로에 대한 배경지식과 자바스크립트 개발 환경을 위한 기본적인 가이드라인만 있다면 리액트 개발자로서 꿈의 직장에 입사한다는 목표에 한걸음 더 다가갈 수 있다. 이번 절에서는 프로젝트에 적합한 스캐폴딩 도구를 선택하는 것부터 문제가 발생했을 때 디버깅하고 해결하는 것까지 모든 과정을 안내할 것이다. 개발 환경을 설정하고 프레임워크를 작동시키는 기본적인 사항을 이해하는 것은 모든 개발자가 반드시 알아야 하는 필수 지식이다. 면접 상황에서는 기술 테스트도 병행할 수 있기 때문에 올바른 도구를 찾아 설치하고 코드 베이스를 작동시킬 수 있는 능력은 개발자로서 필요한 지식이다. 그리고 이를 면접에서 수행할 수 있는 능력 또한 중요하다. 이제 시작해보자.

왜 좋은 개발 환경이 필요한가?

개발 환경은 개발자가 소프트웨어를 개발하는 과정에 있어 반드시 필요한 부분이다. 개발 환경은 실제 프로덕션 환경과는 독립된 영역으로, 코드를 작성하고 테스트할 수 있는 독립된 환경을 제공한다. 이는 사용자나 고객에게 장애를 발생시킬 위험을 감소시키고, 다양한 코딩 방식을 실험하고 테스트할 수 있게 도와준다. 또한 개발 환경을 활용하면 소스코드를 여러 플랫폼, 브라우저, 디바이스에서 테스트해서 모든 사용자에게 완벽하게 작동할 수 있는지 미리 확인할 수 있다. 개발 환경을 사용하면 코드를 더 효과적으로 작성할 수 있으며, 오류와 결함을 더 일찍 발견해서 결국 고객에게 고품질의 서비스를 제공할 수 있다.

개발 환경을 갖추기 위해서는 **통합 개발 환경**(integrated development environment, **이하 IDE**) 또는 텍스트 에디터/코드 에디터가 있어야 한다. 그렇다면 이 둘의 차이점은 무엇인지 살펴보자.

IDE와 텍스트 에디터/코드 에디터의 차이점은 무엇인가?

개발 환경을 설정하는 방법은 다양하다. 특히 자바스크립트와 리액트를 사용하는 개발자들에게는 개인적인 필요에 따라 사용할 수 있는 도구가 다양하다. IDE는 개발, 디버깅, 테스팅을 위한 여러 도구를 포함하고 있기 때문에 많은 사람들이 선택한다. 텍스트 에디터는 효과적이고 간결한 코딩을 가능하게 하는 기본 도구로, 또 하나의 선택지가 될 수도 있다. 반면, 브라우저에서 직접 작업하는 것을 선호한다면 온라인 코드 에디터가 가장 좋은 선택지가 될 수 있다. 이 환경에서는 데스크톱이나 노트북에 소프트웨어를 아무것도 설치하지 않아도 빠르고 쉬운 테스팅과 배포가 가능하다.

이제 이러한 도구를 알아봤으니 모던 리액트 개발 환경을 설정하기 위한 기본 단계를 알아보자.

리액트 개발 환경은 어떻게 설정하는가?

리액트 개발 환경을 설정하는 것은 어려워 보일 수 있지만 적절한 단계를 거치면 누구나 할 수 있다. 먼저 자바스크립트와 커맨드라인(이하 명령줄)에 익숙해져야 한다. 그다음, 리액트 개발에 필요한 Node.js와 npm을 https://nodejs.org/en에서 다운로드해서 설치하자. 그리고 비주얼 스튜디오 코드 같은 코드 에디터를 선택해야 한다. 비주얼 스튜디오 코드는 https://code.visualstudio.com/에서 다운로드할 수 있다. 그후 새로운 리액트 프로젝트를 만들기 위해 Next.js, 리믹스, 개츠비 명령어를 사용하는 것을 추천한다.

설치 과정은 다음 링크에서 확인할 수 있다.

- https://react.dev/learn/start-a-new-react-project

자바스크립트 소프트웨어를 설치하려면 패키지 매니저를 사용해야 하는데, 패키지 매니저란 기본적으로 자바스크립트 소프트웨어를 설치하는 과정을 자동화하는 도구를 모아둔 소프트웨어다. 이를 통해 컴퓨터에 소프트웨어를 설치, 업그레이드, 설정, 삭제할 수 있다. npm은 자바스크립트 생태계에서 가장 인기 있는 패키지 매니저다. 대안으로는 yarn과 pnpm이 있는데, 이 역시 저마다 장단점이 있다. 또한 **Node Package eXecute**의 약자인

npx도 있는데, 이 도구는 개발자들이 별도로 라이브러리를 설치하지 않아도 npm 레지스트리에 있는 모든 자바스크립트 패키지를 실행할 수 있게 도와주는 npm 패키지 러너다.

개발자들은 일반적으로 사용하는 도구의 문서에 따라 npm이나 npx를 사용한다. 이후 예제에서는 이 npm과 npx를 사용할 것이다. 리액트 프로젝트를 설정하는 명령어는 꽤 간단하다. 각 리액트 프레임워크별로 명령어를 살펴보자.

- Next.js

  다음 코드를 실행하면 Next.js 스타터 프로젝트를 생성할 수 있다.

  ```
  npx create-next-app
  ```

  매우 직관적인 명령어로, 설치가 완료되면 실행할 준비가 완료된다.

- 리믹스

  다음 코드는 리믹스용으로, 새로운 프로젝트를 생성한다.

  ```
  npx create-remix
  ```

  이 코드 역시 매우 설치하기 용이하며, 리믹스 프로젝트를 준비하는 데 오랜 시간이 걸리지 않는다.

- 개츠비

  다음 코드를 실행하면 개츠비 프로젝트가 준비된다.

  ```
  npx create-gatsby
  ```

- Vite.js

  다음 코드를 실행하면 Vite.js 프로젝트를 준비할 수 있다.

  ```
  npm create vite@latest
  ```

개츠비는 Next.js나 리믹스와 설정이 매우 유사하므로 이 셋 중 하나를 선택해서 사용하는 편이 용이하다.

마지막으로, 개발 서버를 구동해서 프로젝트가 실제로 실행되는지 확인해보자. 이러한 설정 절차가 시간이 많이 걸리고 지루해 보일 수도 있지만 최종적으로 만들어진 제품을 보면 그만한 가치가 있다. 완전히 동작하는 개발 환경이 갖춰지고 나면 동적이면서도 흥미로운 웹 애플리케이션을 개발할 수 있게 된다.

개발 환경의 품질은 우리가 서비스를 만들기 위해 사용하는 도구에 따라 결정된다. 리액트 스캐폴딩 도구에 대해 더 배워 보면서 이러한 도구들이 어떻게 우리의 작업을 훨씬 더 손쉽게 만들어 주는지 살펴보자.

리액트 프로젝트를 스캐폴딩하려면 어떤 도구를 사용해야 하는가?

웹 개발의 세계를 탐험하다 보면 새롭고 흥미로운 도구와 프레임워크를 계속해서 마주하게 될 것이다. 여기에는 다른 도구와 차별되는 몇 가지 스캐폴딩 도구들이 있다. 웹팩(webpack)은 코드를 배포하는 데 필요한 번들링 과정을 단순하게 해주는 오픈소스 번들 러너다. 바벨(Babel)은 개발자가 가장 최신 버전의 자바스크립트를 대부분의 브라우저에서 지원하는 형식으로 컴파일하는 도구다. 이러한 기술들은 끊김 없고 빠른 스캐폴딩 경험을 제공하며, 개발자가 최상의 사용자 경험을 제공하는 데 집중할 수 있도록 시간을 절약해준다.

스캐폴딩 도구는 유지 관리가 용이한 프로젝트를 만드는 데 필수적인데, 그 이유를 알아보자.

프로젝트의 성공에 스캐폴딩 도구가 왜 그렇게 중요한가?

어떤 직종이든 각자 적절한 도구를 갖추는 것이 중요하며, 이는 프로젝트 관리도 예외는 아니다. 칸반 보드부터 협업을 위한 소프트웨어에 이르기까지, 올바른 도구를 갖췄는지 여부에 따라 프로젝트를 성공할 수도 있고 망칠 수도 있다. 이러한 도구들은 의사소통을 개선하고, 생산성을 증가시키며, 운영을 단순화한다. 이러한 도구가 없다면 프로젝트는 자칫 무질서해지고 관리하기 어려워질 수 있다. 올바른 도구는 팀이 계획을 유지하고, 기한을 맞추며, 끝내 성공하는 데 도움을 준다. 올바른 프로젝트 관리 도구에 투자하는 것이 불필요한 비용을 쓰는 것처럼 비춰질 수도 있지만 장기적으로는 시간과 비용을 줄이고, 나아가 정신 건강에도 도움을 준다. 이와 마찬가지로, 최신 버전의 Node.js가 설치돼 있는지, 또는 소프트웨어와 호환되는 버전으로 설치돼 있는지 확인하는 것도 중요하다. 이렇게 하면 호환성 문제로 인해 사용 중인 소프트웨어에 영향을 줄 수 있는 변경 사항을 피할 수 있다.

처음 개발 환경을 설정하는 것은 흥미롭기도 하지만 동시에 두려울 수도 있는 일이다. 이 과정에서 기술적인 문제를 겪으면 매우 번거로워지므로 이러한 문제 중 일부를 어떻게 극복할 수 있는지 배워보자.

개발 환경 설정 과정에서 발생할 수 있는 일반적인 문제를 어떻게 해결하는가?

일련의 과정을 매끄럽게 진행하기 위해 일반적인 문제는 다음과 같이 해결할 수 있다. 첫째, 과정에 필요한 모든 소프트웨어나 장치들이 준비됐는지 확인한다. 그다음, 인터넷 연결이 안정적이고 신뢰할 수 있는지 확인한다. 문제가 발생하거나 파일이 누락된 경우 브라우저를 새로고침하거나 캐시를 삭제해본다. 주의 깊게 모든 지시 사항을 따르고, 필요한 경우 도움을 요청한다. 기억해 둘 것은 조금의 인내와 노력은 설정 과정에서 나타날 수 있는 모든 문제를 해결하는 데 큰 도움이 된다는 것이다.

요약하자면, 효과적인 리액트 개발 환경을 갖추는 것은 웹 개발자에게 매우 유익하다. 이를 통해 프로젝트를 성공적으로 개발하고 테스트할 수 있을 뿐만 아니라 코딩에 바로 뛰어들 수 있도록 도와주며, 각종 문제와 싸우는 대신에 문제에 집중할 수 있게 도와준다. 이전에 언급한 도구나 프레임워크는 필요한 환경을 만들고 훌륭한 스캐폴딩을 제공하는 데 필수적인 도구라는 점이 이미 입증됐다. 이러한 도구들에 대해 철저히 이해한다면 버그나 기술적인 문제 없이 애플리케이션을 배포할 수 있게 도와줄 것이다. 리액트 애플리케이션을 개발할 때 올바른 환경과 구조는 프로젝트 성공에 있어 매우 중요하다.

이제 스캐폴딩 도구들에 대해 더 깊이 알아보고 프로그래밍에 적합한 아키텍처를 선택하는 방법을 배워보자.

올바른 스캐폴딩 도구 또는 템플릿 선택하기

스캐폴딩 도구, 템플릿, 프로그램 등 기타 여러 가지 도구들은 개발자의 아이디어를 실현하는 데 도움을 준다. 그러나 프로젝트에서 이러한 도구를 최대한 활용하려면 이러한 도구를 제대로 살펴보는 데 시간을 투자해야 한다. 이번 절에서는 리액트 기반 애플리케이션을 위한 실행 가능한 아키텍처를 선택하는 다양한 구성요소와 이를 효과적으로 사용하는 방법을 살펴본다.

프로그래밍에서 스캐폴딩이란 무엇인가?

스캐폴딩은 애플리케이션을 위한 구조화된 프레임워크나 레이아웃, 템플릿을 생성하는 과정으로, 그 뒤에 이어질 개발을 위한 안정적인 기반을 만드는 데 사용된다. 스캐폴딩은 반복적인 작업을 자동화하고 프로젝트에 효과적인 구조를 구축함으로써 개발자의 시간과 노력을 절약하는 데 도움을 준다. 다양한 프로그래밍 언어와 기술을 위한 스캐폴딩 도구와 프레임워크는 개발자들이 최소한의 수동 설정으로 프로젝트를 시작할 수 있게 도와준다. 이 도구에는 개발 시 권장되는 패턴과 모범 사례를 포함하고 있으며, 이는 코드 베이스의 유지보수성과 확장성을 높인다.

스캐폴딩은 일반적으로 다음을 포함한다.

- **파일 구조**: 프로젝트 설정을 쉽게 탐색하고 이해할 수 있도록 파일 및 폴더 구성을 일관되고 지속 가능한 시스템으로 구축
- **설정 및 구성 파일**: 린터(linter), 번들러, 트랜스파일러 같은 도구와 라이브러리를 위한 설정 파일을 생성해서 표준화된 개발 환경을 유지하고 빌드 절차를 간소화
- **예제 코드**: 프레임워크, 라이브러리 또는 프로젝트 구성 요소를 사용하는 방법에 대한 간단한 예시를 제공함으로써 개발자가 빠르게 시작하고 권장되는 가이드를 이해하는 데 기여
- **보일러플레이트 스타터 키트**: 빌드 시스템 구축, 웹 서버 설정, 표준 **사용자 인터페이스(UI)** 요소 개발 등을 위해 특정 사용 사례에 빠르게 활용할 수 있는 재사용 가능한 코드 조각이나 컴포넌트를 생성

스캐폴딩 외에도 프로젝트의 크기나 복잡성 및 리액트 프로그래밍 작업을 마무리하는 데 필요한 기술을 고려해야 한다. 다음 절로 넘어가서 프로젝트 측면에서 더 많이 이야기하고 배워보자.

프로젝트를 생성할 때 프로젝트의 어떤 요소를 고려해야 하는지 어떻게 결정하는가?

프로젝트를 생성하면서 고려해야 할 프로젝트 요소를 분석하는 방법에는 여러 가지가 있다. 여기에는 다음과 같은 것을 고려해 볼 필요가 있다.

- 프로젝트 규모
- 복잡성
- 필요한 기술

이러한 변수를 적절히 고려함으로써 조직의 요구에 부합하는 훌륭한 프런트엔드 디자인을 개발할 수 있다. 작은 프로젝트의 경우에는 비교적 간단한 코드와 테스트가 필요할 수도 있지만 규모가 큰 프로젝트의 경우 리액트 컴포넌트를 구현하기 위한 더 복잡한 프레임워크가 필요할 수 있다. 현재 작업을 완료하는 데 필요한 기술을 아는 것이 중요하다. 이러한 모든 요소를 철저히 고려함으로써 고품질의 제품을 만들어내고 고객의 요구를 충족시키며 원활한 사용자 경험을 제공할 수 있다.

이제 도구와 템플릿의 기능을 평가하는 방법을 배워보자. 이는 프로젝트의 초기 설정과 사양을 만드는 데 필요하다.

각 도구나 템플릿의 기능을 어떻게 평가하고, 개발자의 필요에 가장 적합한 것을 어떻게 결정하는가?

특정 요구에 가장 적합한 도구나 템플릿을 선택하기에 앞서, 각각의 기능을 주의 깊게 비교해볼 필요가 있다. 각 도구의 기능을 철저히 분석해 봄으로써 특정 요구사항에 가장 잘 맞는 도구를 선택할 수 있다. 사용자 맞춤으로 만들어낼 수 있는 가능성이 높은 도구를 찾든, 별도 설정 없이 바로 사용하기 쉬운 템플릿을 찾든 모든 요구에 맞는 다양한 솔루션이 존재한다. 결국 개발자가 내리는 결정은 여러 요소에 의해 영향을 받을 수밖에 없다. 이러한 요소에는 재정 상황, 전문성의 정도, 개발자가 선택한 도구나 템플릿으로 달성하고자 하는 목표가 있다.

프로젝트의 특성을 분석하는 것은 개발자가 자체 프로젝트나 클라이언트를 위한 프로젝트 작업을 할 때 고려해야 하는 사항이다. 이것이 왜 중요한지 알아보자.

적응성, 호환성, 확장성, 보안 기능을 어떻게 분석하는가?

오늘날 빠르게 변화하는 환경에서 기업들은 계속 변화하는 요구사항을 따라갈 수 있는 소프트웨어를 필요로 한다. 프로그램을 선택할 때 소프트웨어의 적응성, 호환성, 확장성, 보안 측면을 분석하는 것은 필수적이다. 기업이 발전하고 진화함에 따라 소프트웨어도 적응할 수 있어야 하므로 적응성은 필수적이다. 확장성은 소프트웨어가 변화하는 기업의 요구사항에 따라 확장될 수 있게 해주며, 호환성은 주요한·내부 시스템과 원활하게 통합될 수 있도록 보장한다. 확장성과 관련해서는 개발자가 애플리케이션을 확장 가능하게 만드는 방법에는 여러 가지가 있다. 예를 들어, Next.js 같은 모던 프레임워크를 사용하기로 결정했다면 최신 도구와 기능을 활용할 수 있다. 프로젝트를 견고하게 유지하기 위해 대중적인 코드 표준 및 방법론을 사용하고자 했을 때 이러한 기능은 더욱 향상될 수 있다.

이를 달성할 수 있는 몇 가지 방법은 다음과 같다.

- **엔진 버전 고정**: 이를 통해 프로젝트에 참여하는 모든 사람이 동일한 Node.js와 패키지 매니저 버전을 사용하게 할 수 있다. 일반적으로, 이를 위해 .nvmrc와 .npmrc를 사용할 수 있다.

- **ESLint 설정**: 자바스크립트 정적 코드 분석 및 문제가 되는 코드 패턴을 찾는 데 사용된다.

- **Prettier 설정**: 모든 개발자가 동일한 포매팅의 코드를 따르도록 도와준다.

- **커밋 린팅**: 커밋 메시지를 린트하고, 일련된 표준의 커밋 메시지를 준수할 수 있게 한다.

- **프레임워크 설정 및 플러그인**: 프레임워크 문서에서 설명하는 기능 또는 사용자 맞춤 기능을 활성화하거나 다른 패키지 및 도구를 설치함으로써 프레임워크를 더욱 확장할 수 있다.

마지막으로, 보안은 모든 소프트웨어의 기반이며 개인 정보를 보호하고 공격자들로부터 충분히 방어할 수 있을 만큼 프로그램을 탄탄하게 만든다. 기업들은 이러한 필수적인 보안 특성을 검토해서 경쟁적인 환경에서 성공하는 데 필요한 소프트웨어를 확보할 수 있다.

프로젝트 초기부터 올바른 도구를 선택함으로써 많은 시간을 절약할 수 있으며, 코드에 대한 더 많은 자신감을 심어줄 수 있다. 이것이 장기적으로 개발자에게 어떤 영향을 미칠 수 있는지 알아보자.

성공적인 결과를 만들기 위해 모든 요구사항을 충족하는 올바른 도구나 템플릿을 어떻게 선택하는가?

좋은 결과를 얻기 위해서는 모든 요구사항을 만족하는 적절한 도구나 템플릿을 사용해야 한다. 여러 선택지가 존재하는 상황에서는 올바른 도구나 템플릿을 선택하기가 어려울 수 있다. 그러나 시간을 들여 이에 대해 연구하고, 자신의 요구에 가장 적합한 것을 선택한다면 이는 곧 성공을 위한 초석으로 작용할 것이다. 소프트웨어 프로그램이든, 프로젝트 관리 템플릿이나 앱이든 프로젝트에 가장 적합한 것을 찾는 것은 결국에 시간과 노력을 모두 절약할 수 있다. 단순히 충분히 쓸 만한 도구를 선택하는 수준에 그치지 않고 목표를 이룰 수 있게 도와주는 것을 더 깊게 찾아봐야 한다.

리액트 애플리케이션의 경우 적절한 스캐폴딩 도구나 템플릿을 선택하는 것이 중요하다. 무엇보다도 스캐폴딩이 무엇인지 알고, 그것의 중요성을 이해하는 것이 필요하다. 이 작업이 완료된 이후에 프로젝트의 크기, 복잡성, 필요한 기술을 고려해야 한다. 그다음에는 업무에 사용할 수 있는 접근 가능한 도구나 템플릿을 조사해야 한다. 기능을 다른 여러 가지와 비교해서 개발자의 요구사항에 가장 잘 맞는 도구나 템플릿을 결정해야 한다. 좋은 최종 결과를 얻기 위해 도구를 선택하기 전에 각 옵션의 적응성, 호환성, 확장성, 보안 기능을 고려해야 한다. 이러한 단계를 따른다면 프로젝트에 필요한 견고한 프레임워크를 선택하고, 결국에는 작업을 간소화할 수 있다.

이 주제에 맞게 이제 스캐폴딩과 관련된 애플리케이션 아키텍처 주제로 넘어가자.

애플리케이션 아키텍처 결정

리액트 프로젝트의 애플리케이션 아키텍처를 선택할 때는 여러 가지 사항을 고려해야 한다. 잘 설계된 아키텍처는 유지 보수성, 확장성, 재사용성을 촉진한다. 아키텍처는 변화에 잘 적응할 수 있어야 하고, 프로젝트의 요구사항이 변경에 맞춰 변화할 수 있어야 한다. 리액트에 대한 전문성과 친숙도가 증가함에 따라 아키텍처 설계에 대한 더 나은 결정을 내릴 수 있게 될 것이다. 프로젝트가 확장되고 새로운 요구가 발생할 때 결정을 재고하고 리팩터링할 준비가 돼야 한다.

애플리케이션 아키텍처를 고를 때 무엇을 고려해야 하는가?

모든 프로젝트는 저마다 특성이 다르기 때문에 그 결과로 서로 다른 구성이 필요하다. 개발자는 프로젝트에 본격적으로 착수하기 전에 많은 다양한 요소를 고려해야 한다. 궁극적으로 개발자 개인의 선호도나 팀 기술 스택에 대한 친숙도, 클라이언트의 요구사항에 따라 이러한 결정은 달라질 수 있기 때문에 정답도 오답도 없다.

예를 들어, 결제를 처리해야 하는 웹사이트를 구축한다고 가정해보자. 결제를 관리하고 수행하는 안전한 방법, 사용자가 가입해서 계정을 생성하는 방법 등 여러 요소를 고려해야 한다. 그래서 왜 개발자가 여러 상태 관리 솔루션 중에 특정 상태 관리 솔루션을 선택하는지, 왜 스트라이프(Stripe) 같은 결제 소프트웨어를 선택하는 대신 다른 솔루션을 선택하는지를 설명할 수 있어야 한다.

다시 강조하지만, 여기에는 정답이나 오답은 없다. 중요한 것은 개발자의 선택을 설명하고 정당화할 수 있느냐다.

리액트 프로젝트에 가장 적합한 애플리케이션 아키텍처를 선택하기 위해서는 다음과 같은 특성을 고려해야 한다.

- **상태 관리**: 컴포넌트 간의 상호 작용 수준과 애플리케이션 상태의 세부 수준을 고려해서 리덕스 같은 상태 관리 도구가 필요한지 결정한다.

- **라우팅**: 애플리케이션이 다양한 뷰 또는 페이지 사이에 전환이 필요하다면 프레임워크를 라우팅에 맞게 구성하거나 리액트 라우터 같은 외부 라우팅 프레임워크를 사용해야 한다.

- **프로젝트 사양 파악**: 프로젝트의 요구사항, 규모, 범위를 이해하는 것으로 시작한다. 주요 기능, 성능 기준, 다양한 배포 플랫폼을 결정해야 한다.

- **미래 지향적인 설계**: 미래에 있을 수 있는 확장과 수정을 위해 컴포넌트, 상태 관리, API 설계 시 모듈성과 적응성을 고려해야 한다.

- **폴더 구조**: 파일 및 폴더 구조를 논리적이고, 확장 가능하며, 잘 유지보수할 수 있게 만들어야 한다. 컴포넌트, 미디어, 테스팅, 기능 등의 카테고리별로 잘 묶어야 한다.

- **애플리케이션 프로그래밍 인터페이스(API)**: 데이터 분석이나 인증, 기타 전문적인 기능에 필요한 외부 라이브러리나 API를 결정해야 한다.

- **정적 사이트 생성 또는 서버 사이드 렌더링**: 성능과 **검색엔진 최적화(SEO)** 기능을 향상시키기 위해 Next.js, 개츠비, 리믹스 등에서 제공하는 정적 사이트 생성 또는 서버 사이드 렌더링 솔루션을 프로젝트의 요구사항에 따라 선택한다.

- **프로그래밍에 필요한 최상의 관행과 기준 적용**: ESLint 같은 린터, Prettier 같은 코드 포매터, Airbnb 자바스크립트 스타일 가이드 같은 문서화된 규칙을 사용해 프로젝트 전반에 걸쳐 코드 표준 및 최상의 코드 작성 관행을 적용해 모든 개발자의 코드와 프로젝트 설정을 일관되게 만들어야 한다.

- **UI 라이브러리**: 애플리케이션의 디자인을 설계하는 방법을 결정한다. Tailwind CSS 프레임워크, styled-components, Sass, 단순 CSS 같은 다양한 선택지가 있다.

이제 프로젝트에서 코드를 테스트하는 법을 배워보자.

코드 테스트하기

모든 프로그래머는 **버전 관리 시스템(version control system; VCS)**을 잘 활용해 그 이점을 누릴 수 있어야 하며, 코드에 대한 충분한 테스트를 수행할 수 있어야 한다. 코드를 테스트함으로써 다양한 입력에도 코드가 의도한 대로 동작하고 오류가 없는지 확인할 수 있다. 효율적인 버전 관리를 통해 원활한 팀 내 협업이 가능해지고, 향후 배포 작업에서 소스 코드를 더욱 효과적으로 관리할 수 있게 된다. 이번 절에서는 프로젝트가 성공하는 데 필요한 지식을 갖출 수 있도록 몇 가지 중요한 지식을 다루고자 한다.

버전 관리와 함께 테스트를 진행하는 것이 훨씬 더 효율적이다. 다음 절에서 버전 관리가 어떻게 도움이 될 수 있는지 알아보자.

왜 코드를 테스트하는 데 버전 관리를 사용해야 하는가?

개발자가 코드에서 무엇을 변경했는지 잊어버리거나 실수로 작업을 다시 하면서 이전 코드가 무엇인지 잊어버리는 경우가 종종 있다. 버전 관리는 이러한 문제를 해결한다. 시간의 흐름에 따라 코드에서 일어난 변경 사항을 추적하고, 필요한 경우 이전 내용으로 돌아갈 수 있게 해주는 메커니즘이 바로 버전 관리다. 코드를 테스트하기 위해서는 버전 관리 시스템 설정이 필수적이다. 변경 사항을 추적할 수 있을 뿐만 아니라 안전하고 잘 정돈된 팀워크를 만드는 것을 가능하게 한다. 버전 관리는 테스트 과정을 가속화하고 오류를 줄이며 전반적인 프로세스를 더욱 효율적으로 만든다.

이번 절에서 버전 관리의 몇 가지 사용 사례에 대해 배웠다. 다음으로는 코드의 변경 사항을 추적하는 방법을 알아보자.

코드에 대해 어떤 테스팅 및 변경 추적 도구를 사용해야 하는가?

코드에 대한 테스트를 수행하고 변경 사항을 추적하는 것은 자칫 어려운 일일 수 있지만 올바른 도구를 사용한다면 많은 도움을 얻을 수 있다. 여기에는 다양한 대안이 존재하기 때문에 특정 필요에 맞는 가장 효과적인 도구를 선택하는 것이 중요하다. 사이프레스와 셀레늄(Selenium)은 여러 브라우저에서 자동 테스팅을 수행하는 가장 인기 있는 테스팅 솔루션이다. Git과 Subversion(SVN)과 같은 버전 관리 도구는 변경 사항 추적을 더욱 쉽게 만들어 준다. 실수가 발생했을 때 이 두 기술은 협업을 용이하게 하며 롤백하는 것도 비교적 간단하다. 워크플로를 최적화하고 목표 달성을 돕는 도구를 찾으려면 시간을 많이 할애해서 연구해보면서 다양한 솔루션을 테스트해보는 것이 필요하다.

마지막으로 Git 저장소를 만드는 방법을 배우고, 잘 작성된 문서를 갖춘 코드 저장소를 만드는 것의 중요성을 배워보면서 이번 장을 마무리하자.

README와 함께 Git 저장소를 만들고 공유하기

다양한 이유로 훌륭한 문서를 갖춘 코드 저장소를 구축하는 것은 매우 중요하다. 그 이유를 계속 읽어 나가며 이해해보자.

훌륭한 문서를 갖춘 코드 저장소를 만드는 것이 왜 중요한가?

명확한 문서화를 갖추게 되면 개발자들은 코드의 기능과 목적, 설계를 더욱 쉽게 이해할 수 있다. 그 결과, 코드를 더 효과적으로 사용하고 기여하고 수정할 수 있게 된다. 잘 문서화된 코드 저장소는 모든 사람이 코드의 구조와 의도한 사용법을 파악할 수 있기 때문에 팀 구성원들의 협업을 용이하게 한다. 이를 통해 수정사항에 대해 이야기하고, 문제를 해결하며, 진행상황을 모니터링하는 것이 한결 수월해진다.

본질적으로, 온보딩은 프로젝트에 새로운 팀 구성원을 통합하는 과정을 말한다. 문서화가 명확하게 돼 있다면 새로운 구성원이 코드 베이스에 빠르게 익숙해지며, 학습 곡선이 낮아지고, 질문하거나 해결 방안을 찾는 데 필요한 노력을 줄일 수 있다. 품질 관리의 또 다른 이점은 문서화에 테스트 케이스, 테스트의 예상 결과, 프로젝트 지원 내용이 포함된다는 것이다. 이는 코드가 업데이트될 때 프로젝트의 목표를 준수하고, 코드의 품질을 유지하도록 보장한다.

개발자가 만든 코드를 설명함으로써 장기적인 관점에서 시간을 절약할 수 있다. 개발자가 코드를 샅샅이 뒤지거나 다른 개발자들의 도움을 구할 필요 없이, 문서를 참조하는 것만으로 방향성과 명확한 설명을 얻을 수 있다. 앞에서 언급한 모든 제안들이 통합되면 문서를 유지하기가 훨씬 더 쉬워진다. 문서화가 명확하면 개발자들이 업데이트를 추가하거나 오류를 해결할 때 필요한 완벽한 가이드를 갖게 된다. 이는 결국 시간이 지나도 코드를 유지하기가 더욱 쉬워지게 만들며, 새로운 문제를 만들거나 현재 기능을 해칠 위험성을 줄인다.

이러한 개선 사항들은 개발자의 전문성과 자신감을 나타낼 수 있다. 잘 문서화된 코드를 갖춘 저장소는 함께하는 개발자들과 조직에 긍정적인 영향을 미친다. 이는 코드에 대한 모범 사례, 세심함, 다른 개발자들의 요구사항에 대한 배려를 보여줄 수 있다. 잘 문서화된 코드 베이스는 다른 사람들이 이를 가치 있게 여기고, 그것을 바탕으로 발전시킬 가능성을 높일 수 있다. 이는 나아가 더 넓은 개발자 커뮤니티의 수용, 협력, 혁신으로 이어질 수 있다. 유지 관리 및 협력을 보장하려면 명확한 문서화를 갖춘 코드 저장소가 필수적이다. 이는 프로젝트의 수명과 실행 가능성을 높이고, 프로젝트의 개발자를 긍정적으로 보여주는 역할도 하게 된다.

어떻게 Git 저장소를 생성하는가?

새로운 Git 저장소를 생성하는 것은 매우 간단하다. Git 저장소를 생성하는 자세한 방법은 https://github.com/new에서 확인할 수 있다.

기본적으로, 새 저장소를 만든 다음 로컬 프로젝트 폴더에서 설정에 필요한 코드를 실행하기만 하면 된다. 기본적인 코드 예제는 다음과 같다.

```
echo "# myapp" >> README.md
git init
git add README.md
git commit -m "first commit"
git branch -M main
git remote add origin https://github.com/yourusername/myapp.git
git push -u origin main
```

새로운 Git 저장소를 만들 때마다 코드가 자동으로 생성되며, 이는 프로젝트에 맞게 구성된다. 따라서 개발자는 명령줄에 코드를 복사하고 붙여넣기만 하면 된다.

정리

실제 프로그래밍 이슈를 해결하기 위한 내용을 다룬 이번 장을 마치면서, 확실한 기반과 체계적인 접근 방식이 소프트웨어 개발 프로세스를 상당히 가속화할 것이라는 점이 분명해졌다. 개발 환경을 세심하게 구성하고, 적합한 스캐폴딩 도구나 템플릿을 선택하며, 적합한 애플리케이션 아키텍처를 선정함으로써 성공적인 프로젝트의 기반을 마련했다.

지금까지 배운 모든 내용을 통해 개발 환경을 설정하는 방법과 올바른 프로젝트 아키텍처를 선택하는 이유에 대해 질문을 받았을 때 사용할 수 있는 지식을 갖출 수 있었다. 이러한 내용은 면접 질문이나 리액트 프로젝트를 만드는 데 있어 개발자의 경험과 사고방식을 보여줄 수 있는 대화 주제가 되는 경우가 많다.

테스팅의 중요성 또한 아무리 강조해도 지나치지 않으며, 리액트 개발자가 개발 과정에서 진지하게 고려하고 개발해야 하는 분야라는 점을 알게 됐다.

이번 장을 통해 코드의 안정성, 확장성, 보안을 보장하기 위한 엄격한 테스팅 계획을 구축하는 것의 중요성을 강조했다. TDD(Test Driven Development)를 받아들이고, 엄격한 테스팅 프레임워크를 추가함으로써 개발 과정 초기에 문제를 발견하고 해결할 수 있으며, 이는 전반적인 제품의 품질을 향상시킨다.

이 외에도 명확하고 유익한 README가 포함된 잘 구조화된 Git 저장소를 구축해야 하는 필요성에 대해서도 강조했다. 이는 미래에 다른 자신과 다른 개발자들을 위한 훌륭한 참고 자료로 사용될 뿐만 아니라, 지속적인 성장을 촉진하는 작업 환경을 구축하는 데도 도움이 된다.

결국, 실제 프로그래밍의 기술을 마스터하기 위해서는 기술 지식, 전략적인 계획, 효과적인 커뮤니케이션의 조화가 필요하다. 이번 장에서 언급한 모범 사례를 채택하고, 이러한 능력을 갈고 닦음으로써 이제 어떠한 프로그래밍 도전 과제라도 자신감과 세련된 기술로 처리할 수 있을 것이다. 소프트웨어 개발자의 경력은 지속적인 학습 경험이라는 것을 명심하자. 계속해서 성장하고 발전함에 따라 소프트웨어 개발 분야의 가장 복잡한 장애물을 극복할 수 있는 능력이 더욱 향상될 것이다.

다음 장에서는 리액트 훅, 리덕스, styled-components와 파이어베이스를 기반으로 애플리케이션을 만드는 법을 알아본다. 이를 통해 지금까지 얻은 지식을 바탕으로 리액트 및 면접 기술을 더욱 발전시킬 수 있을 것이다.

11장

리액트, 리덕스,
styled-components,
파이어베이스 백엔드 기반 애플리케이션 만들기

이제 리액트 생태계와 관련된 여러 개념과 기술, 인기 있는 라이브러리, 현대 웹 앱 시대에 견고한 리액트 애플리케이션을 구축하는 모범 사례를 다룰 것이다. 이번 장에서는 이전 장에서 얻은 지식을 활용해 전체 기술 스택을 아우르는 리액트 애플리케이션을 만드는 데 전념한다. 면접 과정의 일환으로, 면접관은 특정 기능 및 기술적 요구사항에 따라 완전한 리액트 프로젝트를 구축하도록 요청하거나, 특정 분야에서의 능력을 평가하기 위해 간단한 코딩 과제를 부여할 수 있다. 이번 장에서는 표준 가이드라인에 따라 처음부터 리액트 프로젝트를 만들고, 구현된 프로젝트에 대해 면접 질문을 하는 방법으로 코딩 테스트를 해결하는 방법을 안내한다. 또한 다양한 UI 컴포넌트를 구현하고, 스타일을 적용하며, 인증 메커니즘을 통해 등록된 사용자의 신원을 확인하고 파이어베이스 백엔드와 통합해서 애플리케이션을 배포해서 공개적으로 사용할 수 있게 만드는 전자상거래 애플리케이션을 구축한다.

먼저 공식 **리덕스 툴킷** 템플릿을 사용해 프로젝트 스캐폴딩 과정부터 시작해본다. 이를 통해 빠르게 실행 가능한 프로젝트를 만들고, 프로젝트 폴더 구조를 구축하며, 프로젝트에 필요한 최소한의 의존성으로 인한 혼란을 막기 위해 간단한 명령어부터 시작해본다. 또한 styled-components(컴포넌트에 CSS 스타일링을 캡슐화하는 데 도움이 됨), 리액트 라우터(페이지 내비게이션), `react-intl`(다국어 지원), 파이어베이스 패키지(백엔드 구현) 같은 의존성도 설치할 것이다. 그다음, 파이어베이스 백엔드와 그 서비스를 소개하고, 리액트 프로젝트에 파이어베이스를 통합하고 인증 기능을 구현해본다.

이어서 리덕스 표준에 맞춰 비즈니스 로직을 구축해서 UI에서 발생하는 다양한 액션을 처리하는 방법을 알아본다. 그리고 다양한 지역에서 사용자를 유입시키기 위해 애플리케이션에서 다국어 기능을 지원한다. 또한 단위 테스트 코드를 작성해 코드를 완벽하게 만들고, 비즈니스 요구사항에 맞게 작동하도록 만들 것이다. 그리고 마지막으로 깃허브에 Git 저장소를 호스팅하고 온라인으로 제공함으로써 기술을 선보인다.

이번 장에서는 다음과 같은 주요 주제를 다룰 것이다.

- 프로젝트의 스캐폴딩 및 구성
- 파이어베이스 서비스 소개 및 애플리케이션 구성
- 파이어베이스 인증(Firebase Authentication) 및 백엔드 구현
- 상태 관리를 위한 리덕스 컴포넌트 구축
- 프레젠테이션 레이어 구축
- 다국어 지원
- Vitest 프레임워크를 활용한 테스팅 구현
- README 문서를 포함한 Git 저장소 생성
- 외부 접근을 위한 애플리케이션 배포

기술 요구사항

프로젝트를 시작하기에 앞서 기기에 최신 버전의 Node.js와 npm(https://nodejs.org/en)을 설치해야 한다. 또 배포 실습을 위해 네트리파이(https://www.netlify.com/) 계정이 필요하며, Git 저장소를 호스팅 하기 위한 깃허브(https://github.com/) 계정도 필요하다. 이 프로젝트의 코드는 아래의 Git 저장소에서 확인할 수 있다.

- https://github.com/wikibook/react-interview-guide/tree/main/Chapter11/one-stop-electronics

먼저 리액트 애플리케이션을 구축하기 위한 스캐폴딩 및 프로젝트 구성을 살펴보자.

프로젝트 스캐폴딩 및 구성

6장에서는 리덕스 상태 관리 솔루션을 기반으로 리액트 웹 애플리케이션을 구축하기 위한 리덕스와 리덕스의 워크플로에 대한 다양한 주제를 다뤘다. 리덕스 로직 및 이와 관련된 보일러플레이트 코드를 줄이기 위해 리덕스 팀에서는 일반적인 사용 예제를 단순화하고, 또 흔히 범할 수 있는 실수를 방지하기 위해 **RTK(Redux Toolkit)** 사용을 권장한다.

처음부터 프로젝트를 생성하는 경우 리덕스 팀에서는 **리덕스와 비트 사용을 위한 타입스크립트 템플릿**을 추천한다. 그래서 이번 절에서는 동일한 접근 방식을 사용해 프로젝트를 구축해보고자 한다. 이 프로젝트에서는 전자기기를 구매할 수 있는 전자상거래 애플리케이션인 One Stop Electronics를 구축해본다.

`degit`을 활용한 프로젝트 스캐폴딩 명령을 사용하면 RTK를 기반으로 한 프로젝트 구조를 빠르게 만들어낼 수 있다.

```
npx degit reduxjs/redux-templates/packages/vite-template-redux onestop-electronics
```

이 템플릿은 타입스크립트(`.tsx`, `.ts`)를 기반으로 만들어졌으며, `react`, `react-dom`, `jest` 패키지를 위한 타입 정의도 가지고 있다.

이 프로젝트에서는 애플리케이션 내부 이동을 위한 리액트 라우터를 활용할 예정이며, React Intl 라이브러리를 사용해 다국어를 지원하는 자바스크립트 라이브러리인 FormatJS를 활용할 것이다. 이러한 패키지를 설치하는 방법은 다음과 같다.

```
npm install --save react-router-dom
npm install --save react-intl
```

리액트 컴포넌트에 스타일을 입히는 방식은 다양하다. 여기서는 컴포넌트 기반 스타일을 작성하기 위해 styled-components를 사용하고자 한다. 이 패키지는 다음과 같이 타입 정의 패키지도 함께 설치해야 한다.

```
npm install --save styled-components
npm install --save-dev @types/styled-components
```

styled-components에 대해서는 7장에서 이미 다뤘다. styled-components에 대한 자세한 내용과 기능은 공식 홈페이지를 참조하자.

- https://styled-components.com/

이 애플리케이션에는 파이어베이스 패키지를 설치해서 사용자 인증과 데이터 저장과 같은 백엔드 기능을 구현할 수 있는 기반을 마련하고자 한다. 파이어베이스는 다양한 백엔드 서비스를 제공하며, 특히 사용자 인증과 실시간 데이터베이스, 파일 스토리지 등에 유용하게 사용할 수 있다.

```
npm install --save firebase
```

애플리케이션 폴더 구조가 만들어지고 앞에서 언급한 의존성까지 설치했다면 프로젝트를 기술 스택에 맞게 수정하기 위해 몇 가지 폴더를 더 만들어보자. 중요한 폴더는 다음과 같다.

- app/store: store 폴더는 액션 생성기, 리듀서, 셀렉터 등 RTK의 다양한 컴포넌트를 생성하는 데 사용된다.
- assets: 이미지와 아이콘 파일을 보관한다.
- backend: 파이어베이스와 연관된 API와 전자상거래 애플리케이션 데이터를 보관한다.
- features: 웹 애플리케이션의 메인 페이지를 보관한다.
- i18n: 다국어 기능 관련 파일을 보관한다.

비주얼 스튜디오 코드는 리액트 개발에 널리 사용되며 매우 인기가 높다. 그래서 이 프로젝트에서는 VS Code 를 사용할 것이다. VS Code에서 앞서 언급한 모든 폴더 를 추가한 후 폴더 구조를 보면 다음과 같다.

그림 11.1 애플리케이션 폴더 구조

VS Code에는 다양한 확장 도구를 제공하는 마켓플레이스가 있다. 이 프로젝트에서는 vscode-styled-components를 설치해서 styled-components 내부 코드에 구문 강조를 적용하고, 코드 포매터 확장 도구인 Prettier를 설치해서 코드를 포매팅하는 데 쓴다.

📄 참고

특정 IDE를 꼭 써야만 하는 것은 아니다. 선호하는 기능 또는 필요에 맞게 인기 있는 다른 IDE를 써도 무방하다.

다음 절에서는 파이어베이스의 서비스와 필요한 구성을 소개하고, 구현에 앞서 파이어베이스의 사용자 인증 및 백엔드에 대해 알아보겠다.

파이어베이스 서비스 소개와 애플리케이션 구성

파이어베이스는 구글에서 제공하는 종합 **백엔드 서비스**(backend as a service; BaaS)로, 데이터베이스, 사용자 인증, 클라우드 스토리지, 분석 등 다양한 서비스를 즉시 사용할 수 있도록 제공한다. 이러한 백엔드 서비스는 개발자가 프로그래밍 코드를 적게 작성해도 앱을 더 빠르고 안전하게 구축할 수 있게 도와준다.

파이어베이스의 주요 기능은 무엇인가?

파이어베이스를 명확하게 이해할 수 있도록 주요 기능 몇 가지를 살펴보자.

- **Realtime Database(실시간 데이터베이스)**: 파이어베이스 실시간 데이터베이스는 클라우드 기반 NoSQL 데이터베이스다. 데이터는 JSON 형식으로 저장되며, 연결된 모든 클라이언트와 실시간으로 동기화된다. 이 데이터베이스는 안드로이드, iOS, 웹 플랫폼 등 모든 종류의 플랫폼을 지원한다.

  여기서 실시간이란 데이터의 변경 내용이 수 밀리초 이내에 플랫폼과 장치 전체에 즉시 반영된다는 것을 의미한다. 또한 실시간 데이터베이스는 쿼리된 모든 데이터를 캐싱해서 인터넷 연결이 없을 때는 캐시에서 검색해 오프라인 환경 또한 훌륭하게 지원한다. 다시 장치가 인터넷에 연결되면 데이터베이스는 로컬 데이터 변경 사항을 원래 데이터와 동기화해서 인터넷 중단으로 발생한 충돌을 방지한다. 그 결과, 앱은 계속해서 실시간성을 유지할 수 있게 된다.

- **Authentication(사용자 인증)**: 파이어베이스 사용자 인증은 이메일, 비밀번호, 전화번호를 비롯해 구글, 페이스북, 트위터/X, 깃허브, 애플 같은 인기 있는 인증 정보 제공 업체와 연동해 사용자 인증을 제공하는 백엔드 서비스다.

  Identity Platform[17]을 이용한 파이어베이스 인증(Firebase Authentication)으로 업그레이드한다면 **다중 로그인**(Multi-Factor Authentication; MFA), 강화된 로깅, 사용자 활동 추적, 사용자 차단, 웹과 OpenID Connect 공급자를 위한 Security Assertion Markup Language(SAML) 지원, 멀티테넌시, 엔터프라이즈급 지원 등 추가적인 기능을 활용할 수 있다. Identity Platform 제품은 유료 서비스이지만 일일 제한 내에서 서비스한다면 요금이 청구되지 않는다.

  파이어베이스 인증 SDK를 사용해 수동으로 로그인을 연동하거나 FirebaseUI 라이브러리 같은 기성 UI 인증 솔루션을 사용할 수도 있다.

---

17 https://firebase.google.com/docs/auth?hl=ko#identity-platform

- **Cloud Storage(클라우드 스토리지)**: 클라우드 스토리지는 애플리케이션 개발자로 하여금 사용자가 생성한 대용량 콘텐츠 파일(예: 이미지, 오디오, 동영상, 기타 다양한 파일 유형)을 저장하고 처리하고 싶을 때 쓸 수 있는 비용 효율적인 스토리지 서비스다. 파이어베이스 SDK나 Google Cloud Storage API를 사용해 이 콘텐츠 파일에 접근할 수 있다. 파이어베이스 SDK는 클라이언트에서 직접 안전하게 업로드하거나 다운로드할 수 있게 도와준다.

- **Google Analytics와 Crashlytics**: 파이어베이스용 구글 애널리틱스(Google Analytics)는 앱과 사용자 참여에 대한 통찰력을 얻는 데 도움이 되는 무료 앱 분석 솔루션이다. 이 서비스는 파이어베이스 SDK를 사용해 정의된 최대 500개의 고유 이벤트에 대해 무제한으로 분석 결과를 받을 수 있다. 이 분석 정보는 사용자를 유지하고 마케팅 및 성능 최적화를 위한 현명한 결정을 내리는 데 도움을 준다.

  Crashlytics는 애플리케이션에서 발생한 오류 및 충돌에 대한 세부 정보를 수집하는 실시간 에러 보고 도구다. 오류가 발생한 줄 번호, 장치 이름, OS 버전, 문제가 발생한 시각과 같은 오류 세부 정보를 로깅해서 문제를 해결하는 데 도움을 준다.

파이어베이스 인증과 데이터 저장소를 설치하고 설정하는 방법은 무엇인가?

프로젝트를 파이어베이스 백엔드 기반으로 구축하고 싶다면 파이어베이스 앱을 만들기 위한 다음과 같은 절차를 거쳐야 한다.

1. 개발자 본인의 구글 계정으로 로그인한 후 공식 파이어베이스 콘솔인 https://console.firebase.google.com/에 접속한다.

2. **프로젝트 만들기** 링크를 눌러 프로젝트 이름을 입력한다. 예를 들어, 이번 장에서는 onestop-electornics라고 가정한다. 그 이후에 **계속** 버튼을 눌러 설정 마법사를 진행한다.

3. 구글 애널리틱스를 프로젝트에서 사용할 것이냐고 묻는 옵션이 뜬다. 이번 프로젝트에서 이 옵션은 필요하지 않으므로 비활성화한다.

4. 그다음, **프로젝트 만들기** 버튼을 누른다. 리소스를 준비하고 프로젝트 설정을 완료하는 데 약간의 시간이 필요하다.

5. 프로젝트 페이지에서 </> 아이콘을 클릭해 웹 애플리케이션을 생성한다. 이 버튼을 누르면 웹 애플리케이션 이름을 입력하는 창이 나오는데, 적당한 이름을 입력한 뒤 엔터 키를 눌러 폼을 제출한다. 그 이후, **앱 등록** 버튼을 누르면 이 웹 애플리케이션을 파이어베이스에 통합한다.

6. 이어서 자동으로 생성된 파이어베이스 기반 웹 애플리케이션 설정 파일을 복사해서 저장해 둔다. 이는 나중에 프로젝트에서 쓰인다.

7. 그리고 파이어베이스 제품군 중 프로젝트에서 쓰일 안전한 인증 시스템 구축을 위한 Authentication과 클라우드 호스팅 NoSQL 데이터베이스인 클라우드 파이어스토어(Cloud Firestore)를 추가한다.

📑 참고

Authentication은 인증된 사용자의 가입 정보를 저장할 때 사용하고, 로그인 시 사용자 정보를 업데이트할 때 사용된다. 그리고 파이어스토어 데이터베이스는 애플리케이션 데이터를 저장한다.

8. 기본적으로 파이어스토어는 쓰기 및 읽기 권한을 부여하지 않는다. 이러한 권한은 Rules 탭에서 플래그를 통해 활성화할 수 있다. 보안 규칙을 다음과 같은 코드로 업데이트한다.

```
rules_version = '2';

service cloud.firestore {
  match /databases/{database}/documents {
    match /{document=**} {
      allow read, write: if true;
    }
  }
}
```

9. Authentication에서 이메일/비밀번호나 구글과 같은 로그인 방법을 선택할 수 있다. 이 외에도 다양한 서드파티 로그인 제공업체 옵션을 확인할 수 있다.

하나의 계정에서 여러 프로젝트를 만들 수 있지만 무료 플랜에서는 이 개수가 제한돼 있다.

파이어베이스 설정 파일을 프로젝트의 어디에 둬야 안전하게 보관할 수 있는가?

깃허브 같은 공개 개발 플랫폼에서 사용할 저장소 내부에 파이어베이스 설정 값을 두는 것은 권장하지 않는다. 대신 `.env.local` 같은 파일에 키-값 형식으로 설정을 저장하고, 이 파일을 프로젝트의 `.gitignore`에 지정하는 것이 좋다.

```
VITE_FIREBASE_API_KEY = "yourfirebaseapikey"
VITE_FIREBASE_AUTH_DOMAIN = "yourfirebaseauthdomain"
VITE_FIREBASE_PROJECT_ID = "yourfirebaseprojectid"
```

```
VITE_FIREBASE_STORAGE_BUCKET = "yourfirebasestoragebucket"
VITE_FIREBASE_MESSAGING_SENDER_ID = "yourfirebasemessagingsenderid"
VITE_FIREBASE_APP_ID = "yourfirebaseappid"
```

비트 기반 프로젝트에서는 위 코드처럼 키 값이 **VITE**로 시작해야 한다. 이 키들은 **import.meta.env.VITE**를 통해 접근할 수 있다. 예를 들어, 다음과 같은 **config.ts** 파일이 파이어베이스 애플리케이션에 있다면 설정을 초기화하는 데 유용하다.

```
import { initializeApp } from 'firebase/app'

const firebaseConfig = {
  apiKey: import.meta.env.VITE_FIREBASE_API_KEY,
  authDomain: import.meta.env.VITE_FIREBASE_AUTH_DOMAIN,
  projectId: import.meta.env.VITE_FIREBASE_PROJECT_ID,
  storageBucket: import.meta.env.VITE_FIREBASE_STORAGE_BUCKET,
  messagingSenderId: import.meta.env.VITE_FIREBASE_SENDER_ID,
  appId: import.meta.env.VITE_FIREBASE_APP_ID,
}

export const firebaseApp = initializeApp(firebaseConfig)
```

위와 같이 **firebaseApp**을 export해두면 프로젝트 어디에서나 필요할 때 사용할 수 있다.

📄 **참고**

create—react—app과 같은 도구로 리액트 프로젝트를 생성했다면 키는 REACT_APP으로 시작해야 하며, 이 값은 process.env에서 접근할 수 있다.

파이어베이스 프로젝트를 설정했다면 기입 및 로그인 폼을 제출하는 경우 호출할 파이어베이스 인증 메서드를 구현해야 한다. 또한 클라우드 파이어스토어를 기반으로 한 데이터 작업을 통해 제품 정보를 저장하고 검색할 수 있는 메서드도 구현해야 한다. 다음 절에서는 이 파이어베이스 API 구현에 초점을 맞춘다.

파이어베이스 인증과 백엔드 구현하기

파이어베이스 콘솔에서 파이어베이스 애플리케이션을 설정하면 파이어베이스 인증 API를 사용해 예제 애플리케이션에 필요한 사용자 인증을 구현할 수 있다. 이 API 메서드들은 사용자가 이 전자상거래 애플리케이션에서 제품을 구매하기 위해 가입하고 로그인할 때 유효한 사용자를 인증하는 데 유용하게 쓸 수 있다. 일반적으로 프런트엔드 코드와 분리하기 위해 모든 API 핸들러들을 별도의 폴더(이 예제의 경우 backend → firebase → api) 내에 생성한다.

파이어베이스 인증을 이용해 가입, 로그인, 로그아웃을 어떻게 구현하는가?

사용자 인증 메커니즘을 구현하기 위해서는 우선 Firebase/auth 패키지에서 여러 파이어베이스 함수와 유틸리티를 가져와야 한다. 이 파이어베이스 패키지는 로그인, 가입, 로그아웃을 위한 별도의 메서드를 제공한다. 다음 api/auth.ts 파일 내부에 이러한 API 메서드들과 더불어 파이어베이스 인스턴스를 가져오는 것으로 시작해보자.

```
import { firebaseApp } from '@/backend/firebase/config'
import {
  signInWithEmailAndPassword,
  signInWithPopup,
  signInWithRedirect,
  GoogleAuthProvider,
  createUserWithEmailAndPassword,
  updateProfile,
  signOut,
  getAuth,
  onAuthStateChanged,
  NextOrObserver,
  User,
} from 'firebase/auth'

const auth = getAuth(firebaseApp)
```

```
const googleProvider = new GoogleAuthProvider()

googleProvider.setCustomParameters({
  prompt: 'select_account',
})
```

코드를 살펴보면 auth 인스턴스는 Firebase 앱 인스턴스를 기반으로 생성된다. 또한 구글 로그인 인증을 구현하기 위해 구글 계정 정보를 요청하도록 구성돼 있다.

앞서 언급한 API 유틸리티를 활용해 앞에서 언급한 파일에 두 가지 로그인 메서드를 작성해보자. 하나는 이메일 주소와 비밀번호를 사용하고, 다른 하나는 구글 로그인 인증을 사용한다. 이와 마찬가지로 이메일 주소와 비밀번호, 사용자 이름을 기반으로 가입 메서드를 생성할 수 있다. 로그아웃 메서드는 현재 사용자의 세션을 종료하는 데 사용된다. auth.ts 파일은 다음과 같은 인증 메서드를 기반으로 변경될 것이다.

```
export const signInEmailAndPassword = async (
  email: string,
  password: string,
) => {
  if (!email || !password) return
  return await signInWithEmailAndPassword(auth, email, password)
}

export const signInGooglePopup = () => signInWithPopup(auth, googleProvider)
export const signInGoogleRedirect = () => signInWithRedirect(auth, googleProvider)

export const signUpEmailAndPassword = async (
  displayName: string,
  email: string,
  password: string,
): Promise<User> => {
  const userInfo = await createUserWithEmailAndPassword(auth, email, password)
  await updateProfile(userInfo.user, { displayName })
  return userInfo.user
}

export const signOutUser = async () => await signOut(auth)
```

앞서 export한 메서드들은 향후 절에서 프레젠테이션 레이어를 구축할 때, 그중에서도 로그인과 회원가입과 같은 UI 화면에서 사용될 것이다.

마지막으로, 다음 메서드를 사용해 인증 상태 변경을 감지하는 것도 가능하다. 이 메서드는 애플리케이션 내의 현재 사용자 정보를 업데이트하는 데 유용하다.

```
export const onAuthStateChangedListener = (callback: NextOrObserver<User>) =>
  onAuthStateChanged(auth, callback)
```

이제 전자상거래 애플리케이션에서 활성화된 사용자 세션을 생성하는 데 필요한 모든 백엔드 인증 메서드를 준비했다. 이제 사용자가 인증되면 일반적인 비즈니스 요구사항에 따라 애플리케이션 데이터에 대한 CRUD(create, read, update, delete) 작업을 수행할 수 있다.

클라우드 스토어 데이터 작업을 어떻게 구현하는가? 컬렉션을 사용한 데이터 관련 작업을 설명할 수 있는가?

일반적인 SQL 데이터베이스와는 달리 클라우드 스토어 데이터베이스에는 별도의 테이블이나 행이 존재하지 않는다. 여기서 데이터는 도큐먼트(document)라 불리는 형태로 키-값 쌍으로 저장되며, 이 도큐먼트는 컬렉션(collection) 형태로 구성된다. 저장된 제품 관련 정보는 전자상거래 애플리케이션의 랜딩 페이지 중 일부로 표시된다. 이제 제품 컬렉션을 이용한 데이터 작업을 설명해보자.

먼저 파이어베이스의 클라우드 파이어스토어 데이터베이스에 전자기기 데이터를 저장할 제품 컬렉션을 생성해야 한다. 데이터베이스에 컬렉션이 존재하지 않으면 자동으로 생성되어 제품 데이터가 삽입된다. 이 애플리케이션에서는 제품 레코드(또는 파이어베이스 용어로 도큐먼트)가 firebase/data/products-data.json에서 제공되는 JSON 파일을 통해 데이터베이스에 업로드될 것이다.

firebase/data/db-utils.ts 파일 내에서 필요한 모든 함수를 firebase/firestore 패키지에서 가져오고, 이와 동시에 타입도 가져와보자.

```
import {
  getFirestore,
  doc,
  collection,
  writeBatch,
  query,
  getDocs,
  QueryDocumentSnapshot,
} from 'firebase/firestore'
import { Product } from '@/app/store/product/product.types'

export const db = getFirestore()
```

이 코드에서 getFireStore() 함수를 통해 데이터베이스 인스턴스가 생성되면 애플리케이션 컬렉션에 대한 데이터베이스 작업을 수행할 수 있다.

이전에 가져온 함수를 바탕으로 같은 파일에서 제품 컬렉션에 대한 읽기 및 쓰기 작업을 다음과 같이 수행할 수 있다.

```
export const insertProductsData = async <T extends Product>(
  collectionKey: string,
  productItems: T[],
) => {
  const collectionRef = collection(db, collectionKey)
  const batch = writeBatch(db)

  productItems.forEach((product) => {
    const docRef = doc(collectionRef)
    batch.set(docRef, product)
  })

  await batch.commit()
}

export const fetchProductsData = async () => {
  const collectionRef = collection(db, 'products')
  const queryRef = query(collectionRef)
```

```
    const querySnapshot = await getDocs(queryRef)

    return querySnapshot.docs.map((docSnapshot) => docSnapshot.data())
}
```

위 코드에서는 다음과 같은 4가지 과정을 거쳐 제품 데이터가 삽입된다.

1. 먼저 데이터베이스 인스턴스와 고유 키를 기반으로 컬렉션 참조를 생성한다.

2. 그다음, 데이터베이스 인스턴스를 기반으로 한 번에 여러 제품 데이터를 삽입하기 위한 배치 참조를 생성한다.

3. 각 제품을 순회하면서 배치를 업데이트하기 위한 도큐먼트 참조를 생성한다.

4. 마지막으로 배치를 커밋해서 동시에 여러 개의 레코드를 삽입한다.

이와 비슷하게, 제품 데이터는 다음과 같은 4단계를 거쳐 조회된다.

1. 먼저 제품(products)에 대한 컬렉션 참조를 생성한다.

2. 그다음, 이전 단계에서 생성된 컬렉션 참조를 기반으로 쿼리 참조를 생성한다.

3. getDocs 메서드를 호출해서 제품 컬렉션의 모든 도큐먼트를 가져와 스냅숏으로 저장한다.

4. 마지막으로 쿼리 스냅숏을 순회하고 결과를 반환한다.

앞에서 언급한 모든 클라우드 스토어 데이터 함수들은 firebase/firestore 패키지에서 가져온다.

또한 새 사용자로 인해 발생한 가입 절차에 따라서 사용자 컬렉션을 생성하는 것도 가능하다. 이 특정 API 핸들러는 코드 내에서 찾을 수 있으며, 요구사항에 맞춰 이 프로젝트의 기능을 확장할 수도 있다. 그러나 이는 이번 절의 범위를 벗어나며, 코드는 참조용으로만 사용하기 위해 주석으로 처리돼 있다.

이제 백엔드 코드를 완성했다. 다음 절에서는 이 애플리케이션을 위한 상태 관리 솔루션을 구현하는 데 필요한 모든 리덕스 컴포넌트를 만들어보자.

상태 관리를 위한 리덕스 컴포넌트 만들기

리덕스 스토어 관련 컴포넌트는 비즈니스 로직 연산, 스토어 내 데이터 생성 또는 업데이트, UI에 나타낼 최신 데이터 불러오기와 같은 대부분의 애플리케이션 작업을 다루게 된다. 이 프로젝트에서는 스토어 컴포넌트가 제품, 장바구니, 사용자 폴더로 분류된다. 각 폴더는 엔티티(entity) 타입(*.type.ts), 액션 또는 리듀서를 가지고 있는 슬라이스 (.slice.ts), 데이터를 검색하는 셀렉터(.selector.ts)와 같은 파일을 갖게 될 것이다.

전자상거래 애플리케이션에서 Product 엔티티는 모든 가능한 품목을 보여주기 위해 제품 명, 브랜드, 가격, 수량 등의 세부 정보를 표시해야 한다. 따라서 먼저 제품 엔티티의 스토어 컴포넌트를 생성한다. 다음 예제 코드의 product.type.ts는 제품이 가질 수 있는 모든 속성과 함께 연관된 타입을 생성한다.

```
export type Product = {
  id: number
  productImageUrl: string
  name: string
  brand: string
  price: number
  category: string
}

// 제품 목록, 제품 카테고리, 로딩 여부를 가지고 있다.
export type ProductsState = {
  products: Product[]
  category: string
  isLoading: boolean
}

export type ProductMap = {
  [key: string]: Product[]
}
```

제품 타입이 생성되면 스토어에서 제품 목록과 제품 카테고리를 업데이트하기 위한 제품 슬라이스를 생성해야 한다. RTK는 이러한 액션을 리듀서 안에 제품 슬라이스를 두어 이 작업을 간소화한다. 다음은 product.slice.ts라는 이름의 제품 슬라이스다.

```
import { createSlice } from '@reduxjs/toolkit'
import { ProductsState } from './product.types'

const INITIAL_STATE: ProductsState = {
  products: [],
  category: 'all',
  isLoading: true,
}

export const productsSlice = createSlice({
  name: 'products',
  initialState: INITIAL_STATE,
  reducers: {
    setProducts(state, action) {
      state.products = action.payload
      state.isLoading = false
    },
    setCategory(state, action) {
      state.category = action.payload
    },
  },
})

export const { setProducts, setCategory } = productsSlice.actions
export const productsReducer = productsSlice.reducer
```

위 액션들은 사용자 액션에 대한 응답을 바탕으로 각각의 제품 UI 페이지에서 사용된다. 반면에 리듀서는 reselect 라이브러리를 사용해 카테고리 이름을 기반으로 제품, 카테고리, 제품 맵과 같은 저장소 상태를 가져오는 데 사용된다.

다음은 product.selector.tsx 파일의 코드다. 코드가 상당히 길기 때문에 코드를 작은 블록으로 나눠서 설명하겠다. 먼저 첫 번째 코드 블록에는 제품, 제품의 로딩 상태, 제품 카테고리를 가져오는 셀렉터가 있다.

```
import { createSelector } from 'reselect'
import { RootState } from '@/app/store/store'
import { Product, ProductMap, ProductsState } from './product.types'

const selectProductReducer = (state: RootState): ProductsState => state.products

export const selectProducts = createSelector(
  [selectProductReducer],
  (productsSlice) => productsSlice.products,
)

export const selectCategory = createSelector(
  [selectProductReducer],
  (productsSlice) => productsSlice.category,
)

export const selectProductsIsLoading = createSelector(
  [selectProductReducer],
  (productsSlice) => productsSlice.isLoading,
)
```

다음 코드 블록은 각 카테고리에 대한 제품 맵을 보여준다.

```
export const selectProductsMap = createSelector(
  [selectProducts],
  (products): ProductMap =>
    products.reduce(
      (acc, product) => {
        const { category } = product
        acc[category]
          ? acc[category].push(product)
          : (acc[category] = [product])
        acc['all'].push(product)
        return acc
      },
      { all: [] } as ProductMap,
    ),
)
```

예제 애플리케이션은 위의 selectProductsMap을 사용해 제품을 카테고리별로 필터링한다. 이 애플리케이션에는 노트북, 태블릿, 스마트폰과 같은 다양한 카테고리가 있다.

마찬가지로 사용자(User) 및 장바구니(Cart) 엔티티에 대한 스토어 컴포넌트도 생성할 수 있다.

리덕스 애플리케이션에서 다수의 리듀서를 어떻게 사용하는가?

프로젝트의 모든 리덕스 엔티티를 완성하면 모든 리듀서를 root-reducer.ts라고 하는 단일 루트 리듀서에 결합해야 한다. 여기서 리덕스는 combineReducers 메서드를 사용하며, 단일 인수로 모든 리듀서를 객체 형태로 받게 된다.

```
import { combineReducers } from 'redux'
import { userReducer } from './user/user.slice'
import { productsReducer } from './product/product.slice'
import { cartReducer } from './cart/cart.slice'

export const rootReducer = combineReducers({
  user: userReducer,
  products: productsReducer,
  cart: cartReducer,
})
```

그다음, store.ts 파일에서 앞서 언급한 루트 리듀서를 사용하면 스토어를 구성할 수 있다.

```
import { configureStore } from '@reduxjs/toolkit'

export const store = configureStore({
  reducer: rootReducer,
})
```

RTK는 자동으로 combineReducers 메서드를 호출하므로 이를 직접 호출할 필요가 없다.

이제 스토어는 애플리케이션 데이터에 대한 모든 read 또는 update 작업에 사용될 준비를 마쳤다.

RTK를 이용해 전체 애플리케이션을 위한 리덕스 개발이 완료됐다. 다음 절에서는 이러한 재사용 가능한 컴포넌트를 기반으로 UI 컴포넌트와 웹 페이지를 사용해 프레젠테이션 레이어를 구축하는 방법을 알아본다.

프레젠테이션 레이어 만들기

재사용 가능한 컴포넌트는 components 폴더에 두는 것이 일반적이다. 이번 예제 프로젝트에서는 버튼, 입력상자, 셀렉트박스, 스피너 같은 폼 컴포넌트를 비롯해 헤더나 푸터 같은 레이아웃 컴포넌트, 제품이나 카테고리 같은 재사용 가능한 기능적인 컴포넌트를 components 폴더 안에 생성할 것이다.

styled-components를 활용해 커스텀 버튼을 어떻게 구현하는가?

HTML 버튼 요소는 스타일링 측면에서 다양한 변형을 제공하지는 않지만 리액트와 styled-components를 이용해 여러 가지 스타일의 버튼을 생성할 수 있다. 예제 프로젝트에 사용할 버튼 컴포넌트를 살펴보고, 어떻게 프로젝트에 맞춰 변경할 수 있는지 살펴보자.

이번 프로젝트에서는 크기가 큰 기본 버튼(주로 가입 및 로그인 페이지에서 사용), 구글 로그인을 위한 대조적인 색상을 가진 반전 버튼, 화면 공간이 여유롭지 않은 상황에서 사용할 작은 버튼(주로 장바구니에 제품을 추가하는 데 사용)이 필요하다. 첫 번째 단계로, 이러한 다양한 스타일의 버튼을 button.styles.tsx 내부에 styled-components를 활용해 만들어보자.

파일 내용이 많기 때문에 코드를 작은 블록으로 나눠서 설명하겠다. 첫 번째 코드 블록은 styled-components로 만들어진 BasicButton을 보여준다.

```
import styled from 'styled-components'

export const BasicButton = styled.button`
```

```
  min-width: 10rem;
  width: auto;
  height: 2.5rem;
  line-height: 2.5rem;
  letter-spacing: 0.5px;
  padding: 0 2rem;
  background-color: rgb(112, 76, 182);
  color: white;
  font-size: 0.7rem;
  font-family: 'Barlow Condensed';
  font-weight: bolder;
  text-transform: uppercase;
  border: none;
  border-radius: 0.2rem;
  cursor: pointer;
  display: flex;
  justify-content: center;

  &:hover {
    background-color: white;
    color: black;
    border: 1px solid black;
  }
```

다음 코드 블록에는 기본 버튼을 확장하는 두 가지 스타일의 버튼 컴포넌트가 포함돼 있
다. 반전 버튼의 경우 기본 버튼의 배경과 텍스트 색상을 반전시키고, 작은 버튼은 기본 버
튼과 비슷해 보이지만 실제로는 조금 더 크기가 작을 것이다.

```
export const InvertedButton = styled(BasicButton)`
  background-color: white;
  color: rgb(112, 76, 182);
  border: 1px solid black;
  &:hover {
    background-color: rgb(112, 76, 182);
    border: none;
```

```
    border: 1px solid white;
    color: white;
  }
`
export const SmallBasicButton = styled(BasicButton)`
  width: 4rem;
  height: 1.5rem;
  min-width: 0rem;
  padding: 0rem;
  letter-spacing: 0.1rem;
  line-height: 2rem;
  font-size: 0.4rem;
  align-items: center;
  letter-spacing: 0rem;
`
```

위의 styled-components에서는 화면의 크기에 따라 동적인 크기나 간격을 가지기 위해 px 같은 절대 단위 대신 rem과 같은 상대 단위를 사용했다.

그런 다음, 이러한 스타일을 입힌 버튼을 button.tsx로 가져와서 버튼의 prop 값에 따라 해당 버튼 컴포넌트를 동적으로 렌더링한다. 이 컴포넌트는 children 외에 다른 prop도 받는다.

```
import { FC, ButtonHTMLAttributes } from 'react'
import { BasicButton, InvertedButton, SmallBasicButton } from './button.styles'

export enum BUTTON_TYPE_CLASSES {
  basic = 'basic',
  inverted = 'inverted',
  small = 'small',
}

const getButton = (buttonType = BUTTON_TYPE_CLASSES.basic) =>
  ({
    [BUTTON_TYPE_CLASSES.basic]: BasicButton,
    [BUTTON_TYPE_CLASSES.inverted]: InvertedButton,
```

```
    [BUTTON_TYPE_CLASSES.small]: SmallBasicButton,
  }[buttonType])

export type ButtonProps = {
  buttonType?: BUTTON_TYPE_CLASSES
} & ButtonHTMLAttributes<HTMLButtonElement>

const MyButton: FC<ButtonProps> = ({ children, buttonType, ...otherProps }) => {
  const CustomButton = getButton(buttonType)
  return <CustomButton {...otherProps}>{children}</CustomButton>
}

export default MyButton
```

이 **MyButton** 컴포넌트는 버튼 타입과 내장 HTML **button** 속성에 한해서만 props로 받도록 별도 타입이 지정돼 있다. 버튼 요소에 속하지 않는 다른 prop을 전달한다면 타입스크립트를 사용하고 있기 때문에 컴파일 시점에 오류가 발생한다. 앞서 커스터마이즈한 버튼은 예제 애플리케이션의 여러 페이지에서 사용될 예정이다.

비즈니스 로직에 특화된 UI 컴포넌트 구현하기

버튼 컴포넌트를 만들었던 것과 비슷하게 제품 박스 컴포넌트도 만들 수 있다. 제품 컴포넌트는 특정 스타일 레이아웃 내부에서 제품 이미지, 이름, 브랜드, 가격 정보 등을 표시해야 한다. **product.styles.tsx** 파일 내에 각 필드에서 필요한 모든 스타일을 적용해보자.

첫 번째 코드 블록에서는 **styled-components**를 임포트하고 이미지 배경을 위한 prop을 선언한다.

```
import styled from 'styled-components'

type ImageBackgroundProps = {
  $hasWhiteBackgroundImage: boolean
}
```

다음 코드 블록에는 ProductContainer 스타일 컴포넌트가 있는데, 이는 제품 이미지와 다른 제품 정보를 보여주는 데 사용된다.

```
export const ProductContainer = styled.div<ImageBackgroundProps>`
  display: flex;
  flex-direction: column;
  background-color: #f1f1f1;
  padding: 1rem;
  border-radius: 0.125rem;

  img {
    width: 7rem;
    height: 5rem;
    object-fit: fill;
    background-color: #f1f1f1;
    transition: 0.5s all ease-in-out;
    mix-blend-mode: ${(props) =>
      props.$hasWhiteBackgroundImage ? 'multiply' : 'normal'};
    &:hover {
      transform: scale(1.1);
    }
  }

  &:hover {
    img {
      opacity: 0.8;
    }
    button {
      opacity: 0.85;
      display: flcx;
    }
  }
`
```

다음 코드 블록은 Footer 스타일 컴포넌트이며, 제품 필드를 스타일링하고 래핑하는 데 사용된다.

```
export const Footer = styled.div`
  width: 100%;
  display: flex;
  flex-direction: column;
  justify-content: space-between;
  font-size: 1rem;
  padding-left: 1rem;
`
```

마지막으로, 각 제품 필드에 대한 스타일 컴포넌트를 선언해서 독특한 외형을 부여한다.

```
export const Name = styled.h2`
  font-size: 0.8rem;
  line-height: 1rem;
  font-weight: 600;
  text-transform: capitalize;
  margin-bottom: 1rem;
`

export const Brand = styled.div`
  font-size: 0.6rem;
  line-height: 1rem;
  color: rgb(75 85 99);
  margin-bottom: 0.5rem;
  span {
    font-weight: 600;
    text-transform: capitalize;
  }
`

export const Price = styled.span`
  font-size: 0.6rem;
  line-height: 1rem;
  color: rgb(75 85 99);
  margin-bottom: 1rem;
  span {
    font-weight: 600;
    text-transform: capitalize;
```

```
    color: rgb(85, 118, 209);
  }
`
```

위 스타일 컴포넌트에서 각 제품 필드는 고유한 스타일을 가지고 있다. 예를 들어, 제품명은 더 큰 글꼴 크기로 표시돼야 하며, 가격은 다른 글꼴 색상으로 표시해서 중요한 데이터를 강조해서 제품을 보여준다.

앞서 완성된 `product.styles.tsx` 파일의 스타일 컴포넌트는 다음과 같이 `product.tsx` 파일의 마크업에서 사용된다. 컴포넌트 코드가 상당히 길기 때문에 작은 코드 조각으로 나눠서 설명하겠다.

먼저 페이지를 임포트하고 제품별 prop 타입 및 흰색이 아닌 배경 이미지를 확인하기 위한 유틸리티 함수를 정의한다.

```
import { FC } from 'react'
import { useDispatch } from 'react-redux'
import { useAppSelector } from '@/app/store/hooks'
import { selectCurrentUser } from '@/app/store/user/user.selector'
import MyButton, { BUTTON_TYPE_CLASSES } from '@/components/button/button'
import { Product } from '@/app/store/product/product.types'
import { addProductToCart } from '@/app/store/cart/cart.slice'
import { BRAND_NAMES } from '@/constants'
import { ProductContainer, Footer, Name, Brand, Price } from './product.styles'

type ProductProps = {
  product: Product
}

const hasWhiteBackground = (brand: string) => BRAND_NAMES.includes(brand)
```

이제 별도 마크업 관련 코드 없이 제품을 prop으로 받는 `ProductItem` 컴포넌트를 추가해보자. 이 컴포넌트에서는 `currentUser`와 `addCartProduct`를 선언해서 제품을 장바구니에 추가하는 액션을 디스패치한다.

```
const ProductItem: FC<ProductProps> = ({ product }) => {
  const currentUser = useAppSelector(selectCurrentUser)
  const { name, price, productImageUrl, brand } = product
  const dispatch = useDispatch()
  const addCartProduct = () => dispatch(addProductToCart(product))
  return <>/*마크업을 여기에 추가한다.*/</>
}
export default ProductItem
```

마지막으로, 다음과 같이 제품을 렌더링할 마크업을 추가한다.

```
<ProductContainer $hasWhiteBackgroundImage={hasWhiteBackground(brand)}>
  <img src={productImageUrl} alt={`${name}`} />
  <Footer>
    <Name>{name}</Name>
    <Brand>
      Brand: <span>{brand}</span>
    </Brand>
    <Price>
      Price:
      <span>${price}</span>
    </Price>
    {currentUser && (
      <MyButton buttonType={BUTTON_TYPE_CLASSES.small} onClick={addCartProduct}>
        Add to cart
      </MyButton>
    )}
  </Footer>
</ProductContainer>
```

앞의 `ProductItem` 컴포넌트는 사용자가 인증되지 않은 경우 장바구니에 제품을 추가하는 버튼을 숨긴다.

마찬가지로, 페이지 내에서 재사용할 수 있는 다른 UI 컴포넌트를 생성할 수 있다. 이제 이러한 재사용 가능한 UI 컴포넌트를 기반으로 애플리케이션 페이지를 구축해보자.

UI 컴포넌트를 활용해 애플리케이션 페이지 만들기

리액트 애플리케이션의 각 웹 페이지는 UI 컴포넌트로 구성돼 있다. 예제 애플리케이션
에는 제품의 랜딩 페이지를 비롯해 장바구니에 제품 추가, 로그인, 로그아웃 페이지가 필
요하다. 이러한 페이지들은 스캐폴딩 구조에 맞춰 **features** 폴더 아래에 생성해야 한다.
제품 랜딩 페이지는 제품 목록의 **Product** 컴포넌트를 순회해서 만들어진다. 다음 코드는
products.tsx의 내용이다.

이 파일의 코드는 상당히 길기 때문에 작은 코드 블록으로 나눠서 설명하겠다. 첫 번째 코
드 블록에는 리액트 훅, 컴포넌트, 셀렉터, styled-components 등을 가져오는 코드가 포
함돼 있다.

```
import { useState, useEffect, Fragment } from 'react'
import { useParams } from 'react-router-dom'
import { useAppSelector } from '@/app/store/hooks'
import ProductItem from '@/components/product/product'
import MySpinner from '@/components/spinner/spinner'
import { insertProductsData } from '@/backend/firebase/api/db-utils'
import { Product } from '@/app/store/product/product.types'
import {
  selectProductsMap,
  selectCategory,
  selectProductsIsLoading,
} from '@/app/store/product/product.selector'
import { Categories } from '@/components/categories/categories'
import {
  ProductsContainer,
  Title,
  LayoutContainer,
  LoaderContainer,
} from './products.styles'

const Products = () => {
  // 컴포넌트 코드를 여기에 추가
}
export default Products
```

다음 코드 블록은 셀렉터를 사용해 제품 정보(예: productMap이나 category)를 스토어에서 받아오고, 이를 컴포넌트 코드로 업데이트하는 내용을 담고 있다. 또한 카테고리와 제품 데이터가 변경됐을 때 최신 제품 내용을 반영하기 위한 useEffect 훅도 포함돼 있다.

```
const Products = () => {
  const productsMap = useAppSelector(selectProductsMap)
  const category = useAppSelector(selectCategory)
  const isLoading = useAppSelector(selectProductsIsLoading)
  const [products, setProducts] = useState(productsMap[category])

  useEffect(() => {
    setProducts(productsMap[category])
  }, [category, productsMap])

  return <>/*마크업을 여기에 추가*/</>
}

export default Products
```

마지막으로, 제품 페이지에 대한 렌더링된 마크업은 다음과 같다.

```
<Fragment>
  <LayoutContainer>
    <Categories></Categories>
    <ProductsContainer>
      {isLoading ? (
        <LoaderContainer>
          <MySpinner />
        </LoaderContainer>
      ) : (
        products &&
        products.map((product: Product) => (
          <ProductItem key={product.id} product={product} />
        ))
      )}
    </ProductsContainer>
  </LayoutContainer>
</Fragment>
```

위 코드에서는 제품 화면은 데이터를 받아오기 전까지 페이지 로딩을 표시한다. 데이터가 준비되면 제품 목록이 표 형식으로 나타난다.

반대로 로그인 페이지는 파이어베이스 백엔드를 인증하기 위한 입력 및 버튼 UI 컴포넌트를 사용해 생성할 수 있다. 이는 일반적인 이메일 로그인 또는 구글 로그인 메커니즘을 통합한 로그인 프로세스를 따른다. 사용자를 인증하는 로그인 페이지는 다음과 같이 구성한다.

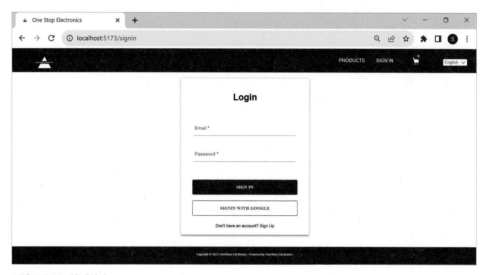

그림 11.2 로그인 페이지

로그인 페이지를 통한 인증은 장바구니에 제품을 넣는 데 필요하다. 또한 새로운 사용자가 있을 경우 가입을 위한 링크도 페이지 하단에 제공한다. 이와 비슷한 방식으로 가입과 장바구니 페이지를 구현할 수 있다.

📄 **참고**

애플리케이션에서는 로그인 여부에 상관없이 구매 가능한 제품을 볼 수 있다.

이제 필요한 모든 UI 컴포넌트와 페이지가 준비됐다. 마지막 단계로 다음 `App.tsx` 파일 내에서 헤더 및 푸터 UI 컴포넌트와 각 웹 페이지 경로에 대해 이전에 구현된 페이지를 함께 사용해 애플리케이션의 전체 레이아웃을 설계할 수 있다.

```
function App() {
  return (
    <Fragment>
      <Header></Header>
      <div className="app-content">
        <Routes>
          <Route path="/" element={<Products></Products>} />
          <Route path="/signin" element={<SignIn />} />
          <Route path="/signup" element={<SignUp />} />
          <Route path="/cart" element={<CartProducts />} />
        </Routes>
      </div>
      <Footer></Footer>
    </Fragment>
  )
}
```

이 코드에는 각 페이지에 대한 경로가 미리 지정돼 있다. 제품 목록 페이지는 기본 라우트로 설정했다. 이는 프로젝트 루트 폴더에서 npm run dev를 실행한 뒤에 이 페이지가 바로 표시된다는 것을 의미한다.

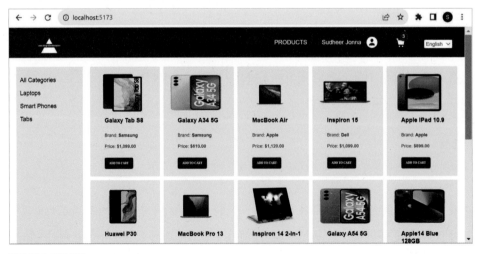

그림 11.3 제품 목록

각 제품을 장바구니에 추가하면 장바구니에 담긴 제품 수가 장바구니 아이콘에 표시된다. 사용자가 애플리케이션에 로그인하지 않은 경우 '장바구니에 추가하기' 버튼은 숨겨진다. 또한 선택한 카테고리에 따라 제품 목록을 필터링하는 기능도 추가로 구현할 수 있다.

모든 페이지를 완성했지만 텍스트 메시지는 영어로 하드코딩돼 있다. 그럼 비영어권 사용자가 메시지를 읽기 어려울 것이다. 다음 절에서는 다국어 지원을 바탕으로 전 세계 사용자로 기반을 확대하기 위해 애플리케이션을 개선해보겠다.

다국어 지원

전 세계로 시장을 확대해서 현재 서비스를 출시하려면 전 세계 사용자의 요구에 맞춰 다국어를 지원해야 한다. 4장에서 FormatJS 라이브러리를 활용한 다국어 지원에 대해 다뤘다.

이 프로젝트에서는 주로 FormatJS와 비슷한 라이브러리를 사용해 텍스트를 번역하고, 통화 금액 단위를 맞춰 보여준다. 다국어 지원을 통해 애플리케이션을 확장하려면 몇 가지 단계만 따르면 된다.

먼저 JSON 파일 형식으로 i18n → translations 폴더 내에 모든 번역 파일을 생성한다. 이 번역 파일들은 i18n → locale.ts 파일 내에 정의된 각 로캘에 따라 로딩된다.

```
import ENGLISH from './translations/en-US.json'
import FRENCH from './translations/fr-FR.json'
import GERMAN from './translations/de-DE.json'

export const LOCALES = {
  'en-US': ENGLISH,
  'fr-FR': FRENCH,
  'de-DE': GERMAN,
}
```

그다음, 프로젝트 루트에 IntlProvider를 설정해야 한다. 이 프로바이더는 이전 단계에서 매핑된 특정 로캘 값을 기준으로 로캘 메시지를 로딩한다.

```
import { IntlProvider } from 'react-intl'
import { LOCALES } from '@/i18n/locale'
import { DEFAULT_LOCALE } from '@/constants'
import { useAppSelector } from './app/store/hooks'
import { selectCurrentLocale } from '@/app/store/user/user.selector'

function App() {
  const userLanguage = useAppSelector(selectCurrentLocale)
  return (
    <IntlProvider
      messages={LOCALES[userLanguage]}
      locale={userLanguage}
      defaultLocale={DEFAULT_LOCALE}
    >
      {/* 여기에 메인 레이아웃이 나타난다.*/}
    </IntlProvider>
  )
}
```

위 코드에서 현재 locale 값은 UI의 헤더 섹션에 나타나는 로캘 선택에 따라 그 값이 동적으로 업데이트된다.

이제 react-intl에서 제공하는 FormattedMessage와 FormattedNumber를 활용해 텍스트 메시지를 현지화하고 통화 수치를 포매팅할 수 있다. 다음 코드를 살펴보자.

```
import { FormattedMessage, FormattedNumber } from 'react-intl'

const CartProducts = () => {
  return (
    <CartContainer>
      {/* UI 마크업이 여기에 나타난다. */}
      <FormattedMessage id="cart.total" />:<FormattedNumber
        value={cartProductsTotalCost}
        style="currency"
        currency="USD"
      ></FormattedNumber>
```

```
      {/* UI 마크업이 여기에 나타난다. */}
    </CartContainer>
  )
}
```

앞서 언급된 통화 금액은 단순히 현지 통화 기호뿐만 아니라 쉼표 구분자도 추가한다. 예를 들어, 장바구니에 추가 화면은 페이지 내부의 텍스트를 독일어로 표시하고 통화 금액을 포매팅해서 장바구니에 추가된 제품 목록을 보여준다.

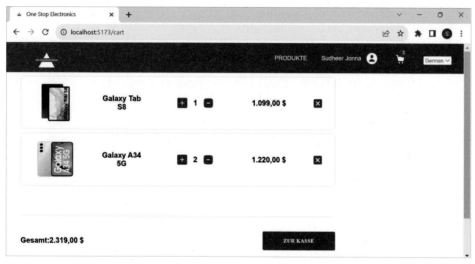

그림 11.4 장바구니에 제품이 추가된 모습

보다시피 쉼표 및 소수점 구분자, 통화 기호의 위치 등은 선택된 언어에 맞춰 변경된다. 페이지 내부의 증가, 감소, 초기화 버튼을 클릭하면 제품 수량과 금액 및 형식이 업데이트된다.

명령형 API를 통해 어떻게 다국어를 지원하는가?

텍스트 메시지나 숫자, 날짜의 서식을 지정하는 데 `FormattedMessage`, `Formatted Number`, `FormattedDate` 같은 `react-intl` 컴포넌트를 항상 사용할 수 있는 것은 아니다. 즉, 리액트 컴포넌트의 마크업 영역 외부나 Node.js, 리덕스 저장소, 테스트 세션과 같은 리액트 생태계 바깥에서 `title`이나 `aria-label` 같은 텍스트 속성 내의 텍스트 메시지를 포매팅하는 데 내장 컴포넌트를 사용할 수 없다.

`IntlProvider`를 선언하고 나면 리액트 함수 컴포넌트 내부에서 `useIntl()` 훅을 호출해 `intl` 객체(`IntlShape` 타입)를 사용할 수 있다. 예를 들어, 이 훅은 다음과 같이 마크업 영역 외부에서 카테고리 목록을 국제화하는 데 사용된다.

```
import { useIntl } from 'react-intl'

const categories: Category[] = [
  { type: 'all', name: intl.formatMessage({ id: 'categories.all' }) },
  { type: 'laptop', name: intl.formatMessage({ id: 'categories.laptops' }) },
  { type: 'phone', name: intl.formatMessage({ id: 'categories.phones' }) },
  { type: 'tab', name: intl.formatMessage({ id: 'categories.tabs' }) },
]
```

리액트 컴포넌트 밖에서 다국어를 지원하려면 `createIntl` API 메서드를 활용해 `locale` 과 `message` 속성을 객체 형태로 전달해야 한다.

이제 예제 애플리케이션은 완전한 백엔드 및 프런트엔드 구현의 완성 단계에 도달했다. 다음 절에서는 비즈니스 요구사항에 따라 기능이 올바르게 동작하는지 확인하기 위해 단위 테스트를 작성하는 방법을 살펴보겠다.

Vitest 프레임워크로 테스팅 구현하기

제스트는 매우 인기 있는 테스트 프레임워크로, 다양한 테스트 함수와 쉬운 API를 갖추고 있어 웹 생태계에서 표준 테스트 프레임워크로 자리매김했다. 예제 프로젝트는 비트 프런트엔드 도구를 기반으로 하며, 비트 설정으로 제스트를 통합하는 것 또한 가능하다. 그러나 그렇게 하면 개발자가 두 가지 다른 파이프라인을 구성하고 유지해야 하는 번거로움이 생긴다. 따라서 예제 프로젝트에서는 제스트와 비트를 기반으로 하는 매우 빠른 단위 테스트 프레임워크인 Vitest를 이용한다. 이 프레임워크는 비트 도구의 기존 구성이나 플러그인을 활용해 제스트 프레임워크와 유사한 기능과 문법을 제공한다.

예제 프로젝트에서는 `cart.slice.ts` 아래에 있는 모든 액션에 대한 단위 테스트를 작성한다. 먼저 초기 장바구니 상태로 테스트 구문을 작성해보자.

```
describe('Cart Reducer', () => {
  let initialState: CartState = {
    cartProducts: [
      {
        id: 1,
        productImageUrl: 'someurl.com',
        name: 'Inspiron 15',
        price: 1200,
        quantity: 2,
      },
    ],
  }
})
```

위 코드로 장바구니의 초기 상태를 한 가지 제품이 2개 있는 상태로 만들었다.

그다음으로 장바구니에 제품의 수량을 늘리는 기능을 확인하기 위한 테스트 코드를 작성해보겠다.

```
it('Should handle adding or incrementing products quantity inside cart', () => {
  const productToAdd: Cart = {
    id: 1,
    productImageUrl: 'someurl.com',
    name: 'Inspiron 15',
    price: 1200,
    quantity: 1,
  }
  const { cartProducts } = cartReducer(
    initialState,
    addProductToCart(productToAdd),
  )
  expect(cartProducts.length).toEqual(1)
  expect(cartProducts[0].quantity).toEqual(3)
})
```

앞서 보여준 테스트 케이스는 장바구니의 제품 수량을 3개로 증가시키고, 장바구니에 있는 모든 제품의 수가 동일하게 유지되는지를 확인한다.

마찬가지로, 장바구니에서 제품 수량을 감소시키는 테스트 케이스는 다음과 같다.

```
it('Should handle removing or decreasing products quantity inside cart', () => {
  const productToRemove: Cart = {
    id: 1,
    productImageUrl: 'someurl.com',
    name: 'Inspiron 15',
    price: 1200,
    quantity: 1,
  }
  const state = cartReducer(
    initialState,
    removeProductFromCart(productToRemove),
  )
  expect(state.cartProducts.length).toEqual(1)
  expect(state.cartProducts[0].quantity).toEqual(1)
})
```

위 테스트 케이스는 장바구니에서 수량을 감소시킨 후에 제품의 수량을 확인한다. 초깃값이 2인 장바구니에서 하나의 항목을 감소시키거나 제거하면 제품의 수량은 1이 된다.

마찬가지로, 장바구니 액션의 초기화나 제거를 테스트하는 테스트 케이스도 존재한다. npm run test 명령어를 실행하면 통과한 테스트와 잘못된 코드로 인해 실패한 테스트 등의 요약을 볼 수 있다.

이제 예제 애플리케이션의 코드가 완성되고 코드의 초기 결함을 방지하기 위한 단위 테스트 케이스도 완비했다. 이제 이 코드를 Git 저장소로서 깃허브에 게시해서 버전 관리를 지원하고, 애플리케이션이 온라인에서 원활하게 동작하도록 만들어보자.

README 문서와 함께 Git 저장소 생성하기

현재 이 프로젝트는 모든 준비를 마쳤고, 로컬 환경에서 애플리케이션을 성공적으로 실행할 수도 있다. 프로젝트를 더욱 발전시키기 위해 저장소 및 버전 관리를 제공하고 프로젝트를 배포하고 팀 구성원 간의 원활한 협업을 도울 수 있는 깃허브 같은 호스팅 플랫폼이 필요하다. 다음 Git 명령어를 적용해 로컬 코드를 깃허브 플랫폼에 푸시하자.

```
git init
git add .
git commit -m "Add one stop electronics"
git branch -M main
git remote add origin https://github.com/yourname/one-stop-
electronics.git
git push -u origin main
```

이제 이 프로젝트는 깃허브에 게시됐으며, 이로써 네트리파이를 이용해 애플리케이션을 손쉽게 배포할 수 있다. 예제 애플리케이션의 최종 버전과 README.md 가이드는 아래의 Git 저장소에서 확인할 수 있다.

- https://github.com/wikibook/react-interview-guide/tree/main/Chapter11/one-stop-electronics

다음 절에서는 프로젝트에 공개적으로 접근할 수 있는 배포 프로세스에 대해 알아보겠다.

공개 접근을 위해 애플리케이션 배포하기

애플리케이션을 배포하기 위한 방법으로는 네트리파이(Netlify), 버셀(Vercel), 깃허브 페이지(GitHub Pages), 파이어베이스 호스팅(Firebase Hosting) 등 다양한 방법이 있다. 여기서는 네트리파이 웹사이트에서 깃허브 계정을 통해 로그인해서 네트리파이 서비스에서 배포하겠다. 네트리파이 대시보드에는 저장소를 선택하고, 설정을 바탕으로 웹사이트를 구성할 수 있는 옵션이 있다. 또한 무작위 사이트 이름으로 새롭게 이름을 만들 수도 있다. 환경변수 파일(예: .env.local)이 깃허브 저장소 루트에 없기 때문에 **Deploy Site** 버튼을 누르기 전에 대시보드에 환경변수 파일을 가져와야 한다.

이 모든 단계를 따르면 이제 애플리케이션이 전 세계 모든 사람이 접근할 수 있게 온라인에서 서비스된다. 네트리파이 도메인에서 제공되는 모든 화면을 https://onestop-electronics.netlify.app/에서 빠르게 살펴볼 수 있다.

또한 지속적인 배포(Continuous Deployment; CD)를 통해 네트리파이는 깃허브 저장소의 코드가 업데이트될 때 사이트를 자동으로 업데이트한다.

정리

이번 장에서는 이전 장에서 배운 모든 프로그래밍 관련 개념을 활용해 견고한 풀스택 리액트 애플리케이션을 구축했다. 먼저 처음에는 리덕스 라이브러리의 표준 템플릿을 사용해 리액트 프로젝트를 스캐폴딩하는 방법을 간략하게 소개했다. 그런 다음, 파이어베이스 서비스를 다루고, 파이어베이스 콘솔을 사용해 인증 메커니즘을 설정하고 구성하는 단계별 가이드를 살펴봤다. 그다음 예제 애플리케이션을 위한 파이어베이스 인증 및 클라우드 파이어스토어 데이터베이스 작업의 자세한 구현도 살펴봤다.

백엔드를 사용할 준비를 마친 뒤 몇 가지 리액트 UI 컴포넌트를 작성하고 로그인, 가입, 제품 목록, 장바구니를 위한 애플리케이션 레이아웃 및 페이지를 구축해서 UI 레이아웃을 만들었다. 이어서 RTK 가이드라인에 따라 비즈니스 레이어를 구현하고, 다국어 지원 및 단위 테스트도 작성했다. 애플리케이션이 완성된 이후에는 마지막으로 Git 저장소를 생성하고, 배포 프로세스를 통해 애플리케이션에 온라인으로 접근 가능하게도 만들었다.

이러한 애플리케이션 개발의 주요 이정표를 살펴보고 나면 코딩 테스트에서 기술을 보여주고 실제 작업 경험을 바탕으로 면접 질문에 답변할 수 있는 자신감을 가질 수 있을 것이다. 다음 장에서는 Next.js, 그래프QL, SWR, 버셀을 활용해 지금과는 다른 기술들을 기반으로 또 다른 리액트 애플리케이션에 구축해 보겠다. 이를 바탕으로 이번 장에서 다루지 않았던 다양한 기술과 개념을 활용해 다양한 유형의 프로젝트를 구축하는 지식을 얻을 수 있을 것이다.

12장

~~~~~

Next.js 툴킷, 인증, SWR, 그래프QL, 배포를 기반으로 한 애플리케이션 만들기

지금까지 이 책에서는 새로운 기술과 방법론, 더 나은 사고방식 등에 대해 다뤘다. 이번 장은 이러한 노력의 정점으로, 그동안 배운 모든 것을 활용해 최신 기술 스택을 목표로 하는 흥미로운 애플리케이션을 개발하고자 한다. 이번 장에서는 사용자 인증을 구현한 Next.js 애플리케이션, stale-while-revalidate(SWR), 그래프QL, 배포에 이르기까지 다양한 개념들을 점진적으로 다룬다.

먼저 REST API에 대해 빠르게 알아본다. 이미 REST API에 익숙한 경우에는 훌륭한 복습이 될 테고, 처음 배우는 경우에는 REST 방법론을 훌륭하게 소개하는 내용이 될 것이다. 그다음으로, 어떻게 애플리케이션 아키텍처를 계획하는 것이 좋은지 다루고, 여기에서 사용자 인증이 어떻게 동작하는지 살펴볼 것이다. 이어서 SWR이 얼마나 효과적이고 왜 사용할 가치가 있는지에 대해 살펴본다. 이는 애플리케이션의 성능을 향상시킬 수 있는 매우 유용한 주제가 될 것이다. 다음으로는 그래프QL에 대해 배우고, 이를 전통적인 REST API와 비교하면서 알아본다. 그리고 로컬 개발 빌드를 온라인에 업로드해 전 세계 사람들이 사용할 수 있도록 배포하는 것으로 마무리한다.

이어지는 절에서는 비즈니스 로직의 배경에 대해 이야기하고, 우리가 작성하는 코드가 애플리케이션의 동작 방식뿐만 아니라 코드를 얼마나 잘 작성하느냐에 따라 팀과 회사에 긍정적 또는 부정적으로 영향을 미칠 수 있다는 점에서 매우 중요하다는 점을 알아볼 것이다. 이어서 사용자 인터페이스와 사용자 경험에 필수적인 프레젠테이션 레이어를 생성하는 것을 살펴볼 것이다. 그다음으로 다룰 주요 기능은 테스트인데, 프로덕션에 배포할 준비가 된 애플리케이션에는 안정적이고 **최소한의 실행 가능한 제품**(minimum viable product; **MVP**)으로 배포될 준비가 됐다는 것을 보장하기 위한 견고한 테스트 케이스가 필수적이기 때문이다.

이러한 기능에 대해 알아본 후, 애플리케이션을 배포하는 방법을 배워 일반 사용자가 접근할 수 있게 만들 것이다. 마지막 절에서는 README 파일이 포함된 Git 저장소를 생성할 것이다.

이번 장에서 집중적으로 다룰 주제는 다음과 같다.

- REST API 소개

- 사용자 인증, SWR, 그래프QL, 배포를 포함한 애플리케이션 아키텍처 수립

- 비즈니스 로직 구축

- 프레젠테이션 레이어 구축

- 테스트 구현

- README 문서와 함께 Git 저장소 생성

- 일반 사용자의 접근을 위한 애플리케이션 배포

기술 요구사항

https://nodejs.org/en을 통해 실습하고자 하는 기기에 설치된 Node.js가 최신 버전인지 확인하고, Next.js를 구동하기 위한 자바스크립트 노드 패키지가 설치되어 정상적으로 동작하는지 확인한다. npm, yarn, pnpm 등 원하는 패키지 관리자를 설치해서 사용할 수 있다. 설치할 때 적절한 명령어를 사용하는지만 확인하면 된다. 여기서는 간단하게 **npm**을 사용한다. 예제 프로젝트는 선호하는 **IDE**와 **CLI**로 진행하면 된다. 또한 애플리케이션을 빌드해서 배포하기 위해 https://vercel.com/의 계정이 필요하다. 사용자 인증 절에서는 깃허브와 구글을 사용할 예정이므로 이 두 서비스의 계정이 없다면 지금 생성한다. 버전 관리 절에서도 깃허브를 사용해야 하므로 해당 계정을 보유해야 한다.

Next.js 패키지는 https://nextjs.org/에서 찾아볼 수 있다.

예제 프로젝트와 실제 코드는 다음 URL을 통해 확인할 수 있다.

- https://github.com/wikibook/react-interview-guide/tree/main/Chapter12/coffee-restaurant

REST API 소개

REST(Representational State Transfer) API는 모던 웹 개발의 핵심으로 자리 잡은 기술이다. 개발자들은 자바스크립트 및 리액트 애플리케이션에서 REST API를 사용해 다른 플랫폼이나 정보와 통신할 수 있는 견고하면서도 동적인 웹 애플리케이션을 개발할 수 있다. 개발자들은 기본적인 앱 아키텍처에 대해 걱정할 필요 없이 서버와 클라이언트 간에 데이터를 전송할 수 있다. 간단하게 말하자면 REST API는 통신 프로토콜을 표준화해서 개발을 단순화한다. 여기에 적절한 도구와 기술만 갖추면 REST API는 웹 개발자들이 일하는 방식을 완전히 바꿀 수 있다.

레스토랑을 생각하면 REST API의 핵심 방법론과 개념을 쉽게 이해할 수 있다. 이는 프로세스의 작동 방식을 설명할 때 자주 사용되는 방법이다. 예를 들어, 사용자가 레스토랑 애플리케이션을 가지고 있다고 가정해보자. 기본적으로 사용자는 메뉴 페이지를 보기 위해 일부 데이터를 요청하는데, 이는 레스토랑에서 웨이터에게 음식을 요청하는 사용자 동작과 동일하다. 이 경우 음식 요청을 받는 웨이터는 메뉴를 표시하기 위한 요청을 받는 API와 같다. 그다음 웨이터는 음식을 가져오기 위해 주방으로 가는데, 이는 API가 애플리케이션으로 데이터를 가져오는 것과 동일하다.

애플리케이션에 메뉴가 있고, 여기에 음식 목록이 있다고 가정해보자. 고객이 메뉴를 살펴보고 나서 웨이터에게 메뉴를 주문한다. 웨이터는 고객의 주문을 가지고 주방으로 가서 음식이 완성될 때까지 기다린다. 음식이 준비되면 주방 직원이 음식을 웨이터에게 주고, 웨이터는 요청한 음식을 가지고 고객에게 돌아와 응답한다. 실제 상황에서는 이제 고객이 먹을 식사가 준비된 것이다. 이를 웹사이트에 비춰 상상해 보면 메뉴에 음식이 표시된 테이블이 있는 페이지가 로드된 것이다. 이 정보는 API를 통해 백엔드 서버 애플리케이션으로 간 다음 반환된다.

이 예시를 그림 12.1에서 완벽하게 재현했다.

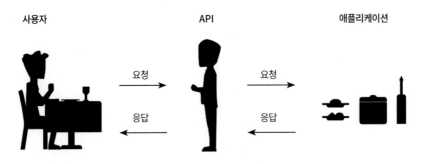

그림 12.1 REST API의 흐름

이제 다양한 도구를 사용해 API를 관리하는 방법을 알아보자. 이는 개발자에게는 또 다른 중요한 기술이다.

API 테스트를 위해 사용할 수 있는 도구는 무엇인가?

API 개발을 하는 과정에서는 개발자가 API를 관리하고 테스트하고 실제 상호 작용을 시험해보기 위해 API 도구를 활용하는 것이 일반적이다. 자바스크립트 개발을 위한 가장 인기 있는 API 개발 도구 몇 가지를 다음 표 12.1에서 확인할 수 있다.

표 12.1 유명한 자바스크립트 REST API 도구

API 도구	웹사이트 주소
Postman	https://www.postman.com/
Insomnia	https://insomnia.rest/
Swagger	https://swagger.io/
Thunder Client	https://www.thunderclient.com/

이러한 도구를 사용하면 REST API를 꼼꼼하게 테스트할 수 있으며, 이 내용을 바탕으로 문서를 작성하는 것 또한 가능하다. 그러나 API를 구축할 때 염두에 둬야 할 중요한 점이

하나 있는데, 바로 **교차 출처 리소스 공유**(cross-origin resource sharing; CORS)다. CORS는 기본적으로 애플리케이션을 통합하는 방법이다. CORS는 한 도메인에서 로드된 클라이언트 웹 애플리케이션이 다른 도메인에 위치한 리소스와 통신하는 방법을 명시한다. 즉, API에서 CORS 접근을 명시하거나 따로 허용하지 않으면 다른 서버에 있는 API에 접근할 수 없다.

예를 들어, 웹사이트에 호스팅된 API가 있고, 또 다른 서버에 리액트 애플리케이션이 배포돼 있다고 가정해보자. API가 CORS에 대해 설정돼 있지 않다면 리액트 애플리케이션은 그 API에 연결해서 어떠한 데이터를 받을 수도 없고, 다음 그림과 같이 브라우저 콘솔에서 CORS 오류만 발생하게 된다.

그림 12.2 웹 브라우저 콘솔에서 CORS 에러를 확인한 모습

이제 REST API의 설정 방법을 알아봤으므로 REST API에 대해 더 자세히 배워보자. 이제부터 REST API에 어떠한 기능이 제공되는지 살펴보자.

REST API에서 사용 가능한 기능은 무엇인가?

REST API는 개발자들이 다양한 기능에 접근할 수 있게 도와주는 강력한 도구다. REST API의 가장 중요한 특징 중 하나는 바로 뛰어난 보안 시스템이다. 이는 API를 통해 제공되는 데이터에 대해 악의적인 공격이 일어나지 않도록 보장한다. 또한 REST API의 확장성 또한 중요한 특징인데, 많은 쿼리를 처리할 수 있기 때문에 트래픽이 많은 애플리케이션에서 탁월한 선택이 된다. 그리고 마지막 특징으로는 어떠한 아키텍처나 기술도 사용할 수 있는 유연성이다. 이 모든 특징을 종합하면 REST API는 신뢰할 수 있고 견고한 애플리케이션을 개발하고자 하는 개발자들에게 훌륭한 도구다.

REST API는 요청을 보내고 응답을 받을 수 있는데, 과연 그것은 무엇을 의미할까?

REST API 요청 시 요청과 응답의 차이점은 무엇인가?

웹 애플리케이션을 만들어서 REST API를 연결하려면 HTTP 요청과 응답이 어떻게 동작하는지 이해할 필요가 있다. HTTP 요청을 사용해서 클라이언트에서 서버로 데이터가 전송되고, HTTP 응답을 사용해 서버에서 클라이언트로 데이터가 전송된다. REST API는 GET, POST, PUT, DELTE 같은 표준 HTTP 프로토콜을 사용해 클라이언트와 서버 간에 상호작용한다. 이러한 요청과 응답이 어떻게 동작하는지 파악해서 REST API를 좀 더 효율적으로 설계함으로써 REST API와 쉽게 연동할 수 있는 웹 애플리케이션을 구축할 수 있다. 다른 HTTP 프로토콜도 있지만 표준 프로토콜이 제일 일반적이다. 이제 HTTP 프로토콜 사이에 어떤 차이가 있는지 살펴보자.

GET 요청은 무엇인가?

GET 요청은 서버에서 데이터를 얻기 위해 사용하는 메서드다. 읽기만을 위한 절차이므로 서버에 별다른 부정적인 영향을 미치지 않는다. GET 요청은 데이터나 서버의 상태를 변경하는 것을 유발하지 않는다.

POST 요청은 무엇인가?

POST 요청은 새로운 데이터를 만들기 위해 서버에 정보를 전송하는 데 사용된다. 이 요청은 불변(immutable)이 아니기 때문에 여러 번 동일한 POST 요청을 보내면 서로 다른 결과를 얻을 수도 있다. POST 요청은 일반적으로 URL 또는 새로 생성된 리소스의 인스턴스를 반환한다.

PUT 요청은 무엇인가?

PUT 요청은 기존 서버 데이터에 새로운 정보를 추가할 때 사용된다. 변경이 가능하므로 동일한 PUT 요청을 여러 번 보내면 다른 결과를 얻을 수 있다. 실행 방식에 따라 차이가 있지만 데이터가 없는 경우 서버가 데이터를 생성할 수도 있다.

DELETE 요청은 무엇인가?

DELETE 요청은 서버에서 데이터를 제거하는 데 사용된다. 이 또한 불변이므로 요청을 여러 번 보내는 것은 동일한 결과를 의미한다. 데이터 삭제 후 서버는 일반적으로 작업의 성공 여부를 알려주는 상태를 반환한다.

다음은 예제 REST API 애플리케이션의 코드다.

```
const express = require('express')
const cors = require('cors')
const path = require('path')
require('dotenv').config()

const app = express()
app.use(cors())
app.use(express.urlencoded({ extended: false }))
app.use(express.json())
app.use('/static', express.static(path.join(__dirname + '/public')))

app.get('/api', (req, res) => {
  res.json({ msg: 'API Route' })
})

app.post('/post/:data', (req, res) => {
  const data = req.params.data
  console.log(data)
  res.json({ msg: `Data logged ${data}` })
})

const port = process.env.PORT || 8080
app.listen(port, () =>
  console.log(`Server running on port ${port}, http://localhost:${port}`),
)
```

이 예제에는 static 라우트가 있는데, 이는 public 폴더 내에 있는 이미지, CSS, 자바스크립트 등의 정적인 파일을 제공하는 데 사용된다. 그리고 API를 위한 GET 라우트를 가지고 있으며, 이는 단순히 JSON 객체를 반환하는 데 사용된다. 마지막으로, POST에서는 콘솔에 데이터를 기록하고, POST 요청으로 받은 텍스트를 JSON 객체로 반환한다. 예를 들어, 예제에서는 `localhost:8080/post/helloworld`를 사용할 수도 있다.

HTTP 프로토콜은 REST API의 한 측면일 뿐이다. 좋은 사용자 인증 설정을 갖추는 것 또한 중요하다. 이것이 왜 중요한지 살펴보자.

REST API에서 사용자 인증이 중요한 이유는 무엇인가?

REST API를 사용하기 위해서는 개인 데이터의 보안을 유지하기 위해 사용자 인증이 필요하다. 사용자 인증은 API의 기능에 접근 권한을 부여하기 전에 사용자의 신원을 확인하는 것을 포함한다. 이는 사용자에게 위험을 초래할 수 있는 무단 데이터 접근이나 사용을 방지하는 데 도움이 된다. API와 통신할 때 개발자들은 토큰 기반 인증 또는 OAuth를 포함한 다양한 인증 방식을 사용하곤 한다. 이러한 방법들은 오직 인가된 사용자만이 API에 접근하고 요청을 보내거나 데이터를 가져올 수 있도록 보장한다. REST API와 상호 작용하면서 인증을 이해하는 것은 우리가 더 안전하고 효율적인 솔루션을 구축하는 데 도움이 될 수 있다. 다음과 같은 다이어그램을 통해 인증 흐름을 이해해보자.

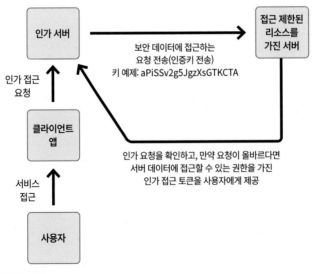

그림 12.3 REST API 인증 흐름

또 한 가지 중요한 점은 바로 오류 처리다. 사용자 인증 및 사용자 세부 정보가 관련된 경우 오류가 발생했을 때 이를 확인하는 것이 매우 중요하다. 효과적인 오류 처리가 애플리케이션을 어떻게 더 신뢰할 수 있게 만드는지 살펴보자.

REST API를 사용할 때 에러 처리를 어떻게 할 수 있는가?

REST API를 연동하는 것은 때때로 어려운 작업이 될 수 있다. 특히, 오류에 직면했을 때는 더욱 그렇다. 그러나 견고한 오류 처리 계획을 수립해두면 장기적으로 시간과 번거로움을 모두 줄일 수 있다. 이때 사용할 수 있는 유용한 전략 중 하나는 애플리케이션이 인식하고 대응할 수 있는 오류 코드와 메시지를 지정하는 것이다. 자동으로 재시도되도록 설정하거나 모니터링 시스템을 구축하면 문제를 더 빠르게 파악하고 해결하는 데 도움이 된다. 데이터 유효성 검사에 따른 오류를 처리하는 것도 중요한 주제인데, API에 사용되는 입력 값은 애플리케이션에서 사용되기 전에 철저하게 검사해야 한다. 오류 관리에 더욱 적극적이고 포괄적으로 접근한다면 REST API와의 손쉬운 통합을 보장하고 고객들에게 개선된 사용자 경험을 제공할 수 있다.

이번 절에서 다룰 마지막 주제는 바로 그래프QL이다. 이제 그래프QL이 전통적인 REST API와 어떻게 다른지 비교해보자.

REST API와 그래프QL의 차이점은 무엇인가?

REST와 그래프QL은 웹 서비스 API의 생성 및 운영을 위한 기술이지만 여러 가지 면에서 차이점이 있다. 그래프QL은 REST API와 달리 단 한 번의 요청으로 모든 데이터를 가져올 수 있기 때문에 더 유연하다는 장점이 있다. 이는 네트워크상이 데이디 진송 요청이 적어신다는 의미에서 커다란 이점이라고 볼 수 있다. 그래프QL의 또 다른 장점은 버전에 의존하지 않는다는 것이다. 반면 REST API는 더 많은 수작업을 거쳐야 한다는 차이점이 있다. 그럼에도 불구하고 둘 다 장단점이 있기 때문에 이 둘을 비교해서 살펴보자.

데이터 불러오기

최종 사용자는 REST API를 활용해 사전에 미리 설정된 엔드포인트를 통해 자원에 접근한다. 여기서 각 엔드포인트는 단일 자원 또는 관련된 자원이 묶인 그룹과 연관된다. 클라이언트는 이 엔드포인트에 HTTP 요청을 보내 데이터를 가져오거나 수정한다. 그래프QL을 사용할 때는 클라이언트는 오직 단일 엔드포인트에 쿼리나 요청을 보내면서 필요한 데이터를 지정하거나 원하는 변경 사항을 전파한다. REST API와 달리 이를 통해 클라이언트는 필요한 데이터만 검색할 수 있어 필요 이상의 데이터를 요청하거나 너무 적은 데이터를 요청하는 번거로움을 없앨 수 있다.

데이터 캐싱

효율성을 높이고 서버 부하를 줄이기 위해 REST API는 ETags와 `cache-control` 헤더라는 두 가지 일반적인 HTTP 캐싱 방법을 사용할 수 있다. 반면 그래프QL은 유연한 쿼리 형태로 인해 캐싱이 더 까다롭다. 아폴로 클라이언트(Apollo Client) 같은 그래프QL 클라이언트 측 라이브러리나 애플리케이션 차원에서 제공하는 캐싱 기법들을 클라이언트에서 활용할 필요가 있다.

문서화

REST API 체계에서는 문서를 별도로 제공해야 하며, 개발자들이 이 문서를 최신 상태로 유지해야 할 책임이 있다. 최신 버전을 반영하지 못하면 모순 또는 부정확한 데이터가 발생할 수 있다. 반면 그래프QL은 내장 기능인 인트로스펙션(introspection)[18]이 있어서 사용자들이 다양한 API 유형과 기능들을 동적으로 학습할 수 있다. 개발자들은 GraphiQL과 같은 도구를 사용해 API를 더욱 쉽게 탐색하고 이해할 수 있다.

이번 절을 마무리하면서 REST와 그래프QL을 사용해 데이터를 가져오는 몇 가지 코드 예제를 살펴본다. 이를 통해 두 방법이 서로 어떻게 다른지 명확하게 알 수 있을 것이다.

---

18 (옮긴이) 인트로스펙션이란 그래프QL 서버 자체가 스키마에 대한 정보를 제공할 수 있도록 하는 기능을 말한다. 클라이언트가 서버에 어떤 쿼리를 보낼 수 있는지, 어떤 데이터 타입과 필드를 사용할 수 있는지에 대한 정보를 알 수 있게 해주는 것을 의미한다. 즉, 매번 문서를 별도로 제공해야 하는 REST API와 달리, 그래프QL은 서버 관련 정보가 있고 이를 실시간으로 볼 수 있으므로 사용자들이 API에 대해 더 쉽게 이해할 수 있다.

REST API와 그래프QL로 데이터를 어떻게 가져오는가?

REST와 그래프QL을 사용해 데이터를 가져오는 예제 코드를 살펴보자. 먼저 REST API부터 시작한다. 이 예제에서는 작성자(author)와 글(post)을 사용한다.

REST API에서는 데이터를 어떻게 가져오는가?

먼저 아이디가 1인 post를 가져온다.

```
GET /posts/1
```

이에 대한 응답은 아마도 다음과 같을 것이다.

```
{
  "id": 64,
  "name": "Jack Thomas",
  "email": "jackthomas@gmail.com"
}
```

REST API를 사용해 데이터를 조회할 때는 요청에 대해 데이터 객체의 모든 정보가 반환된다. 예를 들어, id와 title만 요청하는 것은 불가능하다. 따라서 애플리케이션에서 사용하고자 하는 데이터만 얻기 위해서는 객체를 필터링하는 기능을 수행하는 자바스크립트 코드를 추가로 작성해야 한다.

이 요청과 더불어, author에 대한 상세 정보를 얻고 싶다면 다음과 같은 GET 요청을 두 번째로 보내야 한다.

```
GET /authors/64
```

그럼 다음과 같은 작성자 정보를 받게 된다.

```
{
  "id": 64,
  "name": "Jack Thomas",
  "email": "jackthomas@gmail.com"
}
```

REST API를 사용해 데이터를 가져오는 기본 개념을 이해했으니 이번에는 그래프QL을 사용해 같은 작업을 수행하는 방법을 살펴보자.

그래프QL에서는 데이터를 어떻게 가져오는가?

그래프QL을 사용하기 위해서는 먼저 API 스키마를 다음 예시와 같이 만들어야 한다.

```
type Post {
  id: ID!
  title: String!
  content: String!
  author: Author!
}
type Author {
  id: ID!
  name: String!
  email: String!
}
type Query {
  post(id: ID!): Post
}
```

그다음, 작성자와 글을 조회하기 위한 그래프QL 쿼리를 작성해야 한다.

```
query {
  post(id: 1) {
    id
    title
    content
    author {
      id
      name
      email
    }
  }
}
```

쿼리에 대한 응답은 다음과 같다.

```json
{
  "data": {
    "post": {
      "id": "1",
      "title": "Hello World",
      "content": " Welcome to my first blog.",
      "author": {
        "id": "64",
        "name": " Jack Thomas",
        "email": " jackthomas@gmail.com"
      }
    }
  }
}
```

이처럼 그래프QL을 사용하면 개발자가 원하는 필드를 정의해서 단일 요청으로 필요한 데 이터를 조회할 수 있다.

결국 REST API와 그래프QL 중 하나를 선택하는 것은 개발자가 처한 상황과 요구사항에 달려 있다. 두 가지 모두 웹이나 모바일 앱을 만드는 과정을 최적화하는 데 도움이 될 수 있는 특성과 능력을 가지고 있다. 그러나 다른 기술 문제와 마찬가지로, 최적의 방법을 결 정하기 전에 모든 대안을 고려하는 것이 중요하다. 각 대안의 공통적인 특성과 각각이 가 진 특별한 이점을 이해할 수 있다면 리액트 애플리케이션 내부에서 REST API 또는 그래프 QL을 더욱 안전하게 사용해 원하는 결과를 얻을 수 있다. 개발자가 사용하는 기술이 무엇 이든, 그 목표는 항상 애플리케이션을 사용하는 사람들에게 안전하며 확장 가능하고 효과 적인 솔루션을 제공하는 것이어야 한다.

이제 소개를 위한 복습을 마쳤으니 아키텍처 수립을 위한 계획에 대해 배우면서 애플리케 이션을 구축하기 위한 기반을 만드는 다음 단계로 나아가보자.

사용자 인증, SWR, 그래프QL, 배포를 포함한 애플리케이션 구조 설계하기

오늘날처럼 치열한 시장 환경에서는 효율적이고 안전하며 사용자의 요구를 충족시키는 애플리케이션 아키텍처를 설계하고 개발하며 배포하는 방법을 알고 있어야 한다. 그러나 Next.js와 같이 계속해서 진화하는 기술의 등장, 전통적인 OAuth 2.0에서 SWR로의 사용자 인증 방식의 변화, 그래프QL의 인기 증가로 인해 애플리케이션 아키텍처를 설계하는 것은 어려운 작업처럼 보일 수 있다.

이번 절에서는 적절한 기술 선택부터 사용자 경험 설계 요소의 통합에 이르기까지, 성공적인 애플리케이션을 구성하는 데 도움이 되는 귀중한 통찰력을 얻게 될 것이다. 이번 절이 끝날 즈음에는 프로젝트를 완료하는 데 필요한 단계와 함께 다음 프로젝트를 구축하기 위한 로드맵이 준비될 것이다.

다음으로는 서버리스 프레임워크라는 주제에 초점을 맞춘다. 이것이 왜 모던 애플리케이션을 구축하는 데 있어 훌륭한 선택인지 살펴보자.

모던 애플리케이션을 만들 때 Next.js 같은 서버리스 프레임워크가 각광받는 이유는 무엇인가?

디지털 기술의 발전에 따라 웹 애플리케이션을 더욱 효과적으로 구축하기 위한 새로운 프레임워크와 아키텍처가 개발되고 있다. Next.js는 속도와 유연성 측면에서 웹 애플리케이션을 효과적으로 구축하기 위한 새로운 프레임워크로 각광받고 있다. Next.js 애플리케이션은 서버 코드와 클라이언트 로직을 분리한 독특한 설계를 띠고 있으며, 이로 인해 처리 시간이 빨라지고 성능이 향상된다. 이 아키텍처는 서버 사이드 렌더링(SSR)을 통해 서버에서 HTML 페이지를 생성함으로써 클라이언트 측 부하를 크게 줄인다. 또한 Next.js 애플리케이션은 효율성을 높이고 로딩에 걸리는 시간을 단축하기 위해 동적 및 정적 렌더링을 활용하는 하이브리드 접근 방식을 사용한다. 이러한 기능 덕택에 Next.js는 현대적이면서 강력한 웹 애플리케이션을 만들고자 하는 프로그래머에게 탁월한 선택이다.

다음으로 다룰 주제는 사용자 인증이다. 애플리케이션의 방어를 강화할 수 있는 몇 가지 보안 조치를 살펴보자.

Next.js 애플리케이션에서 이용 가능한 인증 기술로는 무엇이 있는가?

사람들의 일상에 온라인 애플리케이션이 필수 요소로 자리잡으면서 애플리케이션 보안은 높은 우선순위를 차지하게 됐다. 이러한 애플리케이션을 보호하는 핵심 구성요소 중 하나는 인증으로, 이러한 인증을 통해 사용자 신원을 확인할 수 있다. Next.js 애플리케이션에서 인증을 제공하기 위해서는 다음과 같은 다양한 기술을 활용할 수 있다.

- Auth.js
- JSON Web Token(JWT)
- Auth0
- OAuth2
- 로그인 및 암호 방식 인증

이러한 기술을 활용해 엔지니어들은 사용자 데이터를 도용하려는 해커 등의 온라인 위협으로부터 애플리케이션을 보호할 수 있게 된다. 이러한 높은 수준의 검증은 사용자에게 안전하고 신뢰할 수 있는 환경을 제공하며, 동시에 사용자 개인의 데이터를 보호한다. 온라인 프라이버시의 중요성이 커지고 있는 상황에서 Next.js 애플리케이션은 적절한 인증 절차를 사용해야 한다.

웹 인프라를 구축할 때 속도는 매우 중요한 사항이다. 그런데 SWR은 이 속도를 어떻게 개선할까? 다음 절에서 살펴보자.

SWR은 어떻게 빠르게 데이터를 불러오는가?

데이터 중심으로 빠르게 변화하는 세계에서 빠르고 효율적인 데이터 조회가 개발자들의 주요 우선순위 중 하나로 떠오르는 것은 놀라운 일이 아니다. 그리고 바로 여기에서 Stale-While-Revalidate(SWR)이 중요한 역할을 한다. SWR은 속도, 캐싱, 갱신을 우선시하는 원격 데이터 호출을 위한 리액트 훅 기반 라이브러리다. SWR은 성가신 로딩 구현을 없애고, 데이터를 지속적으로 최신 상태로 유지함으로써 데이터 조회를 더욱 간편하게 만든다. 또한 개발자 친화적인 API를 제공하므로 모든 수준의 개발자들이 쉽게 사용할 수 있다.

이제 그래프QL을 다시 살펴보면서 왜 그래프QL이 모던 애플리케이션 아키텍처의 최적의 기술로 자리매김했는지 알아보자.

그래프QL이 어떻게 데이터 요청 조회를 최적화할 수 있는가?

기술이 발전함에 따라 생산성을 최적화하고 작업을 단순화할 필요성이 커지고 있다. 이에 따라 그래프QL로 통합하는 방법이 일반화되고 있다. 그래프QL은 최적화된 데이터 조회를 가능하게 함으로써 데이터 조회 속도와 정확성을 크게 향상시킨다. 그래프QL을 사용하면 여러 데이터셋을 가져와 필요한 정보를 찾는 대신 특정 요구사항에 맞춰 쿼리를 맞춤형으로 설계할 수 있다. 그 결과, 데이터를 더 빠르고 정확하게 조회할 수 있으며, 이는 기업이 현재 데이터 상황에 맞춰 대응하는 데 도움이 된다. 이러한 장점 덕분에 많은 기업이 데이터 조회 절차를 개선할 수 있는 그래프QL을 채택하고 있다.

배포는 인터넷을 통해 애플리케이션을 공개적으로 사용할 수 있는 단계이며, 이를 통해 개발자의 창작물을 전 세계 사람들에게 선보일 수 있다. 다음 절에서 이러한 배포 단계에 대해 알아본다.

Next.js 애플리케이션을 어떻게 온라인에 배포하는가?

클라우드 플랫폼에서 애플리케이션을 배포한다는 것은 모든 노력을 마무리 짓는 작업이며, 이 과정은 도전적이면서도 매우 보람찬 일이 될 수 있다. Next.js가 제공하는 최고의 기능이자 개발자들이 Next.js를 선호하는 가장 큰 이유는 바로 서버 사이드 렌더링(SSR)이 가능하다는 점이다. Next.js 애플리케이션을 클라우드 인프라에 배포하면 언제 어디서나 접근 가능해진다. 현재 시장에는 다양한 클라우드 제공업체가 있으며, 저마다 서로 다른 특성을 지니고 있다.

그중 인기 있는 클라우드 호스트 제공업체 중 하나는 버셀로, Next.js를 만든 곳이다. 이는 버셀이 Next.js 애플리케이션을 배포하기에 완벽한 곳임을 의미한다. 그 밖의 다른 인기 있는 서버리스 호스트 제공업체로는 네트리파이, AWS, 애저(Azure), 렌더(Render), 파이어베이스(Firebase), 수파베이스(Supabase) 등이 있다. 그 밖에도 선택할 수 있는 다른 여러 제공업체가 있다. 중요한 것은 비용 효율적이고 좋은 기능을 많이 갖추고 있는 서비스 제공 플랫폼을 찾는 것이다. 여기서 언급한 곳들은 대부분 무료로 서비스를 제공한다.

마지막으로, 이번 절을 마무리하면서 애플리케이션이 배포된 후 지속적으로 성장하기 위해 어떻게 애플리케이션을 확장하고 유지보수할 수 있는지 살펴보자.

애플리케이션 아키텍처가 성장함에 따라 확장 및 유지보수를 위해 사용할 수 있는 전략은 무엇인가?

애플리케이션의 인기와 사용량이 증가함에 따라서 아키텍처를 확장하고 유지하기 위한 계획을 세우는 것이 중요하다. 적절한 계획 없이는 애플리케이션이 트래픽 급증에 대처하지 못할 수 있으며, 이는 잠재적 고객 이탈로 이어질 수 있다. 미래의 성장을 예측하고, 이 성장을 이끌 수 있는 도구와 기술을 고려하는 것은 확장 가능한 설계에 필수적이다. 앱의 지속적인 효용성은 개발 과정에서 아키텍처를 어떻게 유지하느냐에 따라 크게 좌우된다. 사용자의 피드백을 반영해서 사용자 경험을 향상시키고, 소프트웨어 결함 및 문제에 대해 테스트하고, 정기적으로 코드 베이스를 검토하고 수정하는 것이 모두 여기에 포함된다. 올바른 계획을 세운다면 애플리케이션은 매우 오랜 시간 동안 번창할 수 있다.

사용자 인증, SWR을 기반으로 한 데이터 조회 전략, 그래프QL 통합, 배포 전략에 대한 심층적인 지식은 Next.js 애플리케이션 아키텍처를 개발하는 데 있어 큰 도움이 될 것이다. 이러한 계획을 세우면 애플리케이션이 성장함에 따라 확장하고 유지보수하는 것에 관한 고민을 해볼 수 있으며, 이는 효과적인 애플리케이션 아키텍처의 필수 요소다. Next.js의 강점에 이러한 전략을 더한다면 우수한 사용자 경험을 제공함과 동시에 개발 과정의 효율화에 기여할 것이다.

커피 레스토랑 프로젝트

이론을 마쳤으니 이제 웹사이트를 만들어보자. 가장 먼저 해야 할 일은 프로젝트를 생성하는 것이므로 바로 시작해보자.

이 프로젝트의 기술 스택은 다음과 같다.

- Next.js: 리액트 프레임워크

- styled—components: CSS 스타일

- apollographql: 데이터 API

- authjs: 사용자 인증

- **리액트 테스팅 라이브러리**(React Testing Library)와 **제스트**(Jest): 테스트

- **깃허브**(GitHub): 버전 관리

- **버셀**(Vercel): 서버리스 온라인 웹 호스팅

이번 장에서는 예제 프로젝트로 레스토랑 애플리케이션을 만들 것이다. 다섯 개의 메인 페이지로 구성되며, 이 가운데 두 개의 페이지는 인증된 사용자만 접근할 수 있다. 사용자 인증은 구글 또는 깃허브를 사용해 처리할 것이며, 어느 계정으로든 로그인이 가능하다.

다음은 이 애플리케이션의 최종 프로젝트 모습이다.

그림 12.4 최종 Next.js 프로젝트 홈페이지

이 프로젝트의 코드는 다음 URL에서 확인할 수 있으며, 깃허브에 작동 중인 웹사이트 주소도 링크해 뒀으므로 접속해서 확인해 볼 수 있다.

- https://github.com/wikibook/react-interview-guide/tree/main/Chapter12/coffee-restaurant

비즈니스 로직 설계

이론적인 부분을 완성했으므로 이제 애플리케이션을 구축하면서 실제 작업을 할 준비가 끝났다. 이 애플리케이션은 비교적 간단하며, 주요 목표는 모든 기술을 어떻게 연결하는지 이해하는 것이다. 예제 애플리케이션은 인증된 사용자만 접근할 수 있는 일부 제한된 페이지를 가진 레스토랑 웹사이트다. 인증이 필요한 페이지는 사용자가 로그인한 경우에만 그래프QL API에서 데이터를 보여주며, 그렇지 않은 경우 로그인 페이지가 표시될 것이다.

소개를 마쳤으니, 이제 비즈니스 로직을 구축해보자.

컴퓨터 내 바탕화면 같은 곳에서 폴더를 하나 생성하고, 다음 Next.js 명령을 실행해 Next.js 프로젝트를 생성한다.

```
npx create-next-app my-app-restaurant
```

이때 다음과 같은 설정을 사용할 수 있다.

- Would you like to use TypeScript with this project? ⋯ No/Yes
- Would you like to use ESLint with this project? ⋯ No/Yes
- Would you like to use Tailwind CSS with this project? No/Yes
- Would you like to use 'src/' directory with this project? ⋯ No/Yes
- Use App Router (recommended)? ⋯ No/Yes
- Would you like to customize the default import alias? ⋯ No/Yes

이제 프로젝트에 모든 의존성과 패키지를 설치해야 한다. `cd` 명령어로 `my-app-restaurant` 디렉터리로 이동한 다음, 아래 명령어를 실행해 패키지를 설치해보자. 다음 스크립트를 실행하면 의존성을 모두 설치할 수 있다.

```
npm i @apollo/client @apollo/server @as-integrations/next @testing-library/user-event
graphql graphql-tag next-auth styled-components@latest
```

다음 명령어를 실행해 개발에 필요한 의존성을 설치한다.

```
npm i --save-dev @testing-library/jest-dom @testing-library/react jest jest-environment-
jsdom
```

📑 참고

설치 도중 에러가 발생한다면 `--force`를 추가해서 시도해보거나, 만약 macOS라면 다음과 같이 `sudo`를 추가해서 시도해볼 수 있다.

```
sudo npm i --save-dev @testing-library/jest-dom @testing-library/react jest jest-
environment-jsdom --force
```

이제 루트에 있는 `package.json`의 `script`에 테스트를 실행할 수 있는 스크립트를 추가해보자.

```
"test": "jest --watch",
```

이제 `my-app-restaurant` 폴더에서 다음 명령어를 실행하자. 이 명령어를 실행하면 프로젝트에 필요한 모든 파일과 폴더가 생성될 것이다.

```
mkdir data
touch data/menu.js data/profile.js
touch .env.local jest.config.mjs
cd src/app
mkdir account account/menu account/profile
touch account/menu/page.js account/profile/page.js
mkdir api api/auth api/auth/"[...nextauth]"
```

```
touch api/auth/"[...nextauth]"/route.js
mkdir components graphql lib nutrition queries rewards utils
touch components/GlobalStyles.js components/MainMenu.js components/Provider.js
touch graphql/route.js
touch lib/registry.js
touch nutrition/page.js nutrition/page.test.js
touch queries/clientQueries.js
touch utils/withApollo.js utils/cors.js
touch not-found.js page.test.js
```

주요 애플리케이션 파일에 대한 작업을 하기에 앞서, 먼저 설정 파일에 대해 알아보자.

설정 파일 만들기

다음 코드를 api/auth/[...nextauth]/route.js 파일에 넣어보자. 이 코드를 사용해 인증 계층을 설정하고, 깃허브와 구글을 활용해 인증이 필요한 페이지에 로그인해서 접근할 수 있게 한다.

```
import NextAuth from 'next-auth'
import GithubProvider from 'next-auth/providers/github'
import GoogleProvider from 'next-auth/providers/google'

export const handler = NextAuth({
  providers: [
    GithubProvider({
      clientId: process.env.GITHUB_ID,
      clientSecret: process.env.GITHUB_SECRET,
    }),
    GoogleProvider({
      clientId: process.env.GOOGLE_ID,
      clientSecret: process.env.GOOGLE_SECRET,
    }),
  ],
})

export { handler as GET, handler as POST }
```

다음으로 `lib/registry.js` 파일에 다음 코드를 넣어보자. 이 코드는 Next.js 환경에서 styled-components를 사용할 수 있게 설정한다.

```
'use client'

import React, { useState } from 'react'
import { useServerInsertedHTML } from 'next/navigation'
import { ServerStyleSheet, StyleSheetManager } from 'styled-components'

export default function StyledComponentsRegistry({ children }) {
  // 최초에 state를 지연 초기화하는 과정에서만 스타일시트를 생성한다.
  // x-ref: https://reactjs.org/docs/hooks-reference.html#lazy-initial-state
  const [styledComponentsStyleSheet] = useState(() => new ServerStyleSheet())

  useServerInsertedHTML(() => {
    const styles = styledComponentsStyleSheet.getStyleElement()
    styledComponentsStyleSheet.instance.clearTag()
    return <>{styles}</>
  })

  if (typeof window !== 'undefined') return <>{children}</>

  return (
    <StyleSheetManager sheet={styledComponentsStyleSheet.instance}>
      {children}
    </StyleSheetManager>
  )
}
```

그다음, 루트 디렉터리에 있는 `jest.config.mjs` 파일에 다음 코드를 넣는다. 이 파일은 제스트 테스트 러너를 설정하는 데 사용된다.

```
import nextJest from 'next/jest.js'

const createJestConfig = nextJest({
  // 테스트 환경에 Next.js 애플리케이션 경로를 넣어 next.config.js를 불러올 수 있게 한다.
```

```
  dir: './',
})

// Jest에 넘겨줄 설정을 추가한다.
/** @type {import('jest').Config} */
const config = {
  // 각 테스트가 실행되기 전에 추가하고 싶은 설정이 있다면 다음 코드를 추가한다.
  // setupFilesAfterEnv: ['<rootDir>/jest.setup.js'],
  testEnvironment: 'jest-environment-jsdom',
}

// createJestConfig를 내보내서 next/jest가 Next.js 설정 파일을 비동기로 불러올 수 있게 한다.
export default createJestConfig(config)
```

이제 루트 디렉터리에 있는 **next.config.js**를 다음과 같이 수정해서 앱 디렉터리 설정에서도 styled-components가 정상적으로 동작할 수 있게 하자.

```
/** @type {import('next').NextConfig} */
const nextConfig = {
  compiler: {
    styledComponents: true,
  },
}

module.exports = nextConfig
```

마지막으로 완료해야 할 것은 깃허브와 구글 인증 설정이다. `.env.local` 파일에 사용할 ID와 비밀키를 생성해야 한다. 인증 설정은 https://authjs.dev/getting-started/providers/oauth-tutorial에서 확인할 수 있다. 이 튜토리얼에서는 깃허브를 사용해 인증을 설정하는 방법을 보여준다. 다른 인증 제공자의 설정도 유사하다. 구글용 설정은 https://developers.google.com/identity/protocols/oauth2에서 확인할 수 있다.

로컬에서 애플리케이션을 실행할 경우 깃허브를 예로 들면 콜백 URL은 다음과 같을 것이다.

- http://localhost:3000/api/auth/callback/github

실제 온라인에 배포한다면 콜백 URL은 다음과 같을 것이다.

- https://your-app-url.vercel.app/api/auth/callback/github

이때 인증된 경로가 올바른 URL을 사용하지 않으면 작동하지 않기 때문에 주의 깊게 봐야 한다. 마지막으로 ID와 비밀키를 .env.local에 추가하기만 하면 된다. 이 파일에는 NextAuth.js에 필요한 키-값 쌍인 NEXTAUTH_SECRET도 추가해야 한다.

```
NEXTAUTH_SECRET="yournextsecret"
GITHUB_ID="yourgithubid"
GITHUB_SECRET="yourgithubsecret"
GOOGLE_ID="yourgoogleid"
GOOGLE_SECRET="yourgooglesecret"
```

이 NEXTAUTH_SECRET의 값으로 개발자는 자신만이 원하는 비밀 키를 생성할 수 있으며, 어떠한 값이든 지정할 수 있다. 강력한 비밀번호를 생성할 때와 마찬가지로 임의의 문자열을 생성해서 보안을 강화하는 것이 좋다. 이를 위한 여러 무료 도구가 있으며, 혹은 그냥 단순히 Y@q7LH@6YoBa$Dkz와 같이 임의로 생성할 수도 있다. 이 예시에서는 영문 대소문자, 숫자, 특수문자를 포함해서 만들었다. 개발자라면 모두 안전한 비밀번호를 생성하는 방법은 알고 있으니 비밀키를 생성할 때도 같은 방식을 사용하면 된다.

애플리케이션 만들기

이제 본격적으로 애플리케이션을 만들어보자. 실제 애플리케이션을 만드는 단계에서는 만들어야 할 파일이 꽤 많다. 이번 절을 마치면 애플리케이션을 거의 완성에 가깝게 만들 수 있다. 데이터베이스 역할을 하는 데이터 레이어는 별도로 존재한다. 기본적으로 그래프QL을 이용해서 가져온 객체 배열을 프런트엔드에 표시할 것이다.

다음 코드를 미리 만들어둔 data 폴더에 넣어두자. 이 코드는 메뉴 페이지를 보여주는 데 사용할 것이다. data/menu.js 파일에 다음 내용을 추가한다.

```
export const menu = [
  {
    id: '1',
    foodType: 'Drinks',
    name: 'Latte',
    description: 'Steamed milk',
  },
  {
    id: '2',
    foodType: 'Drinks',
    name: 'Cappuccino',
    description: 'Espresso',
  },
]
```

그다음, 아래 코드를 data/profile.js에 추가한다.

```
export const profile = [
  {
    id: '1',
    bio: `Born and raised in London, my name is Jordan Brewer and I am a
passionate coffee aficionado with a heart as warm as a freshly brewed cup of
java.`,
  },
]
```

계속해서 다음에 나올 코드들은 인증 페이지의 메뉴와 프로필을 위한 것이다.

다음 코드를 account/page.js에 추가하자.

이 코드는 상당히 길기 때문에 작은 코드 블록으로 나눠서 살펴본다. 첫 번째 코드 블록은 임포트와 색상 테마 설정을 포함한다.

```
'use client'
import { useSession, signIn, signOut } from 'next-auth/react'
import { useQuery } from '@apollo/client'
```

```
import { GET_MENU } from '@/app/queries/clientQueries'
import withApollo from '../../utils/withApollo'
import { styled, ThemeProvider } from 'styled-components'
import GlobalStyle from '../../components/GlobalStyles'
import MainMenu from '../../components/MainMenu'

const theme = {
  colors: {
    primary: 'rgb(15 23 42)',
  },
}
```

다음 코드는 CSS와 styled-components를 다룬다.

```
const MainContainer = styled.div`
  margin: 2rem auto;
  max-width: 120rem;
  padding: 2rem;
  width: 100%;
`

const PageTitle = styled.h1`
  color: #ffffff;
`

const LoginStatus = styled.p`
  color: #ffffff;
`

const SignInOutButton = styled.button`
  color: #ffffff;
  padding: 0.5rem;
  cursor: pointer;
  margin: 2rem 0 2rem 0;
`

const ContentContainer = styled.div`
```

```
  display: flex;
  flex-flow: column wrap;
`

const Content = styled.p`
  color: #ffffff;
  font-size: 1.4rem;
`

const ItemContainer = styled.div`
  display: flex;
  flex-flow: row nowrap;
  margin: 2rem 0 2rem 0;
  border: 0.1rem solid black;
`

const ItemDescription = styled.div`
  margin-left: 1rem;
`
```

마지막으로, 애플리케이션에 데이터를 렌더링한다.

```
const Menu = () => {
  const { loading, error, data } = useQuery(GET_MENU)
  const { data: session, status } = useSession()
  const userEmail = session?.user?.email

  if (loading) return <Content>Loading...</Content>
  if (error) return <Content>Something went wrong</Content>

  if (status === 'loading') {
    return <Content>Hang on there...</Content>
  }

  if (status === 'authenticated') {
    return (
      <>
```

```
      <ThemeProvider theme={theme}>
        <GlobalStyle />
        <MainMenu />
        <MainContainer>
          <PageTitle>Menu</PageTitle>
          <LoginStatus>Signed in as {userEmail}</LoginStatus>
          <SignInOutButton onClick={() => signOut()}>
            Sign out
          </SignInOutButton>
          {!loading && !error && (
            <ContentContainer>
              {data.menu.map((items) => (
                <ContentContainer key={items.id}>
                  <ItemContainer>
                    <ItemDescription>
                      <Content>{items.name}</Content>
                      <Content>{items.foodType}</Content>
                      <Content>{items.description}</Content>
                    </ItemDescription>
                  </ItemContainer>
                </ContentContainer>
              ))}
            </ContentContainer>
          )}
        </MainContainer>
      </ThemeProvider>
    </>
  )
}

return (
  <>
    <ThemeProvider theme={theme}>
      <GlobalStyle />
      <MainMenu />
      <MainContainer>
        <PageTitle>Menu</PageTitle>
        <SignInOutButton onClick={() => signIn('')}>Sign in</SignInOutButton>
```

```
            <LoginStatus>Not signed in. Sign in to view the menu.</LoginStatus>
        </MainContainer>
      </ThemeProvider>
    </>
  )
}

export default withApollo(Menu)
```

다음 코드는 account/profile/page.js에 추가한다.

앞에서와 마찬가지로 코드를 작은 조각으로 나눠서 살펴보자.

먼저, 페이지 임포트를 추가한다.

```
'use client'
import { useSession, signIn, signOut } from 'next-auth/react'
import { useQuery } from '@apollo/client'
import { GET_PROFILE } from '@/app/queries/clientQueries'
import withApollo from '../../utils/withApollo'
import { styled, ThemeProvider } from 'styled-components'
import GlobalStyle from '../../components/GlobalStyles'
import MainMenu from '../../components/MainMenu'
```

그다음 색상 테마와 styled-components 코드를 추가한다.

```
const theme = {
  colors: {
    primary: 'rgb(15 23 42)',
  },
}

const MainContainer = styled.div`
  margin: 2rem auto;
  max-width: 120rem;
  padding: 2rem;
  width: 100%;
```

```
const PageTitle = styled.h1`
  color: #ffffff;
`


const LoginStatus = styled.p`
  color: #ffffff;
`


const SignInOutButton = styled.button`
  color: #ffffff;
  padding: 0.5rem;
  cursor: pointer;
  margin: 2rem 0 2rem 0;
`


const ContentContainer = styled.div`
  display: flex;
  flex-flow: row wrap;
`


const Content = styled.p`
  color: #ffffff;
  font-size: 1.4rem;
  margin-top: 2rem;
`
```

마지막으로 페이지를 렌더링하기 위한 코드를 추가한다.

```
const ClientProtectPage = () => {
  const { loading, error, data } = useQuery(GET_PROFILE)
  const { data: session, status } = useSession()
  const userEmail = session?.user?.email

  if (loading) return <Content>Loading...</Content>
  if (error) return <Content>Something went wrong </Content>
```

```
if (status === 'loading') {
  return <Content>Hang on there...</Content>
}

if (status === 'authenticated') {
  return (
    <>
      <ThemeProvider theme={theme}>
        <GlobalStyle />
        <MainMenu />
        <MainContainer>
          <PageTitle>Profile</PageTitle>
          <LoginStatus>Signed in as {userEmail}</LoginStatus>
          <SignInOutButton onClick={() => signOut()}>
            Sign out
          </SignInOutButton>
          {!loading && !error && (
            <ContentContainer>
              {data.profile.map((account) => (
                <ContentContainer key={account.id}>
                  <Content>{account.bio}</Content>
                </ContentContainer>
              ))}
            </ContentContainer>
          )}
        </MainContainer>
      </ThemeProvider>
    </>
  )
}
return (
  <>
    <ThemeProvider theme={theme}>
      <GlobalStyle />
      <MainMenu />
      <MainContainer>
        <PageTitle>Profile</PageTitle>
```

```
        <SignInOutButton onClick={() => signIn('')}>Sign in</SignInOutButton>
        <LoginStatus>
          Not signed in. Sign in to view your profile.
        </LoginStatus>
      </MainContainer>
    </ThemeProvider>
  </>
  )
}


export default withApollo(ClientProtectPage)
```

이제 컴포넌트 작업을 할 차례다. 첫 번째 코드는 components/MainMenu.js다.

```
import Link from 'next/link'
import { styled } from 'styled-components'

const MainNavigation = styled.nav`
  position: relative;
  z-index: 1;
  display: flex;
  flex-flow: wrap;
  justify-content: space-around;
  font-size: 2rem;
  padding: 1rem;
  background: rgb(250 250 250);
`

export default function MainMenu() {
  return (
    <MainNavigation>
      <Link href="/">Home</Link>
      <Link href="/nutrition">Nutrition</Link>
      <Link href="/account/menu">Menu</Link>
      <Link href="/account/profile">Profile</Link>
    </MainNavigation>
  )
}
```

그다음 코드는 components/Provider.js이며, 이 파일은 사용자 인증과 세션 상태 관리에 사용된다.

```
'use client'
import { SessionProvider } from 'next-auth/react'

const Provider = ({ children }) => {
  return <SessionProvider>{children}</SessionProvider>
}

export default Provider
```

다음 파일은 그래프QL 스키마, 리졸버(resolver), Apollo 서버를 다룬다. 다음 코드를 graphql/route.js에 추가하자.

```
import { ApolloServer } from '@apollo/server'
import { startServerAndCreateNextHandler } from '@as-integrations/next'
import { gql } from 'graphql-tag'
import { menu } from '../../../data/menu'
import { profile } from '../../../data/profile'
import allowCors from '../utils/cors'

// 그래프QL 스키마와 리졸버를 정의
const typeDefs = gql`
  type Menu {
    id: String
    foodType: String
    name: String
    description: String
  }

  type Profile {
    id: String
    bio: String
  }
```

```
type Query {
  menu: [Menu]
  profile: [Profile]
}
`

const resolvers = {
  Query: {
    menu: () => menu,
    profile: () => profile,
  },
}

// 아폴로 서버를 생성
const server = new ApolloServer({
  typeDefs,
  resolvers,
})

const handler = startServerAndCreateNextHandler(server, {
  context: async (req, res) => ({ req, res }),
})

export async function GET(request) {
  return handler(request)
}

export async function POST(request) {
  return handler(request)
}

export default allowCors(handler)
```

이제 다음 코드를 nutrition/page.js에 추가하자.

```
'use client'
import { styled, ThemeProvider } from 'styled-components'
import GlobalStyle from '../components/GlobalStyles'
import MainMenu from '../components/MainMenu'

const theme = {
  colors: {
    primary: 'rgb(15 23 42)',
  },
}

const MainContainer = styled.div`
  margin: 2rem auto;
  max-width: 120rem;
  padding: 2rem;
  width: 100%;
`

const PageTitle = styled.h1`
  color: #ffffff;
`

const PageIntro = styled.p`
  color: #ffffff;
  margin-top: 2rem;
  font-size: 1.4rem;
`

export default function Nutrition() {
  return (
    <>
      <ThemeProvider theme={theme}>
        <GlobalStyle />
        <MainMenu />
        <MainContainer>
          <PageTitle>Nutrition</PageTitle>
          <PageIntro>Nutrition is good for health and diet!</PageIntro>
```

```
        </MainContainer>
      </ThemeProvider>
    </>
  )
}
```

그다음으로는 그래프QL 쿼리를 추가해야 한다. 다음 코드를 queries/clientQuries.js 파일에 추가하자.

```
import { gql } from '@apollo/client'

const GET_MENU = gql`
  query {
    menu {
      id
      name
      foodType
      description
    }
  }
`

const GET_PROFILE = gql`
  query {
    profile {
      id
      bio
    }
  }
`

export { GET_MENU, GET_PROFILE }
```

이제 중요한 utils/cors.js 파일이 필요하다. 이 파일은 애플리케이션이 온라인에 배포됐을 때 CORS 오류가 발생하지 않도록 도와준다. 이를 통해 인증된 라우트에서 그래프QL API에 접근할 수 있게 된다.

```
const allowCors = (fn) => async (req, res) => {
  res.setHeader('Access-Control-Allow-Credentials', true)
  res.setHeader('Access-Control-Allow-Origin', '*')
  res.setHeader('Access-Control-Allow-Origin', req.headers.origin)
  res.setHeader(
    'Access-Control-Allow-Methods',
    'GET,OPTIONS,PATCH,DELETE,POST,PUT',
  )
  res.setHeader(
    'Access-Control-Allow-Headers',
    'X-CSRF-Token, X-Requested-With, Accept, Accept-Version, Content-Length,
Content-MD5, Content-Type, Date, X-Api-Version',
  )
  if (req.method === 'OPTIONS') {
    res.status(200).end()
    return
  }
  await fn(req, res)
}

export default allowCors
```

계속해서 또 다른 그래프QL 설정을 위한 다른 코드를 보자. 다음 코드는 그래프QL 엔드포인트를 설정하는 것으로, 이를 통해 나중에 쿼리에 접근할 수 있다. 이 코드는 utils/withApollo.js에 있다.

```
import { ApolloClient, InMemoryCache, ApolloProvider } from '@apollo/client'
import { useMemo } from 'react'
import { SessionProvider } from 'next-auth/react'

export function initializeApollo(initialState = null) {
  const _apolloClient = new ApolloClient({
    // 로컬 그래프QL 엔드포인트
    // uri: 'http://localhost:3000/graphql',
    // 실제 온라인 그래프QL 엔드포인트
    uri: 'https://coffee-restaurant.vercel.app/graphql',
    cache: new InMemoryCache().restore(initialState || {}),
```

```
  })
}

export function useApollo(initialState) {
  const store = useMemo(() => initializeApollo(initialState), [initialState])
  return store
}

export default function withApollo(PageComponent) {
  const WithApollo = ({ apolloClient, apolloState, session, ...pageProps }) => {
    const client = useApollo(apolloState)
    return (
      <SessionProvider session={session}>
        <ApolloProvider client={client}>
          <PageComponent {...pageProps} />
        </ApolloProvider>
      </SessionProvider>
    )
  }

  // 서버인 경우
  if (typeof window === 'undefined') {
    WithApollo.getInitialProps = async (ctx) => {
      const apolloClient = initializeApollo()
      let pageProps = {}
      if (PageComponent.getInitialProps) {
        pageProps = await PageComponent.getInitialProps(ctx)
      }
      if (ctx.res && ctx.res.finished) {
        // 리다이렉트인 경우, 응답은 종료된다.
        // 렌더링을 해도 의미가 없다.
        return pageProps
      }
      const apolloState = apolloClient.cache.extract()
      return {
        ...pageProps,
        apolloState,
      }
```

```
    }
  }

  return WithApollo
}
```

이제 거의 끝났다. 이제 layout.js 파일을 보자.

```
import './globals.css'
import { Dosis } from 'next/font/google'
import StyledComponentsRegistry from './lib/registry'

const dosis = Dosis({ subsets: ['latin'] })

export const metadata = {
  title: 'Resturant App',
  description: 'Generated by create next app',
}

export default function RootLayout({ children }) {
  return (
    <html lang="en">
      <StyledComponentsRegistry>
        <body className={dosis.className}>{children}</body>
      </StyledComponentsRegistry>
    </html>
  )
}
```

404 에러를 처리하기 위한 not-found.js 페이지에 다음 코드를 추가하자.

```
'use client'
import { styled, ThemeProvider } from 'styled-components'
import GlobalStyle from '../../src/app/components/GlobalStyles'
import MainMenu from './components/MainMenu'

const theme = {
```

```
  colors: {
    primary: 'rgb(15 23 42)',
  },
}

const MainContainer = styled.div`
  margin: 2rem auto;
  max-width: 120rem;
  padding: 2rem;
  width: 100%;
`

const PageTitle = styled.h1`
  color: #ffffff;
`

const PageIntro = styled.p`
  color: #ffffff;
  margin-top: 2rem;
  font-size: 1.4rem;
`

export default function NotFound() {
  return (
    <>
      <ThemeProvider theme={theme}>
        <GlobalStyle />
        <MainMenu />
        <MainContainer>
          <PageTitle>Page Not Found</PageTitle>
          <PageIntro>Could not find requested page :(</PageIntro>
        </MainContainer>
      </ThemeProvider>
    </>
  )
}
```

마지막으로, 루트 폴더에 있는 **page.js**는 예제 애플리케이션의 홈페이지이다. 코드 가독성을 위해 코드를 두 부분으로 나눈다. 먼저 임포트 구문과 CSS를 살펴보자.

```
'use client'
import { styled, ThemeProvider } from 'styled-components'
import GlobalStyle from '../../src/app/components/GlobalStyles'
import MainMenu from './components/MainMenu'

const theme = {
  colors: {
    primary: 'rgb(15 23 42)',
  },
}

const MainContainer = styled.div`
  margin: 0 auto;
  width: 100%;
`

const CoverHeadingBG = styled.div`
  margin: 2rem auto;
  display: flex;
  flex-flow: column;
  align-items: center;
  background-color: rgb(6 95 70);
  color: rgb(255 255 255);
  border-radius: 2rem;
  padding: 2rem;
`

const CoverHeading = styled.h1`
  text-transform: uppercase;
`

const CoverIntro = styled.p`
  font-size: 1.4rem;
  margin: 2rem 2rem;
```

```
`
const Hero = styled.div`
  margin: 2rem auto;
  background-image: url('https://res.cloudinary.com/d74fh3kw/image/upload/
v1692557430/coffee-restaurant/coffee-shop_zlkf7u.jpg');
  background-repeat: no-repeat;
  background-size: cover;
  background-position: center;
  background-color: rgb(4 120 87);
  height: 67.5rem;
  width: 100%;
`


export default function Home() {
  return (
    <>
      <ThemeProvider theme={theme}>
        <GlobalStyle />
        <MainContainer>
          <MainMenu />
          <CoverHeadingBG>
            <CoverHeading>Summer time is here!</CoverHeading>
            <CoverIntro>
              Our summer menu has arrived. Freshen up your day with our creamy
              and delicious coffee range, iced teas and mouth watering snacks.
            </CoverIntro>
          </CoverHeadingBG>
          <Hero></Hero>
        </MainContainer>
      </ThemeProvider>
    </>
  )
}
```

다음으로 HTML을 가지고 있는 JSX를 사용해 컴포넌트를 렌더링하는 함수를 살펴보자.

```
export default function Home() {
  return (
    <>
      <ThemeProvider theme={theme}>
        <GlobalStyle />
        <MainContainer>
          <MainMenu />
          <CoverHeadingBG>
            <CoverHeading>Summer time is here!</CoverHeading>
            <CoverIntro>
              Our summer menu has arrived. Freshen up your day with our creamy
                and delicious coffee range, iced teas and mouth watering snacks.
            </CoverIntro>
          </CoverHeadingBG>
          <Hero></Hero>
        </MainContainer>
      </ThemeProvider>
    </>
  )
}
```

이제 끝났다. 코드의 대부분을 완성했으며, 애플리케이션이 거의 완성됐다. 이제 남은 것은 GlobalStyles.js 파일과 프런트엔드용 이미지다. 이 부분은 다음 절에서 다룬다.

프레젠테이션 레이어 구축

예제 프로젝트에서는 styled-components를 사용하고 있기 때문에 이미 컴포넌트와 페이지 파일에 지역화된 CSS가 존재한다. 반면 styled-components로 만들어진 전역 CSS 파일도 하나 있다. 다음은 components/GlobalStyle.js의 코드다.

```
import { createGlobalStyle } from 'styled-components'
const GlobalStyle = createGlobalStyle`
  html,
```

```
body {
  color: ${({ theme }) => theme.colors.primary};
  padding: 0;
  margin: 0;
  font-size: 1rem;
  background: rgb(6 78 59);
}
* {
  box-sizing: border-box;
}
```

```
export default GlobalStyle
```

오랜 기간 기다린 보람이 있다. 마침내 애플리케이션이 실행되는 모습을 볼 차례다.

my-app-restaurant의 루트 폴더에서 npm run dev 명령어를 실행해보자.

애플리케이션이 http://localhost:3000에서 실행될 것이며, 그래프QL API는 http://localhost:3000/graphql에서 실행될 것이다.

그래프QL API에는 쿼리를 테스트하기 위한 문서가 내장돼 있다. menu 데이터를 반환하는 예제 쿼리를 살펴보자.

```
query {
  menu {
    id
    name
    foodType
    description
  }
}
```

코드를 깃허브에 업로드하고 배포하기 전에 테스트 주도 개발(TDD)에 익숙해지게끔 일부 파일에 대한 단위 테스트로 마무리하겠다.

테스트 구현

여기서는 두 가지 테스트 코드를 소개한다. 먼저 nutrition/page.test.js를 살펴보자.

```
import { render, screen } from '@testing-library/react'
import '@testing-library/jest-dom/extend-expect'
import Nutrition from './page'

describe('Nutrition', () => {
  it('renders without crashing', () => {
    render(<Nutrition />)
  })

  it('displays the correct title and intro', () => {
    render(<Nutrition />)
    expect(
      screen.getByText('Nutrition is good for health and diet!'),
    ).toBeInTheDocument()
  })
})
```

마지막으로, 다음 코드는 루트 폴더의 page.test.js 파일에 존재한다.

```
import { render, screen } from '@testing-library/react'
import '@testing-library/jest-dom/extend-expect'
import Home from './page'

describe('Home', () => {
  it('renders without crashing', () => {
    render(<Home />)
  })

  it('displays the correct heading and intro', () => {
    render(<Home />)
    expect(screen.getByText('Summer time is here!')).toBeInTheDocument()
    expect(
      screen.getByText(
```

```
        /Our summer menu has arrived. Freshen up your day with our creamy and
delicious coffee range, iced teas and mouth watering snacks./,
      ),
    ).toBeInTheDocument()
  })
})
```

`npm run test` 명령어를 실행하면 모든 테스트가 통과할 것이다. A를 눌러 모든 테스트를 다시 실행할 수 있다.

이제 애플리케이션이 거의 완성됐다. 이제 깃허브에 업로드해서 버전 관리를 할 수 있게 해보자. 이는 서버리스 호스트인 버셀에 배포할 때 온라인에서 애플리케이션이 작동할 수 있도록 준비하는 과정이다.

README 문서와 함께 Git 저장소 만들기

깃허브에 접속해서 프로젝트를 위한 새로운 저장소를 만들어보자. 깃허브에 익숙하지 않다면 https://docs.github.com/en/get-started의 시작하기(Get started) 가이드를 따라 하면 된다. 그다음, 프로젝트를 깃허브에 푸시하는 명령어만 따라 하면 된다. 다음은 실제로 예제 프로젝트에 사용한 명령어다. 아래 명령어를 각자의 저장소로 교체하면 된다.

```
git init
git add .
git commit -m "first commit"
git branch -M main
git remote add origin https://github.com/yourname/yourprojectname.git
git push -u origin main
```

프로젝트가 마침내 깃허브에 업로드됐다. 이제 남은 것은 버셀에 이 애플리케이션을 배포하는 것이며, 이 작업을 끝으로 모든 것이 마무리된다.

외부 접속을 위한 애플리케이션 배포

버셀 계정으로 서비스에 로그인하면 대시보드에서 **Add New Project** 버튼을 확인할 수 있다. 이 버튼을 누르고 방금 생성한 프로젝트의 깃허브 저장소를 불러오자.

Deploy 버튼을 누르기 전에 프로젝트 루트에 있는 `.env.local` 파일에 있는 환경변수를 입력해야 한다. 이 파일에는 깃허브 ID와 구글 ID, 비밀키가 들어 있기 때문에 깃허브 저장소에 업로드되지 않았다. 이는 공개돼서는 안 되는 정보이기 때문이다. 모든 작업이 완료되면 **Deploy** 버튼을 눌러 빌드가 완료되길 기다린다.

이제 애플리케이션이 온라인에 배포됐다. 그러나 Menu와 Profile 페이지가 깨져서 보일 것이다. 하지만 걱정할 필요는 없다. 이는 예상했던 바로, `utils/withApollo.js` 파일에서 URL이 http://localhost:3000/graphql로 설정돼 있기 때문이다. 이제 애플리케이션이 더는 로컬이 아닌 온라인에서 실행되기 때문에 주소를 변경해야 한다. https://your-app-url.vercel.app/graphql과 같이 버셀의 애플리케이션 주소로 업데이트한다. 그리고 나서 깃허브 저장소에 최신 변경 사항을 푸시하면 버셀이 이를 자동으로 업데이트하고 새 URI로 배포할 것이다.

커밋을 위해서는 다음과 같은 메시지가 적당할 것이다.

```
git status
git add .
git commit -m "vercel graphql endpoint for uri"
git push
```

이전에도 언급했듯이, 애플리케이션을 로컬에서 실행한다면 깃허브를 기준으로 콜백 URL이 http://localhost:3000/api/auth/callback/github와 같을 것이다.

그리고 온라인에 배포한다면 콜백 주소가 https://your-app-url.vercel.app/api/auth/callback/github와 같은 URL 구조를 가질 것이다.

따라서 깃허브 및 구글 인증 정보를 업데이트해서 **Menu**와 **Profile** 페이지가 온라인에서 동작하도록 만들자.

이제 모든 작업이 완료되어 전 세계 사람들이 온라인을 통해 애플리케이션을 볼 수 있을 것이다.

정리

이번 장을 마무리하면서 프로그래밍 기술이 향상됐을 것이다. 이번 장의 도입부에서는 REST API에 대해 배우고, 이를 통해 인터넷에서 데이터를 가져와 애플리케이션에서 사용하는 방법을 알아봤다. 이후 애플리케이션 아키텍처 계획에 대해 소개하면서 사용자 인증과 HTTP 캐시 무효화 전략과 관련된 SWR에 대해 이야기했다. 다음 주제로는 REST API의 대안인 그래프QL에 대해 알아봤으며, 이를 활용해 필요한 데이터만 불러올 수 있어 API 요청을 줄일 수 있었다. 그다음으로 배포에 대해 알아봤다.

이어지는 절에서는 비즈니스 로직에 대해 깊게 파고들어 코드가 잘 정제돼야 하는 이유를 배웠다. 그다음 절에서는 프레젠테이션 레이어에서 styled-components를 활용한 디자인을 만들었다. 이어서 프로젝트를 위해 작성한 코드를 테스트하는 방법을 배웠다. 애플리케이션을 완성한 뒤 마지막 단계는 배포였으며, README 파일을 포함해 Git 저장소를 만드는 방법을 배웠다. 이 단계에서 애플리케이션을 온라인에 게시해서 모두가 사용할 수 있게 만들었다.

그동안 배운 모든 것을 활용해 학습 측면에서 큰 도약을 이뤘으며, 그 과정에서 훨씬 더 능숙한 프로그래머가 됐다고 말할 수 있을 것이다. 이제 구직자로서 면접에 더 잘 대비할 수 있을 것이다.